丹　曲◎著

《格萨尔》中的山水寄魂观念与古代藏族的自然观

《Gesaer》 Zhong De
Shanshui Jihun GuannianYu Gudai Zangzu
De Ziranguan

中国社会科学出版社

图书在版编目(CIP)数据

《格萨尔》中的山水寄魂观念与古代藏族的自然观/丹曲 著.—北京：中国社会科学出版社，2014.8

ISBN 978-7-5161-4645-3

Ⅰ.①格… Ⅱ.①丹… Ⅲ.①《格萨尔》—诗歌研究②藏族—自然哲学—研究—中国—古代 Ⅳ.①I207.914②K281.4

中国版本图书馆CIP数据核字(2014)第186049号

出版人 赵剑英
责任编辑 郭 鹏
责任校对 周 昊
责任印制 戴 宽

出 版 中国社会科学出版社
社 址 北京鼓楼西大街甲158号（邮编100720)
网 址 http://www.csspw.cn
中文域名:中国社科网 010-64070619
发行部 010-84083685
门市部 010-84029450
经 销 新华书店及其他书店

印 刷 北京市大兴区新魏印刷厂
装 订 廊坊市广阳区广增装订厂
版 次 2014年8月第1版
印 次 2014年8月第1次印刷

开 本 710×1000 1/16
印 张 15.5
插 页 2
字 数 248千字
定 价 49.00元

凡购买中国社会科学出版社图书，如有质量问题请与本社联系调换
电话：010-64009791

内容摘要

《〈格萨尔〉中的山水寄魂观念与古代藏族的自然观》一书，以史诗《格萨尔》所折射的“灵魂寄存观”与“圣山圣湖”之间的内在联系为研究对象，将文本分析、理论思考和文化解读贯通于“人与自然”的文化生态研究中，从以下几个方面拓展和深化了史诗《格萨尔》的研究：

首先，本书在占有大量的口碑文献与藏文文献的基础上，结合作者从田野实地考察中获得的第一手调查资料，围绕论文写作宗旨对史诗的重要文本进行了总体的定向梳理和辨析，从自然人文地理与民间文艺学的研究视角，将藏族本土的民间信仰、古代的宗教文化和生态文化，贯穿于史诗叙事形态及其历史形态的深入研究考察中，从方法论的意义上搭建了一个新的研究框架。

其次，作者从“人与自然”的关系去发现史诗叙事中的灵魂寄存观念与古代自然观之间的“结点”，从神话的象征、宗教的意象及哲学的隐喻等层面对《格萨尔》流传地区的文化生态环境及其在史诗叙事中所构筑的藏族文化根基，作出了细致的钩沉和阐释，因而在史诗研究的文化义理层面，拓展了新的学术空间。

最后，本书从藏族宗教文化观念入手，在历时性的推理和共时性的分析中，从本土原生宗教中的山神水神崇拜、苯教自然神灵崇拜与藏传佛教的圣山圣湖信仰，渐次地揭示了灵魂寄存观念与自然观之间的内在和谐与统一，有助于从史诗的话语世界深入理解藏族人民的精神世界、民间生态观念与环境保护意识。这种独到的视角，对于挖掘和说明藏族史诗传承与传播的文化生态问题，开启了理论上的学术思考；对于全面把握史诗这一民间叙事传统有着认识论上的重要价值。该项研究主要涉及两种语言与大量的第一手藏文文献资料和田野资料，对行文中繁多的藏语术语和专用词汇进行拉丁转写和注释，在藏族史诗研究中实践了一种值得提倡的工作方法，这要求史诗研究工作者必须要有深厚的藏语文功底和审慎的治学态度。本书的选题合理，角度新颖，有清晰的问题意识和开阔的学术视野，反映了当代本民族学人应有的学术自觉，对《格萨尔》史诗的研究具有相当的推进作用。

ABSTRACT

The source of the Yellow River in the Qinghai – Tibet Plateau is the place where Gesar, great hero of the Tibetan, was born and the center where the epic The Deeds of King Gesar was in common currency. The A – myes – ma – chen Snow Mountain, the Sngo – ring Lake and the Gro – ring Lake in this area were the mountain and lakes where the legendary state of Gling and Gesar deposited their souls. The Tibetans, age – long worship of sacred mountains and lakes rendered them the symbols of myth, the idols of religion, and metaphors of philosophy. The epic The Deeds of King Gesar, which mixed the unique natural environment and special humanistic customs with the religious worship of mountains and lakes, recorded completely the historical development of the people here and conveyed their concepts, cultural customs, and expectation for a better life; therefore, singing and listening to The Deeds of King Gesar became an indispensable everyday nourishment for the mind of the people here.

The Deeds of King Gesar, mixed with the concept of spirit and containing the concept of nature – that man is an integral part of nature enriched the Tibetan spiritual and cultural life continuously. Conversely, the local traditional concept of spirit and nature worship produced great effect on The Deeds of King Gesar. An interactive relationship came into being between them. The Deeds of King Gesar, deeply rooted in the soil of the source of the Yellow River with a rich cultural accumulation, enriched the spiritual homestead of the Tibetans who lived here for generations.

Based on many ancient Tibetan myths and historical documents, this dissertation focuses on the important chapters of The Deeds of King Gesar, such as The Heaven, The Birth of a Hero, Horse Racing and Declaring Himself King, Bdu - gling Battle, Hor - gling Battle, Vjang - gling Battle, Mon - gling Battle, The Hell and Pacifying Triloka, and tries to find out the typical cases related with this dissertation. With the help of a large number of field investigations, interviews and pictures, this dissertation sums up and analyzes the concepts of placing souls on mountains and in lakes reflected in The Deeds of King Gesar and the ancient Tibetan concept of nature, probing mainly into the concept of soul deposit refected in The Deeds of King Gesar, the mountain and lake where Gesar,s soul was deposited, and the integration of the ancient Tibetan concept of nature and soul deposit reflected in The Deeds of King Gesar and ancient Tibetan concept of nature.

Study shows that the soul deposit of the Tibetans reflected the expectation of the Tibetan to continue their lives. Whether the soul deposit system of the Gling Tribe or the soul deposit system of other tribes stressed the everlasting of their own lives. The form of continuing life revealed the simpie concept of nature of the ancient Tibetans to gain everlasting lives with the help of Nature; therefore, the Tibetan concept of soul deposit and concept of nature are unitary and harmonious. Experiencing the mountain worship and water worship of the private religion, natural spirit worship of Bon and worship of sacred mountains and lakes of the Tibetan Buddhism, this unity and harmony became more important and stable and surpassed the common meaning of unity, and reached the religious theoretical unity.

Depositing the soul in all things on earth not only realized self - transcendence but also merged oneself thoroughly into Nature, achieving the completely unity. From the harmonization of the concepts of soul deposit and nature, we can see the simple and great wisdom for living, rich and inflexidle idea of living of the Tibetan, that is, to continue life and growth in nature and to become rich and strong by integrating into nature.

The Deeds of King Gesar is a living fossil for us to interpret the concepts of spirit and nature in ancient Tibetan traditional folk culture. Meanwhile, people think that myths, sacred mountains and lakes, and supernatural spirits together formed cultural deposit with a strong characteristic of the local humanity, provided rich spiritual soil for the creation of The Deeds of King Gesar, and laid religious, humanistic and geographical base for the origination, formation and development of the epic The Deeds of King Gesar; while the origination of the epic created a favorable condition for the enrichment, perfection, and preservation of traditional folk culture and the Tibetan concept of nature.

目 录

绪　论

地处青藏高原的黄河源头，传说是藏民族的伟大英雄——格萨尔诞生的地方，也是蜚声海内外的英雄史诗——《格萨尔》流传最为广泛的中心地带。这里有千千万万座山，其中最为著名的乃是阿尼玛沁雪山；这里有千千万万个湖，最为出名的则是扎陵湖、鄂陵湖和卓陵湖了。在藏民族的传说中，阿尼玛沁雪山是岭国和格萨尔的寄魂山，扎陵湖、鄂陵湖和卓陵湖又是岭国和格萨尔的寄魂湖。在这里，圣山圣湖是神话的象征、宗教的偶像和哲学的隐喻。于是，在漫长的历史演进道路上，藏族人民便赋予了圣山圣湖神奇的力量，视其为宇宙生命的象征和宇宙精神的外化，并将美好的精神寄托、熔铸于其中。

在黄河源头①这块特殊的地域里，有着别具一格的自然环境和特殊的人文习俗。千百年来，这里的藏族人民创造了独特的传统地域文化，在人们的精神世界里有神灵的存在，而在神灵的世界里又有人的踪影；神话与现实交织，人间与天堂并存。人们在自然界中跋涉心灵达到彼岸之路，在相互之间传递精神关怀的愉悦境界。在现实生活中，敬仰神灵，是人们感情的一种神圣寄托；祭祀山湖，则是人们感情的一种独特表达。人与人之间、人与自然之间形成了特殊关系，宗教意境上的终极关怀仿佛无处不在。史诗《格萨尔》不仅完整地记载了生活在这里的人们曲折的历史发展过程，而且将人们的思想观念、文化习俗以及美好的理想都表述其中，因此，听唱《格萨尔》成为了人们日常生活中不可缺少的精神食粮。

---

① 黄河源头，按现代的行政区域划分包括青海省的果洛、玉树以及甘肃省的甘南三个藏族自治州，历史上藏语称为“玛域”（rma-yul）。在本书中，仅涉及果洛地区的民俗事象。

充满着神话色彩的《格萨尔》，不仅掺杂了灵魂观念，而且还包含了“天人合一”的自然观念，从而不断丰富了藏族人民的精神文化生活。而人们的灵魂和自然崇拜的民间传统观念，反过来对《格萨尔》也产生了重要的影响，形成了一种互动关系，以厚重的文化积淀深植于黄河源头的土壤中，丰富了世世代代生活在黄河源头的藏族人民的精神家园。这些传统的思想观念，蕴藏了今天可持续发展观的萌芽。鉴于此，我们应该珍视和发掘藏族人民的宝贵文化遗产，发掘和整理民族文化的深层理念根源，继承和发扬民族传统文化的理性光辉，以服务于社会主义精神文明的需要。

这里需要指出的是，本书所涉及的灵魂观念，按照马克思主义观点，应当是属于唯心主义的范畴，但本书所探讨的基本点在于阐释《格萨尔》创作的历史文化背景和宗教渊源，研究方法亦是从文化学和历史学的角度切入，故关于命题中涉及的哲学根本问题，即唯物主义与唯心主义的争辩，不作探究，仅将研究范围锁定在《格萨尔》中所反映的古代藏族意识中的观念性问题，以期有助于《格萨尔》学科研究的进一步发展。

本书拟通过对《格萨尔》中所反映的山水灵魂寄存观念加以探讨，进而就古代藏族的自然观展开分析，在此基础上，揭示藏民族灵魂寄存观念与古代自然观之间的交互关系，以深入了解和认识《格萨尔》的重要学术地位及其深层文化价值。

第一节　国内外研究的概况

长期以来，国内外学者对史诗《格萨尔》的研究较多，并且取得了丰硕的成果。但是，有关《格萨尔》灵魂寄存观的研究，尚需进一步拓展，尤其是关于格萨尔的寄魂山、寄魂湖等专题研究仍属薄弱，这方面的研究成果也凤毛麟角。一些学者虽曾对古代藏族的原始宗教观念和灵魂观念进行了较为深入的探讨，却很少论及藏族的圣山圣湖崇拜，以及格萨尔的寄魂山、寄魂湖。至于对古代藏民族的自然观等方面的研究就更是少有涉猎了。

一 国外研究状况

国外对格萨尔的研究，最早可追溯到19世纪下半叶。那时大批国外探险家、学者纷纷来到我国藏区及其毗邻地区从事资料的收集工作，《格萨尔》以其无限的魅力引起了人们的密切注意，他们归国后又潜心钻研，深入探讨，取得了可喜的成就，使西方国家的藏学界、史学界和文学界对史诗有了进一步的了解和认识。20世纪以来，对史诗《格萨尔》的研究，更是举世瞩目。这可在人们熟悉的法国学者石泰安先生的著作目录中略见一斑。石泰安在其成名之作《西藏史诗与说唱艺人的研究》[①]（伦敦，1959年）第三卷的第八章“近代”和“与格萨尔史诗的关系”两部分里，重点对神山作了简要介绍，其他各卷中对阿尼玛沁等圣山也偶有提及。这部著作可以说是较早涉及格萨尔的寄魂山、寄魂湖者，虽然触笔不多，甚至更谈不上是专门研究，但为我们深入研究这一课题提供了重要的线索。

国际上有“纳西学之父”之称的美籍奥地利学者洛克（J. F. Rock）博士，在国际东方学界和探险家中有重大影响。1922年2月，他抵达中国云南的丽江进行考察和探险。1926年4月，他来到黄河源头地区，对阿尼玛沁雪山进行了考察，后撰写了题为《The Amnye ma-Chen Range and Adjacent Regions：A Monographic Study》[②]的著作，于1956年刊登在《罗马东方丛书》第12辑上。该书对阿尼玛沁雪山及其邻近地区的民俗文化作了简要介绍和研究。

此外，奥地利藏学家勒纳·德·内贝斯基·沃杰科维茨写了一部名为《西藏的神灵和鬼怪》[③]（赫尔辛基，1956年）的著作，对藏族的各种神灵作了系统的概述，在第一卷第十四章中，对阿尼玛沁神山及其方位、名称、宗教寺院的崇拜作了考证，尽管他从比较宗教学的角度对圣山圣湖崇拜作了研究，但所涉及《格萨尔》中的宗教和民俗的一些重

---

① ［法］石泰安著，耿昇译：《西藏史诗与说唱艺人的研究》，西藏人民出版社1993年版。

② ［美］洛克（J. F. Rock）：《罗马东方丛书》第12辑，1956年版。

③ ［奥地利］勒纳·德·内贝斯基·沃杰科维茨著，谢继胜译：《西藏的神灵和鬼怪》，西藏人民出版社1993年版。

要问题，为我们从微观的角度研究史诗找到了更好的切入点。

二 国内研究状况

据目前所掌握的资料来看，在国内研究的专著有降边嘉措的《〈格萨尔〉初探》[①]、《格萨尔论》[②]；周锡银、望潮著的《藏族原始宗教》[③]。论文有刘立千的《从〈格萨尔史诗〉看古代青藏高原上部落社会》[④]、朗吉的《从〈格萨尔王传〉中看远古藏族的图腾崇拜》[⑤]、丹珠昂本的《〈格萨尔王传〉的神灵系统》[⑥]、杨恩洪的《果洛的神山与〈格萨尔王传〉》[⑦]、何天慧的《〈格萨尔〉中的原始文化特征》[⑧]、丹曲的《凝固在黄河源头的历史——藏民族灵魂观念的现代遗存》[⑨] 等。

在降边嘉措先生的《〈格萨尔〉初探》一书中，作者对自然神的崇拜、灵魂观念等问题进行了探讨；在《格萨尔论》的第三章“自然崇拜”、第六章“山神崇拜”以及第七章“灵魂外寄”三部分中，作者又对阿尼玛沁等圣山进行了探索，为我们深入研究这一课题奠定了重要的理论基础。

周锡银、望潮著的《藏族原始宗教》分别在第二章“崇拜”中谈及山崇拜、水崇拜，在第三章“灵魂崇拜”中评介了寄魂物，对本书的研究具有启发意义。

刘立千的《从〈格萨尔史诗〉看古代青藏高原上部落社会》一文，在第五部分“部落社会的宗教”中对部落社会信仰、原始苯教的多神教、原始苯教的万物有灵，部落社会的宗教活动关于巫师、苯佛融合等内容进行了探讨，认为《史诗》产生的时期可能是在法苯时期，反映

---

① 降边嘉措：《〈格萨尔〉初探》，青海人民出版社 1986 年 12 月版。

② 降边嘉措：《格萨尔论》，内蒙古大学出版社 1999 年 8 月版。

③ 周锡银、望潮：《藏族原始宗教》，四川人民出版社 1999 年 2 月版。

④ 刘立千：《从〈格萨尔史诗〉看古代青藏高原上部落社会》，《格萨尔学集成》第四卷，甘肃民族出版社 1994 年 6 月版。

⑤ 西藏自治区社会科学院主办：《西藏研究》1991 年第 2 期。

⑥ 中国社会科学院民族文学研究所主办：《民族文学研究》1992 年第 1 期。

⑦ 中国藏学研究中心主办：《中国藏学》1998 年第 2 期。

⑧ 甘肃省社会科学院主办：《甘肃社会科学》1995 年第 2 期。

⑨ 中国《格萨(斯)尔》学会主办：《中国〈格萨尔〉》创刊号，中国民族摄影艺术出版社 2002 年 6 月版。

岭国部落社会的宗教信仰带有许多原始宗教的遗迹，表现在许多鬼神和相信万物有灵上。朗吉的《从〈格萨尔王传〉中看远古藏族的图腾崇拜》一文，对史诗中反映的藏民族图腾崇拜展开讨论，以灵魂外寄为重点，指出史诗中处处有灵魂外寄的现象，从而得出史诗中灵魂外寄现象可分为氏族的、家族的和个人的三种类型。随着历史的发展进入人为宗教时代，史诗中的图腾崇拜也演变成各类保护神的崇拜，而图腾崇拜残存在世俗生活中的表现就是那些军队的章饰、旗号以及个人的图腾灵物。丹珠昂本的《〈格萨尔王传〉的神灵系统》一文，将史诗中的神灵划分为原始神灵、苯教神灵和藏传佛教神灵三个系统，认为藏族原有的原始神灵系统是史诗中神灵系统的最基本群体。杨恩洪的《果洛的神山与〈格萨尔王传〉》一文从果洛人心中的神山、玛域岭国人两个方面展开了讨论，认为果洛神山崇拜中有一条重要的山神崇拜文化风景线，《格萨尔》是生活在这一特定文化背景上的人们创造的精神财富。何天慧的《〈格萨尔〉中的原始文化特征》一文从天地宇宙起源的传说、原始部落的灵魂观念、原始部落的图腾崇拜、原始部落的神灵系统、原始部落的征兆预测以及原始部落的“央”观念等方面展开了讨论，认为《格萨尔》中的原始文化现象是极其丰富多彩的，不仅对我们研究藏族古代社会、历史、宗教文化、民俗风情提供了珍贵的原始资料，同时也证明了史诗的久远性。笔者的《凝固在黄河源头的历史——藏民族灵魂观念的现代遗存》一文，从藏民族灵魂观念的现代遗存着手，对《格萨尔》中圣山圣湖崇拜观念以及史诗中的灵魂寄存等文化现象以及藏民族与自然和谐相处、与环境协调发展的特殊关系等问题进行了讨论。

总之，《格萨尔》学蓬勃发展，众多领域均有较深入的研究成果，而国内外对格萨尔的寄魂山、寄魂湖的研究，虽多有提及，但尚未有专题研究。因此，我们有必要在前人探索的基础上，作更进一步的探讨。本书即基于这样一种目的，力图在此研究上作出些许突破，以求教于方家。

第二节　透过《格萨尔》探寻雪域文化的根基

一　选题意义

本研究所涉及的“圣山圣湖”，藏语称为“内日内错”（gnas-ri-dang-gnas-mstho)，“内”有地点、场所、圣地以及圣洁等意思，可确切地译为“圣山圣湖”。这与“内廓”（gnas-skor）译为“巡礼”或“朝圣”，“内郭哇”（gnas-skor-ba）译为“香客”或“朝圣者”，“内却合”（gnas-mchog）译为“圣地”是一个道理。在以往的行文和称谓中，往往将其误译或误称为“神山神湖”，这种译法容易使人望文生义，将其与宗教中的“神”联系在一起，似乎带有宗教迷信的色彩。就此问题，笔者和导师降边嘉措先生也作过一些讨论，他提倡用“圣山圣湖”比较准确，在他所写的文章中也都用此译法，笔者觉得非常有道理。

至于“神山神湖”，在藏语中称为“朗日朗错”（lha-ri-dang-lha-mstho），完全是另外一层含义，这类山湖一般与藏族各地区的地方神有关。此外还有一种就是“拉日拉错”（bla-ri-dang-bla-mstho），这就是我们所研究的史诗《格萨尔》中的“寄魂山、寄魂湖”，在藏族地区，可作寄魂山湖的圣山圣湖屈指可数，因为它们都与某个重要的历史人物和宗教人物的寄魂有关，一般人是不敢以其为寄魂处的。

史诗《格萨尔》中所蕴含的圣山圣湖崇拜及其所反映的灵魂寄存观，是古代藏族文化的重要组成部分，其形成与发展，与其他民族文化一样，都经历了漫长的历史发展过程。当藏族先民的思维发展到能够主动思考一些问题时，就开始探索天、地、人各方面的奥秘。面对复杂的自然环境和自然现象，他们一方面注意到活人与死人的区别，另一方面在睡梦中和幻觉中会见到自己或他人的形象，于是逐渐认识到在每个人身上都有“生命”和“幽灵”这两种东西。生命可以使人有感觉、有思想、有行动，生命一旦离开肉体，人就会死去；幽灵则是人的影像，它可以在远离人体的地方向人们显现。人们将自然界神灵化，把神灵人格化，并将它们的居所由人体拓展开去，花草树木、日月山水全都有神有灵，于是就产生了自然崇拜和灵魂崇拜观念。在人们的观念中，神话、传说、圣山圣湖、超自然的神灵，紧密地联系在一起，形成了地域人文特征浓厚的文化积淀，从而形成了产生《格萨尔》的肥沃精神土壤。这种神灵系统的文化表现以及与之相关的各种祭祀，一直延续至今。

众所周知，在英雄史诗《格萨尔》中，无论威震四方、除暴安良的英雄人物格萨尔还是呼风唤雨、作恶多端的魔国鲁赞，他们都有数个灵魂。即便是制服了本身，仍能安然无恙地生活着。若要彻底地消灭他，必须要摧毁他的众多灵魂寄存物。灵魂可以寄存在任何一个物体上，可以寄存在高山湖泊，也可以寄存在动物身上。如雄狮大王格萨尔的灵魂就寄存于阿尼玛沁雪山和扎陵湖、鄂陵湖、卓陵湖和野牛身上，传说岭国的灵魂同样寄存在阿尼玛沁雪山。

阿尼玛沁和三湖（即扎陵湖、鄂陵湖、卓陵湖），虽然是坐落在青藏高原的黄河源头的众多雪山中的一座、众多湖泊中的三个，然而，随着时光的流逝，它们已经不是原来意义上的雪山和湖泊了。有史以来，生活在黄河源头的人们给它们注入了民间文化的活力和深层次的文化内涵，成为人们世代崇拜和敬仰的对象，它们的身上演绎了有关天地、人类、万物起源的故事，折射出五光十色的民间传统文化的特色，为英雄史诗《格萨尔》的产生、形成和发展奠定了宗教的、人文的、地理的基础，而史诗的产生又为民间传统文化和古代藏族自然观的丰富、完善和保存创造了良好的条件。

灵魂观念是古代藏族自然崇拜的思想根源和理论基础，而灵魂外寄和灵魂转世的观念，是灵魂观念的重要表现形式，这种观念构成了雪域文化的根基，是雪域文化的一个重要特征。它对藏民族的社会生活、意识形态和文学艺术等方面都有着广泛而深刻的影响，可以说对藏族文化的发展也产生了重要影响。本书着力探讨天人合一的宇宙观、物我合一的自然观、圣山圣湖的灵魂寄存观等，目的即在于全面深入地分析研究并阐述古代藏族的文化特征，深入研究藏族民间传统文化，特别是把握史诗《格萨尔》的创作基础和流传根基，力图为加强该学科的理论基础建设作进一步的尝试和摸索。

二 三个方面的重要学术作值

在当今学界“文化热”的浪潮中，藏学研究成为国际学术界的一门显学，英雄史诗《格萨尔》的研究则成为藏学领域的最热门课题。的确如此，多年来，《格萨尔》的收集、整理和研究工作得到了中国共产党和国家的高度重视。大批专家学者含辛茹苦，锐意钻研，从史诗的理论建构到文本研究，从艺人研究到对比研究等方面，都取得了突破性的进展，为我们深入研究《格萨尔》创造了得天独厚的条件。为此，本书从《格萨尔》的山湖灵魂寄存观念着手，并对古代藏民族的自然观念展开讨论，并就山湖灵魂寄存观与古代藏民族的自然观之间的关系进行分析，其理论意义和学术价值主要表现在以下几个方面：

第一，若要整体把握和认识藏族的民间传统文化和文化特征，必须首先要认知古代藏族的灵魂观和自然观，因为这其中依然间或保留较为古老的形成于史前时期的信仰之遗存，是后世神话、史诗创作的直接源泉，而《格萨尔》正是我们认识古代藏族民间传统文化中的灵魂观和自然观的活化石。研究这一课题，对我们加深了解黄河源头藏族人民的精神文化生活，继承优秀的传统文化习俗，建构良好的伦理道德规范，引导正确的审美价值取向，具有建设民俗学学科的价值意义。

第二，为什么藏族的灵魂观念迄今还在人们的思想观念中留存，其在藏族文化中所起的作用如何？灵魂寄存观念在《格萨尔》中的作用是什么？灵魂寄存观念与藏族自然观的内在联系是什么？本书力图从多学科的研究方法和视角出发，探求其内在联系，努力挖掘和认知藏族传统文化的现代价值。

第三，藏民族长期以来形成的崇尚大自然、敬畏大自然的民间传统习俗，构成了其“天人合一”和“物我合一”的自然观。这也为我们探讨民间口头叙事诗《格萨尔》的建构及其所蕴含的丰富的生态智慧，折射出的藏民族对雪域高原社会历史的认知和生存自然的体验，提供了重要的理论借鉴。

第三节　研究方法和使用资料

一　研究方法及框架

鉴于本书的研究对象和研究目的，文本采用分析与田野考察相互结合的基本方法，在研究过程中，尽量运用民间文艺学、民俗学、文化人类学、历史学，以及历史地理学的理论知识和研究方法，参照国内外史诗研究的学术成果，结合对《格萨尔》文本材料中反映的山湖灵魂寄存观念和古代藏族的自然观进行全方位的梳理、分析、研究，从而作一些理论思考，重点解决以下几个具体问题：

第一，格萨尔的寄魂山。

第二，格萨尔的寄魂湖。

第三，《格萨尔》中所反映的灵魂寄存观念。

第四，《格萨尔》中所反映的古代藏族的自然观。

第五，灵魂寄存观念与古代藏族自然观的整合。

二 使用资料

第一，文本文献。笔者通过重点阅读《天界篇》、《诞生篇》、《赛马篇》、《降魔篇》、《降霍篇》、《降姜篇》、《降门篇》、《地狱篇》以及《安定三界》[①] 等文本文献，从中找出与本研究相关的典型事例，进行综合归纳和分析。

第二，文献史料。在进行的研究本研究过程中，自然涉及藏族传统文化中的许多理论问题，必须运用藏文文献资料、国内外研究史诗的重要成果来印证，从而分析其起源、发展、传承与变异的过程，力求对本研究作宏观与微观有机结合的客观性描绘与分析。

第三，考察资料。2000 年，笔者在参加拍摄 30 集大型纪录片《话说〈格萨尔〉》期间，对甘肃、青海、四川以及西藏自治区等地的格萨尔说唱艺人和各学界的有关专家、学者进行访谈，积累了丰富的第一手资料。2002—2003 年，前后三次赴青海、甘肃部分藏区进行田野考察，挖掘、收集和整理了同本研究有关的重要资料，从而为本书的撰写打下了坚实的资料基础。

第四，图片资料。笔者在从事田野考察的同时，就本书的相关内容，拍摄了图片资料，能够对本研究提供有力的辅助说明，使论据更充分，论点更可靠。同时，拟将图片资料插入文中，以期达到文图并茂的效果。“史诗和原始神话一样，是一个历史范畴的文学现象。”[②] 故本书将引用史学多重证据法的研究方法，力图作出新的尝试。

---

① 《格萨尔》，在过去的翻译稿中多以《格萨尔王传》出现，部分译稿还翻译成《格萨尔传奇》或《格萨尔王的故事》，为便于理解，我们在本书中均统一为《格萨尔》。众所周知，藏族史诗《格萨尔》其不同的版本有上百部之多，翻译本也有几十部之多，有些译本前还要加《格萨尔王传》，有些直呼其名，如《天界篇》、《诞生篇》、《赛马篇》、《降魔篇》、《降霍篇》、《降姜篇》、《降门篇》、《地狱篇》以及《安定三界》等等，为便于统一，在本书中均采用后者，页下注引用的图书名也直呼书名副标题，特此说明。

② 钟敬文：《民间文学概论》，上海文艺出版社 1980 年版，第 282 页。

第四节　创新的方向

本书拟从以下几个方面作出新的尝试，以期推进《格萨尔》研究的学科建设：

第一，从《格萨尔》所反映的山湖灵魂寄存观念的研究入手，切实深入地了解古代藏族自然崇拜的文化内涵。

第二，通过对格萨尔的寄魂山、寄魂湖的研究入手，认知藏民族的山水崇拜习俗，探讨《格萨尔》所反映的古代藏族的自然观，了解藏民族的审美情趣和价值取向，继承和发扬藏民族优秀的文化传统，促进一体多元的中华民族文化在21世纪的新发展。

第三，通过对《格萨尔》所反映的自然观的研究，发掘引发出对灵魂寄存观与自然观二者之间关系的理性思考，论证二者之间相协调、相统一的关系。

第一章 格萨尔的寄魂山

在《格萨尔》中，不管在岭部落还是其他部落，都有将各自的灵魂寄存在自然物体圣山上面的记载。如岭部落和格萨尔就将灵魂寄存在“玛沁奔热”即阿尼玛沁雪山，其他部落如魔王鲁赞、霍尔第四十九代大王、黑帐王等的寄魂山分别是九尖铁围宫、德载萨瓦泽、合索日安沁山等。林林总总的寄魂山在史诗中多有提及，但除了格萨尔的寄魂山阿尼玛沁雪山外，其他的寄魂山我们已无法来详加考证。而作为岭部落和格萨尔寄魂山的阿尼玛沁雪山就坐落在青海省果洛藏族自治州境内，阿尼玛沁山神在安多地区不仅是地位最高、崇拜者最多的山神，而且还被人们尊为“东方大神”而名扬整个藏区。传说，阿尼玛沁雪山有取之不尽、用之不竭的宝藏，因此受到了人们的广泛信仰。阿尼玛沁山神崇拜有着深厚的宗教文化积淀，它从一座普通的大山演变成人们心目中地位重要的山神，经历了由自然性逐步向人性化演进的过程，反映了黄河源头人们意识观念的发展历史轨迹，同时也反映了从自然崇拜向祖先崇拜和英雄崇拜发展的曲折过程，它不仅承担了《格萨尔》中灵魂寄存的载体任务，而且还成为藏民族精神生活中英雄的象征。

本章就黄河源头的自然历史背景、阿尼玛沁自然性向人性化继而又向神性化发展演变的过程、阿尼玛沁父神形象的成熟及其在藏传佛教万神殿中的归属、阿尼玛沁神山下的藏族部落及其祖先崇拜现象的遗存以及英雄诞生的摇篮与灵魂寄存的载体等问题作一论述。

第一节 黄河源头的自然历史背景

一 阿尼玛沁雪山的沿革地理

阿尼玛沁雪山位于青海省果洛藏族自治州玛沁县境内（见图 1）。果洛州地处青藏高原东部，青海省东南部，东面与甘肃省的甘南藏族自治州接壤，西面与四川阿坝藏族自治州相邻，西邻玉树藏族自治州，北接海西蒙古族藏族自治州、海南藏族自治州。果洛藏族自治州总面积 76442 平方公里，大约占青海省总面积的 10%。全州下辖甘德、久治、班玛、达日、玛多、玛沁六个县，总人口为 124026 人（1995 年人口统计数据），其中牧业人口为 94723 人，藏族人口为 111193 人。自治州首府在大武镇，是全州政治、经济、文化的中心。[①] 阿尼玛沁雪山的主峰就坐落在玛沁县境内，玛沁县的“玛沁”也源于此。境内地势高亢，平均海拔 4100—4500 米。全县辖 10 个乡，有 5240 户，2.54 万人。[②]

图 1 阿尼玛沁圣山 张超音摄

据有关史料记载，远在新石器时代，黄河源头的河谷地区就有人类

① 《果洛藏族自治州地方志》编纂委员会编：《果洛藏族自治州志》（上册），民族出版社 2001 年 9 月版，第 3 页。

② 《青海省情》编委会：《青海省情》，青海人民出版社 1986 年 3 月版，第 556 页。

繁衍生息，古为西羌牧地。《后汉书·西羌传》载“西羌之本，出自三苗……及舜，流四凶，徙之三危”，古为“析支”（一作赐支国）地，为党项羌人所居，“党项”（ldong-byang）为藏语，“党”为藏族古姓氏“冬”，“项”为“北方”，意思是“北方的冬氏”。北周以后，“党项始强”，以姓氏为号，结成大小不等的部落，各自分裂，划地游牧。隋大业年间，部众受治赤水县（今海南州兴海县桑当乡夏塘古城），上隶河源郡。唐贞观年间，党项细封氏首领步赖率众附唐，唐太宗授步赖为刺史。高宗时，吐蕃入居党项牧地，一部分党项人东迁，另一部分归附吐蕃。吐蕃王朝崩溃后，果洛割据为互不统属的地方势力。元朝时期，果洛受“吐蕃等路宣慰使司都元帅府”节制。

明初，基本沿袭元制，果洛仍属朵甘思宣慰司，受河州卫节制。明末清初，果洛地区为班玛本、昂欠本、阿什姜本三大部落分而治之，总辖大小部落 51 个，有 12100 户，另有 20 多个部落游牧于果洛周边地区。清康熙六十年（1721 年），川陕总督年羹尧派兵克复果洛 41 部落，推行“以夷制夷”的统治制度，果洛隶属四川绵龙茂道松潘镇漳腊营。宣统元年，上果洛辖旺青九族，中果洛辖阿羌康赛十族，下果洛辖白马九族。民国初年，甘、青、川、康勘界未定之前，果洛归四川省管辖。[①]

由于果洛地区地处边远，环境闭塞，历代封建王朝都未能在这里真正建立过政权，其长期游离于各大政治集团之外，所以当地各大小部落是社会最基本的组织形态，互不统一，各自为政。“头人”（dpon-po）主宰果洛的一切，人们信仰藏传佛教。游牧、狩猎和采集，乃是人们最基本的生产活动。长期以来，果洛一直被人们视为一个遥远而神秘的地方。

果洛地域辽阔，群山起伏，雪峰耸立，湖泊众多，河流纵横。地形自西北向东南倾斜，平均海拔 4000 米以上，西北多丘陵，地势平缓；东南多高山，坡陡谷深，气候寒冷。果洛位于巴颜喀拉山与昆仑山支脉阿尼玛沁雪山之间，巴颜喀拉山自西向东，以山顶为界，南麓为长江流

---

① 《果洛藏族自治州地方志》编纂委员会编：《果洛藏族自治州志》（上册），民族出版社 2001 年 9 月版，第 69 页。

域，北麓为黄河流域。山下有唐蕃古道通过。阿尼玛沁雪山逶迤境北，山势雄伟，气势磅礴，玛曲（黄河）从东南侧绕流而过。主峰“玛沁岗日”（rm-chen-gangs-ri）即玛沁奔拉，海拔 6282 米，相对高度为 1682 米，山势巍峨，冰峰雄峙，极目远眺，群山之中雪峰突兀，银装素裹，团团祥云在山腰升腾。年宝叶什则山，屹立于东南，山下有西姆错湖，湖水清澈。此外还有较大的湖泊 100 多个，见诸《格萨尔》和众多史书的扎陵湖、鄂陵湖和卓陵湖就在该州西北部的玛多县境内，湖周群山环绕，湖面碧波粼粼。果洛境内有较大的河流 36 条，分别注入长江和黄河。中华民族的母亲河——黄河就在果洛境内，它发源于巴颜喀拉山北麓各姿各雅山下的卡日曲，涓涓溪流穿过扎陵湖、鄂陵湖两湖之后，黄河已具雏形。黄河在上游穿过了果洛藏族自治州的玛多、玛沁、达日、甘德、久治五个县境，逐步形成了一条波涛滚滚的大河，越界向东奔流而去，在果洛境内流长 760 公里。因此，人们习惯上把果洛称为黄河之源。

独特的地理环境形成了果洛州的资源优势，有广阔的天然牧场，草地面积占全州的 75%，多为山地草场和草甸植被，是青海省重要的畜牧基地之一。其有得天独厚的水力资源，野生动物种类繁多，多为珍禽异兽。

二　黄河源头的人文特征

黄河源头的果洛，有着原始的自然风貌，古朴的风土民情。有赞誉曰：“果洛人们质朴善良，热情好客，有着中华民族的传统美德。他们世世代代以牧为业，过的是游牧生活，在与大自然的长期斗争中，养成了吃苦耐劳、坚忍不拔的高尚品质，养成了他们粗犷豪放的民族特性。”[①]（见图 2）在严酷的自然环境中，人们形成了“勤劳勇敢的精神”、“节俭、仁慈、好施舍”、“从容忍耐”、“礼貌好客”、“公平交易”和“移风易俗”的良好社会风气。[②] 果洛人普遍信奉藏传佛教，如

---

① 《果洛藏族自治州地方志》编纂委员会编：《果洛藏族自治州志》（上册），民族出版社 2001 年 9 月版，第 6 页。

② 《果洛藏族自治州地方志》编纂委员会编：《果洛藏族自治州志》（下册），民族出版社 2001 年 9 月版，第 1158 页。

今这里有大小寺院61座，分布在全州各地。这里的人民世代生活在黄河源头玛沁奔拉雪山脚下，到处流传着英雄格萨尔的传说和故事。阿尼玛沁圣山在人们心中占有十分重要的地位，该山的余脉一直绵延到甘肃省甘南藏族自治州境内。甘南的玛曲、碌曲等县，四川的阿坝草原等地区，均与这块辽阔的地域同属草原地带，人们在文化传统上都有着共同的特性。

图2　果洛藏族牧民的婚礼　丹曲摄

三　格萨尔的故乡玛域

《公祭篇》中这样写道：

若不认识这地方，玛域上方接卫藏，
与上卫藏相毗邻。
玛域下去是汉地，与那汉地临边境。
玛域直插到雪域，它是雪域之中心。①

① 王兴先主编：《公祭篇》，《格萨尔文库》（藏文版）（第一卷），甘肃民族出版社2000年9月版，第774页。

这就形象地描绘出了格萨尔的故乡玛域特殊的地理位置。在对史诗的调查研究中我们发现，就格萨尔的出生地无论是民间说唱艺人还是普通老百姓都存在着争议，而唯独谈到岭国的中心所在地时大家却会异口同声地说就是在神奇和美丽的黄河源头“玛域”。《格萨尔》中记载，岭国（gling）是“世界的中心”，“玛域”（rma-yul）既是黄河的源头，又是“岭国的中心”，这似乎在人们的心目中已经成为无可厚非的事实了。那么，“玛域”一词，有何含义，与阿尼玛沁圣山有什么关系？这是本节所要讨论的议题。

“玛域”，为藏语，“玛”（rma），有“疮伤”、“过失”之意，其确切的含义实难解释，我们将在后面解释“阿尼玛沁圣山”时细考其含义；“域”（yul），据《藏汉大词典》解释有“地方”、“故乡”、“范围”、“区域”以及“境”等多种含义。“玛域”虽是藏语，但照其汉文字面理解，也没有什么不妥，即为“玛地方”、“玛域”。从确切的地理位置来讲，指黄河源头和阿尼玛沁雪山周围辽阔的地域，更进一步讲就是如今的果洛地区和甘肃甘南的玛曲地区。

“玛域”，其名称来由，藏文史料中没有记载，如果我们从江河源头“玛曲”、“玛多”、“玛查理”以及“玛拉查则”这一系列带有玛字的地名来推断，也就不难解释了。“玛多”（rma-stod），是藏语译音，“多”为“上”或“上部”之意，“玛多”其地域靠近阿尼玛沁雪山和玛曲，故有“上部玛域”或“玛曲上游”之意。“玛查理”（rma-vgram），“玛”意同上，“查理”，有“沿”或“岸边”的意思，整个意思是“玛曲沿”。“玛拉查则”（rm-la-brag-rtse），是位于玛多县扎陵湖北部的山峰名，“玛”意同上，“拉”，“山”的意思，“查”是“岩”的意思，“则”是“山顶”的意思，整个意思是“玛域岩山峰”。以上几个地名，都与“玛”有关联，由此可以推断，“玛域”一名确是来源于“玛沁奔热雪山”。

第二节　阿尼玛沁雪山的神性化

任何一种文化都有民间文化的成分，总是由一个特定的地域、一组特定的人群共同创造、共同繁荣起来的。这种文化也并不是随着这个地区人群的出现就出现的，而是必须经过这个地区的人的实践而逐步出现、发展、繁荣的。人，在这里依然是最活跃的因素，人的活动实践是民间文化存在发展的根基。黄河源头的部落文化也不例外，在这种特定的历史自然环境中，既孕育了勤劳勇敢的人民，又造就了独特的民间文化传统。黄河源头的人们对阿尼玛沁山神的塑造过程，也就是他们对该民族起源的认识过程。这种神性化逐步向人性化的演化，完全是对该民族人性的一种自我肯定。

一　神话与传说中的阿尼玛沁

阿尼玛沁雪山，原本是一座普通的雪山，但在漫长的历史岁月里，生活在雪山脚下的人们，将该民族的思想情感和文化色彩逐步注入其中，演绎出了许许多多的神话故事，使得它具有深厚的文化积淀，成为安多藏区一座著名的山神。

玛沁奔热娶龙神措曼国玛为妃子的神话

雪域尊神沃德贡杰和他的八个儿子共称为最初九王。老三玛沁奔热（即阿尼玛沁雪山）被封为东方守护神，父王专门为他修建了一座九层水晶宫殿。玛沁奔热娶了天神贡曼拉日（dgon-sman-lha-ri）、念神多吉雅玛居恩莫（rdo-rje-gyav-ma-skyong-sngon-mo）、龙神措曼国玛（mtso-sman-go-mo）为妃子。其中龙神措曼国玛从东海带来了13颗珍宝和金制供壶。玛沁奔热当即将13颗珍宝赐给属下的玛域十三位山神，并从金壶中取出一把金沙撒在黄河里。由于玛沁奔热有神（lha）、念（gn-yan）、龙（abrug）[①] 三氏妃子，玛域（rma-yul）的十三位山神又获得了13颗龙王呈献的珍宝，为此，人们称黄河上游为大地吉祥园，而黄河也因山神玛沁奔热撒入金沙被称为曲沃色尔旦，意为金子河（见图3）。[②]

---

① “天神”、“念神”、“龙神”有时简称“神、念、龙”。

② 果洛藏族自治州民间文学集成办公室编：《果洛民间故事选》之《阿尼玛卿雪山的传说》。

图 3　八大龙王一体神

摘自久美吉多杰编著的《藏传佛教神名大全》，青海人民出版社 2001 年版。

苯教师勒辛本玛娶玛沁山神的女儿的神话

苯教师勒辛本玛有一次见到一匹与众不同的白马，一瘸一拐地艰难行走。苯教师仔细一看，只见马蹄缝中有一粒芥子。他便把芥子取出，念诵了医治疮伤的密咒，白马立即精神抖擞，腾空飞去，苯教师大吃一惊。晚上，他梦见白马原来是阿尼玛沁山神的坐骑，被防雹师的法物击中。白马告诉他说："明天请到犹如水晶佛塔般的白岩下，定会有奇迹。"充满好奇心的苯教师此日在水晶佛塔般的白岩下，见到一位佳人和采线卦具、卦书。佳人风姿绰约，含情脉脉，苯教师喜欢无比，遂结为夫妻。一年后那位女子生下一个大肉包，从里面取出八个清秀的婴儿，苯教师惊喜万分，不料妻子却消失不见了。原来她是玛沁山神的女儿，为了感恩与苯教师成家，苯教师的孩子们被称为阿尼玛沁山神的外孙，也是扎氏的祖先。①

玛沁山神射杀念青山神的传说

玛沁山神是格鲁派的保护神，念青山神是宁玛派的保护神。据传，两神之间曾经还产生了一段瓜葛，念青山神曾劫持了玛沁的妻子，玛沁山神追击他，并向他射了一箭，结果射瞎了他的右眼。后来，作为宁玛

① 才让：《藏传佛教民俗与信仰》，民族出版社 1999 年 1 月版，第 88 页。

派保护神的念青山神又被拉卜楞寺的贡唐仓活佛镇服，从此变成了格鲁派的守护神。[①] 另外一种说法认为，一名雷家（专长于防雹仪轨的巫师）可能以其火使山神变成了瞎子。其镇服者是拉卜楞寺的贡唐仓活佛。[②]

这些神话与传说都说明了阿尼玛沁与生活在黄河源头的人们祖先的来由有关。第一则故事，表明了“形成世界的九座山神”最初是由一个父亲和八个儿子组成的。而作为老三的玛沁奔热娶了神、念、龙的公主为妃，而龙神的公主名为措曼国玛，史诗中格萨尔的母亲廓姆也是龙女，名字也极为相像。格萨尔的爱妃珠牡虽是噶嘉洛所生，却是龙女所化。在《格萨尔》中，扎陵湖、鄂陵湖和卓陵湖周围有“十三位山神”的记载，神话故事中也出现了“十三位山神”，措曼国玛将从东海带来的13颗珍宝赐给了他们，使得玛域地区变成了大地的吉祥园。这一情节与《取宝篇》中，格萨尔只身进入龙宫取宝，岭国人民过上了美好的生活同出一辙。从这些信息中我们虽然不能断定这则故事就是《格萨尔》故事情节的源头，但表明了民间神话和传说与史诗故事核的交叉性和互补性，可以说民间神话、传说是《格萨尔》艺术创作的源泉和沃土。

二　藏族绘画中的阿尼玛沁山神形象

阿尼玛沁雪山作为一个护佑安多地区乃至藏区的山神，早已在人们的心目中变成了一个偶像，这个偶像早期的形象笔者无从稽考，但是后来经过佛教徒改造了的形象还是不难见到。笔者在考察过程中，在青海的塔尔寺、西藏的甘丹寺、甘肃的拉卜楞寺等寺院中就见到了阿尼玛沁山神的壁画，安多藏区老百姓的家中都普遍供奉此神。笔者根据流通的阿尼玛沁画像，并结合藏文史料可以描绘出该山神的形象。

在藏传佛教中，阿尼玛沁山神是按照密宗护法神的形象绘制的，通

---

① 1986年笔者在甘肃的甘南藏族自治州夏河县民政局从事地名工作期间，在太子山（藏语称“阿尼念青”）从事田野调查时采访了上卡加乡的吉太本。这个问题在石泰安先生的著作《西藏史诗与说唱艺人的研究》中也作过讨论。

② ［法］石泰安著，耿昇译，陈庆英校订：《西藏史诗与说唱艺人的研究》，西藏人民出版社1993年10月版，第648页。

常身为白色，骑白马，右手持摩尼如意宝珠，左手持水晶念珠，头戴珍宝天冠，双足置于金座（见图4）。而当托付事业时，玛沁王金盔金甲，右手持长矛，左手拿绳索，腰插弓箭，乘骑金鞍美饰装点的宝马。塔尔寺和拉卜楞寺院所绘制的阿尼玛沁山神形象，纯粹是武将的形象，身着铠甲，乘骑宝马，佩带弓箭，手持长矛。画面上的四角还绘有乘骑龙、大鹏鸟、虎、狮的四位随从。[①] 在史料中，还将阿尼玛沁山神描绘成身着金盔金甲，披白色斗篷，身上装饰各种珍宝，右手挥舞长矛，左手托着宝器的形象。

图4 唐卡中的阿尼玛沁山神 丹曲摄

阿尼玛沁神山的伴偶、九个儿子、九个女儿，也有各自的具体形象和标志。伴偶手持盛满甘露的法器和镜子，骑一头牡鹿；九个儿子皆身着盔甲，骑着骏马，挥舞兵器；九个女儿都骑着杜鹃鸟，标志是一支五彩丝带所装饰的箭和一个瓷瓶。360个“玛”系兄弟，分别骑着虎、豹、马、豺狗，在山间嬉戏；众兄弟挥动箭、矛、拐杖、战斧和大锤。[②]

在人们的心目中，阿尼玛沁山神身材魁梧，浓眉黑发，骑着白色骏马，昂首挺胸，用敏锐的目光巡视一切。一旦发怒，则如流泻的瀑布、

---

① 2000年9月笔者对拉卜楞寺、塔尔寺和甘丹寺实地考察。

② ［奥地利］勒纳·德·内贝斯基·沃杰科维茨著，谢继胜译：《西藏的神灵和鬼怪》，西藏人民出版社1993年5月版，第243页。

爆发的火山，震撼着大地，威力无比。有时，阿尼玛沁山神却身着普通藏袍，头戴白毡帽，骑着白骏马，挥动牧鞭在白云上放牧。他具有无穷的智慧，慈善的心肠，在人间震慑群魔，护持黎民百姓，永保四方安宁。

此外，有些史料还将阿尼玛沁山神说成居士白毡神（Dge bsnyen-phing- dkar- da）。白毡神最明显的标志是首冠白毡帽。《白史》（deb-thar-dkar-po）记载："如果将地方神与古人对比研究，定会认为是幼稚的理论。但仔细观察，印度的恒河女神（rgya-gar-gyi-ganvi-lha-mo）脚穿足钏（rkang-gdub），安多的玛沁奔热（rma-rgyal-spom-rwa）头戴毡帽（phying-zhawa），中国的观音菩萨身披斗篷（ber-sngon），其服饰本地化、习俗地方化都是显而易见的。"[①] 其中就描述了阿尼玛沁山神是戴一个白毡帽的山神。国外学者研究，"一些格鲁派僧人也认为居士白毡神（dge-bsnyen-phying-dkar-ba）就是玛卿伯姆热山的精魂。指明居士白毡神和玛卿伯姆热两位神灵之间可能具有联系的一个物证是居士白毡神所戴的具有特征的毡帽与居住在玛卿伯姆热山周围的一些部落的人所戴的毡帽极其相似"。[②]

三　藏文文献所反映的阿尼玛沁名称的由来及山神化的演变

"阿尼玛沁"是藏语，"阿尼"（ɑ-mye）在藏语安多方言中的字面意思为"祖父"、"外祖父"，在安多藏区，山神前皆冠以"阿尼"二字，以示尊崇，如"阿尼念青"（ɑ-gnyan-chen）；"玛沁"（rm-chen）字面意思可理解为"大玛神山"，其中"玛"字，颇为难解，在《藏汉大词典》中，解释为"疮伤"、"过失"[③]。身体皮肤破裂流出血、黄水、刀枪所致的"外伤"都称为"玛"。如常言"只要能治疮，狗油也无妨"（rma-la-phan-na-khyi-tshil-yin-yang-dgos）中所说的"疮"就是

---

① 根敦群培：《白史》，西北民族学院研究所 1981 年 10 月版，第 97 页。

② ［奥地利］勒纳·德·内贝斯基·沃杰科维茨著，谢继胜译：《西藏的神灵和鬼怪》，西藏人民出版社 1993 年 5 月版，第 242 页。

③ 张怡荪主编：《藏汉大词典》，民族出版社 1993 年 12 月版，第 3124 页。

“玛”。在《格萨尔》中有时还称为“玛沁奔热”（rma-rgyal-sbom-ra）。[①] 祭祀文献中，玛沁山神有“玛类神三百六十”（rma-rigs-gsum-brga-drug-ju）个眷属，其中有一种称为“念神”的恶神，这种恶神专致瘟疫，也被称为“玛”。发源于阿尼玛沁雪山下的黄河，藏语为“玛曲”（rma-qu），意为“玛神之水”，“阿尼玛沁”四个字连在一起可理解为“祖先大玛神山”，含有祖先崇拜的内容。“玛曲”又释为“孔雀河”，孔雀在藏语中称为“玛夏”，玛曲称为“孔雀河”的故事在黄河源头也有流传，笔者在下文专门论述。

在藏文文献中，“玛沁奔热”中的“奔热”意为“粗大的角”[②]。阿尼玛沁雪山在汉文史籍中称为“门摩历山”、“积石山”，藏族人民又称其为“博卡瓦间贡”（bod-kha-da-jan-gong，意为“雪山之王”），也称为“斯巴乔贝拉干”（srid-ba-mqod-bavi-lha-dgu，意为“世界九大神”），是世界九大神之一，也是21座神圣雪山之一，排行第四，专司“安多”地区的山河浮沉和沧桑变迁之职，是藏乡的保护者。[③]

据学者考证，山神玛沁奔热是东方的神灵，这个山脉是位于库库淖尔（青海湖 Kok Nor）湖南岸的山系。大部分的藏文文献把这座山称为“玛沁奔热”，但当地藏民却称其为“阿尼玛沁山”，有的藏文文献还称其为“伯姆沁奔热”、“卓奈玛杰伯姆切”（abrog-gnas-rmar-gyal-spom-che）、“卓奈拉依凯念”（abrog-gnas-lha-yi-dge-bsnyin）。除了“凯念”的称号以外，玛沁奔热山神的名前还可以冠以“战神大王”、岩赞（brag-btsan）、地神等称号，偶尔也可称为“玛域众土地神之主”。与念青唐古拉等山神拥有众多的伴神一样，人们相信玛沁奔热也有360个兄弟神相伴，简称“三百六十‘玛’”，由此证明“玛”（rma）一词也许是古代土著神的一个分支。[④] 总之，称号繁多，其意难考。

阿尼玛沁山神，不仅在诸神灵中占有重要的位置，而且由来已久。

---

① 王兴先主编：《丹玛篇》，《格萨尔文库》（藏文版）（第一卷），甘肃民族出版社1996年6月版，第514页。

② 才让：《藏传佛教民俗与信仰》，民族出版社1999年1月版，第90页。

③ 《果洛藏族自治州地方志》编纂委员会编：《果洛藏族自治州志》（上册），民族出版社2001年9月版，第92页。

④ ［奥地利］勒纳·德·内贝斯基·沃杰科维茨著，谢继胜译：《西藏的神灵和鬼怪》，西藏人民出版社1993年5月版，第241页。

藏文资料记载，阿尼玛沁山神的别名有“觉吾相格尔瓦”（jo-bo-phying-dkar-ba）、“觉吾奈瑟”（jo-bo-ne-ser）、“穆洪觉吾坚赞”（dmag-dpon-jo-bo-rgyal-mtshan）、“噶丹兆格盖念”（dgavi-ldan-vbrog-gi-dge-bsnyen）、“多吉华咱”（rdo-rje-dba'-rtsal）、“依达合多吉华旦”（gzhi-bdag-rdorje-dpal-ldan）、“额穆加”（ngom-rgyal）、“盖念觉吾坚赞”（dge-bsnyen- jo-bo- rgyal-mtshan）等多种，是属于藏区九尊神中最为古老的山神之一。①

阿尼玛沁山神的来由，据文献记载，相传是很久以前印度国王巴嘎拉（rgyal-po-bla-ga-la）生的王子达巴丹布（dad-pa-brdan-po），母后不幸病故，继母雅帕察玛（yar-phag-khra-ma）为得到王权，妒忌王子，借病让王子远去罗刹市蓝嘎布热（sras-povi-grong-kyer-lang-ka-pu-ra）采集一种叫作“梅多格夏那”（me-tog-ku-sha-na）的特效良药，据说这种药疗效奇特。于是，达巴丹布王子就到达罗刹地区，首先遇到了罗刹的守门人，打听了此地的情况。守门人告诉王子达巴丹布说：“梅多格夏那不是药，那是罗刹王公主的名字。此为你母亲嫉妒你的表现，你回去为妙。”王子达巴丹布不负使命，罗刹守门人对王子产生了敬仰，立誓弘法。后来罗刹守门人就成为阿尼玛沁山神。莲花生大师来吐蕃时期，阿尼玛沁山神立誓弘扬佛法。仲敦嘉贝琼内（vbrom-ston-rgyalbavi-vbyung-gnas）也将其塑为热振寺的主要守护神，成为噶当派的守护神。后来，先后被第一世达赖喇嘛根敦珠迎请为札什伦布寺的守护神、第二世达赖喇嘛根敦嘉措迎请为曲科嘉寺（chos-vkhor-rgyal-dgon-pa）② 的守护神。总之，阿尼玛沁山神是新旧噶丹派（bka'-gdams-gsar-rnying）最重要的守护神之一，也是噶丹颇章和历代达赖喇嘛护法神中功业最突出的一位。③ 关于阿尼玛沁山神的由来和达巴丹布的故事，在阿底峡的

---

① 恰日·嘎藏陀美编著：《藏传佛教僧侣与寺院文化》，甘肃民族出版社 2001 年 11 月版，第 249 页。

② 曲科嘉寺位于山南地区桑日县，是第二世达赖喇嘛根敦嘉措于藏历第九绕迥土蛇年（公元 1509 年，明正德四年）倡建，寺下有湖，名叫拉毛拉错（dual-ldan-lha-mo'-bla-mtsho），为藏俗观湖景以占卜吉凶之处。

③ 恰日·嘎藏陀美编著：《藏传佛教僧侣与寺院文化》，甘肃民族出版社 2001 年 11 月版，第 250 页。

《弟子问道录》中也有详尽的记载①。随着历史的推移，罗刹守门人成为后来的山神阿尼玛沁，得到了藏民族的敬仰，而王子达巴丹布不畏艰辛的动人故事，又被改编为著名的藏戏《达巴丹布》而家喻户晓（见图5）。久而久之，罗刹守门人被人们忘却了，罗刹守门人化作的阿尼玛沁山神和藏戏《达巴丹布》却成为人们日常精神生活不可分割的重要组成部分。

图5 藏戏《达巴丹布》 丹曲摄

四 阿尼玛沁雪山由神性化向人格化的演变

“在原始人看来，自然力是某种异己的、神秘的、超越一切的东西。在所有文明民族所经历的一定阶段上，他们用人格化的方法来同化自然力。正是这种人格化的欲望，到处创造了许多神。”②

从阿尼玛沁雪山脚下流传的神话、传说和《格萨尔》中的描述来看，阿尼玛沁山神的自然性转向人格性，遵循着藏族神话文化演进的规律。这一规律表现在两个方面：

第一，从无序到有序，使整个神灵系统向自我完善的方向发展。如

① 阿底峡：《弟子问道录》（仲顿巴本生传）（藏文版），青海民族出版社1994年7月版，第206—302页。

② 恩格斯：《〈反杜林论〉的准备材料》（1876—1877年），《马克思恩格斯全集》第20卷，人民出版社1977年4月版，第672页。

神灵系统归属可分为天神、念神和龙神三大类，各有自己的活动区域和对世间发生影响的方式。在结构上有主神及伴神之别，如以奥德贡杰为首“形成世间的九大山神”是一个大的父系山神系统，而每一个山神又形成了一个子山神系统，这样就无限地延伸，体系庞大起来。如阿尼玛沁山神有360位伴神。尽管数量众多，但均能按部就班地依照他们各自的神灵归属来行施他们守护各自地方的职责，以表达善恶和黑白这种抽象的道德理念。这表明了藏族先民以现实人类社会为原型，将人类的有序观念，赋予了神灵世界。

第二，由纯粹的自然属性向人格化演进，神灵现象不再是人类行为和功能的自然化，而呈现为自然法则的人化，开始出现了真正的人格神。雅拉香波由牦牛变成了一位身体白如海螺，穿着白色衣服的白人神；念青唐古拉为骑一匹四蹄雪白的神马，左手握藤枝，右手持水晶念珠的英武白人神；而阿尼玛沁的形象却正如流传在安多藏区的古歌所描述的：

上部玛嘉山有脑壳，有脑壳就一定有脑浆，白雪落下就是脑浆；

上部玛嘉山有腰身，有腰身就一定要扎腰带，山间的云雾就是腰带；

上部玛嘉山有肚子，有肚子就一定有肠子，毒蛇钻洞就是肠子。①

这就为神灵注入了人类的感情，减少了原来的恐怖色彩，注入了更多的美的愉悦感和真实感。

放宽我们的视野，山神的自然性转向人格性的文化现象，不仅是黄河源头的果洛人及藏民族所独有，历史上汉文化中也不乏其例。据研究推测，在汉文化中，山川崇拜的起源不会晚于以农业为主的仰韶文化。传说中最早的山川神，也许是山西汾水神臺骀。《左传》记郑子产说：“昔金天氏有裔子曰昧，为玄冥师，生臺骀。臺骀能业其官，宣汾、

① 佟锦华:《藏族民间文学》，西藏人民出版社1991年版。

洮、障大泽，以处太原。帝用嘉之，封诸汾川。由是观之，则臺骀汾神也。”汾神应是夏人建立于汾水流域的川神，后来由于自然的人格化，夏人后裔将臺骀奉为汾神。①

《格萨尔》中，被描绘成“世界的中心”的岭国和“岭国的中心”的“玛域”，其周围的十三座山峰亦被人们称为“十三位山神”，均为岭部落的保护神。这种神灵观念，似乎也与汉民族“四大山川与四方配合”的观念相一致。据有关史料表明，春秋战国时期，人们就将大神叫作“名山大川”，小神叫作“山林川泽”。在大一统观念的影响下，周人为中央四方九州各立一座名山，称“五岳”、“九镇”。由于四大山川与四方配合，称为“四渎”。

对大自然作观察和思考，是人类的天性。在漫长的历史岁月中，居住在黄河源头的人们，从未停止过对自己的生活环境进行探索。阿尼玛沁雪山与果洛人民相生相伴，久而久之也就形成了阿尼玛沁雪山崇拜的思想观念，这种观念的变化过程，也是将阿尼玛沁雪山人格化的过程。

汉文化的“昆仑山崇拜”亦与此相类。据研究表明，“昆仑”是一个连词。作为一般形容词，它还写作混沦、浑沦、浑沌等。在上古先民看来，滚滚黄河之水从西方天极而来，其发祥地是浑沌莫测的，因而把处于“混沦”想象中的黄河发源地称为“昆仑”。在地理学并不发达的古代，人们认为黄河出自昆仑。黄河神是伟大的，而黄河又出自昆仑，因而昆仑在古人眼中几乎与大地神、神州神相当。山川神的威力巨大，他可以“兴云致雨”，所以人们“祭祀山川”，“求年祈雨”；他可以“祟而使人得疾病”，《左传》中屡见有关山川神作祟致疾的记载。此外，山川神到后来又拥有了“能助佑战争胜利或赐予土地”的功能。于是山川神也终于被人格化了。

“自然神人格化的结果，不仅使山川诸神获得了人的形象，而且许多山川之神又与人神结合在了一起。上文提到的汾水神臺骀，就是金天氏的后裔。”这种现象很普遍，华夏民族母亲河的河神黄河神也经历了这种人格化的过程。

---

① 詹鄞鑫：《神灵与祭祀——中国传统宗教综论》，江苏古籍出版社 1992 年 6 月版，第 66 页。

在殷代卜辞中，“河”指黄河之水，如“涉河”、“至于河”之类，又指黄河神。“殷代的山川与山川神是二位一体的，也就是说，殷代的自然神还没有完成人格化的过程”。到了战国以后，河神开始被称为“河伯”以区别于河水的称谓。在一些先秦诸子典籍中，“河伯”还只是鱼身人面的神。后来，山川神也都与人鬼相结合。这在藏族的神灵系统中是不乏其例的，阿尼玛沁既是山神，又是念神，而且还是战神。

自然山川神的人格化往往在神话传说中得以很好的保存。如传说舜南巡死于苍梧，其二妃娥皇、女英死于湘水而成为“湘灵”；天帝之季女名曰瑶姬，未嫁而亡，葬于巫山而成为巫山神女。至于纳入祀典的五岳、四渎、九镇诸神，则被封建帝王封为公、侯、王。如唐代先后封“泰山神为天齐王”，华岳神为“金天王”，中岳神为“司天王”，南岳神为“安天王”。[①] 殊途同归，正如汉族的自然神走向人格神的道路一样，阿尼玛沁山神也在其演化过程中，最终获得了“东方的大神”的称号。

第三节　阿尼玛沁父神形象的成熟及其在宗教万神殿中的归属

《降魔篇》中，当格萨尔的爱妃梅萨被魔王鲁赞抢去后，他受天神贡曼嘉姆的点化只身前去霍尔国搭救。临行前，他在岭部落作了一系列的宗教活动，亲自呼唤天、念、赞诸神：

用歌上供梵天王，请附白盔顶上作保护！
用歌上供红念王，请依腰间兵器作支柱！
用歌上供护螺龙，请来引导赤兔骏马路！[②]

格萨尔祈请“梵天王”，附在他的“白盔顶上”保护他；祈请

① 詹鄞鑫：《神灵与祭祀——中国传统宗教综论》，江苏古籍出版社 1992 年 6 月版，第 71—74 页。

② 王兴先主编：《降魔篇》，《格萨尔文库》（藏文版）（第一卷），甘肃民族出版社 2000 年 9 月版，第 873 页。

“红念王”，附在腰间的“兵器”保护他；祈请“螺龙”神，来做他“赤兔骏马”的“导路”者。天神、念神和龙神都护佑他，从而取得降妖伏魔的胜利。作为天神之子的格萨尔，他的全身上下都有诸神来护卫。

在我右肩头，阳神喜噶拉脱附上边；
在我左肩头，阴神绿度母她住上边；
上身有天神，十万天兵围绕光闪闪；
下身有龙神，十万龙兵围绕光闪闪；
腰间有念神，十万念兵围绕光闪闪。①

格萨尔的“右肩头”、“左肩头”、“上身”、“下身”、“腰间”都充满了天神、念神和龙神的保佑，足以证明他的威力。我们在《阿尼玛沁山神祭文》中看到，阿尼玛沁山神是“扎拉（dgra-lha，战神）之王、众念拉（gnyan-lha，念神）之主”。可见，人们还将阿尼玛沁山神作为“扎拉”和“念拉”来加以崇拜（见图6）。

图6　阳神

摘自久美吉多杰编著的《藏传佛教神名大全》，青海人民出版社2001年版。

---

① 王兴先主编：《降魔篇》，《格萨尔文库》（藏文版）（第一卷），甘肃民族出版社2000年9月版，第874页。

一　作为“念拉”和“扎拉”的阿尼玛沁

作为“念拉”的阿尼玛沁

作为安多藏区大山神的阿尼玛沁，如果从归属来讲属于“念神”一类。“念”在藏族传统文化中是如何被解释和划分的？这个问题和藏族原始的苯教文化是紧密联系在一起的。苯教在佛教还没有传播到吐蕃以前，已在社会中非常兴盛。苯教是一种“万物有灵的信仰”，崇拜的对象包括天地日月、雷电草木等一切万物，具有占卜休咎、祈福禳灾、治病送死、役使鬼神等功能。“在宗教学、民族学的材料中，把与这种宗教类似的原始宗教统称为灵气萨满教。苯教可以说是灵气萨满教在西藏的地方形式。”①

据史料介绍，在苯教的根本经典《十万经龙》（klu-vbum-dkar-po）② 中，把世界分为三个部分（khams-gsums），即天、地和地下，由赞（btsan）③、念（gnyan）、鲁（glu）三神分管，各有其主，各管其辖地。赞神居住在天空，念神居住在地上，鲁神居住在地下（水中）（见图 7）。④ 赞、念、鲁，是苯教早期的神，产生于原始社会时期，当时由于生产力水平低下，人们将自身与周围的自然现象混为一体，认为自然界的一切都具有人一样的灵魂。这些灵魂（rnam-zhes）又被转化为无形的精灵和神灵。他们欢喜的时候能造福于人类，发怒的时候能降祸于人类。自然界的各种奇异现象都是那些精灵造成的。为了博得那些精灵的欢心，求得人世间的平安，便产生了对年、龙、地主等自然神的崇拜。⑤

---

① 王辅仁：《西藏佛教史略》，青海人民出版社 1982 年 7 月版，第 16 页。

② 《十万经龙》，全称《白、黑、花十万经龙》（klu-vbum-dkar-nag-khra-gsum），相传是苯教祖师辛绕弥吾亲口所讲的一部经典，分上中下三部，简称《十万经龙》。

③ 关于苯教三界的主管神，史料中提法各不相同，据王辅仁先生的《西藏佛教史略》中介绍，三界的主管神是赞、念、鲁三神，而在格勒先生的《论藏族文化的起源形成与周围民族的关系》一书中却是年、地主、龙三神，就名称上还不相一致。在本书中采用了王辅仁先生的说法。

④ 格勒：《论藏族文化的起源形成与周围民族的关系》，中山大学出版社 1988 年 8 月版，第 187 页。

⑤ 同上。

图 7　鲁（龙神）

摘自久美吉多杰编著的《藏传佛教神名大全》，青海人民出版社 2001 年版。

念神[①]，在早期苯教中占有重要地位，它主管雨水、冰雹、雪灾、干旱等一切自然。"山神也是苯教的重要崇拜对象。苯教徒认为山神之所以成为年神，是因为山是'年'的附着之地。"[②] 这就回答了为什么念神成为山神的原因。念神的根基在空中和光明之处，主要活动场所在高山峡谷中。念神的种类也很多，传说位于西藏北部的著名山神念青唐拉（gnyan-chen-thang-lha）就被认为是早期苯教的一尊大念神。年神一般有黑、白两类，一般居于天空的称白念（gnyan-dgar）。念神比任何其他神灵更容易被触怒，一旦冲犯了念神，就会招致疾病和死亡。鼠疫在藏区一般被称为"念"病，人们认为它是由念神招致的。人们通常还相信，自然灾害与"念"有关，是某种超自然的神灵作怪的结果。念神常以猎人的形象巡游在高山峡谷间，非常灵验，容易碰到。凡是经过高山雪岭、悬崖绝壁、原始森林等地方，人们都必须处处小心，不能高声喧哗，以免触犯到念神而患病甚至死亡。因此，念神被人们称为最灵验的神。

---

① 念神，在部分史料上写作"年神"，都是藏语音译，在本书中写作"念"。

② 格勒：《论藏族文化的起源形成与周围民族的关系》，中山大学出版社 1988 年 8 月版，第 195 页。

藏区有“四大念神”之说，分别是东方念神“玛沁奔热”，南方念神是“伊杰玛本”，西方念神“念青唐古拉”，北方念神“俊沁唐热”。[①] 这“四大念神”保卫着雪域之邦的土地和百姓。其中西方念神“念青唐古拉”又是念青唐古拉山脉的统治者神，后来进一步演化为布达拉宫玛布日（红山）的保护神。

作为“扎拉”的阿尼玛沁

藏语被称为“扎拉”（dgra-lha），可被解释为“御敌之神”（dgra-vbab-gyi-lha）（见图 8）。[②] 关于战神的功用，《诞生篇》中说道：

招之即来的战神，战而能胜的战神，
杀敌即死的战神，战地取胜战神用烟供。[③]

图 8　扎拉（战神）

摘自久美吉多杰编著的《藏传佛教神名大全》，青海人民出版社 2001 年版。

史诗《格萨尔》，是一部以战争为主线的民间文学作品，战神在你死我活的战争中是举足轻重的。岭国每一次出征，都要祭祀战神，呼唤

① 降边嘉措：《格萨尔论》，内蒙古大学出版社 1999 年 8 月版，第 197 页。

② 张怡荪主编：《藏汉大词典》，民族出版社 1993 年 12 月版，第 467 页。

③ 王兴先主编：《诞生篇》，《格萨尔文库》（藏文版）（第一卷），甘肃民族出版社 2000 年 9 月版，第 442 页。

战神，保护自己并战胜妖魔鬼怪。《格萨尔》中有两位重要的战神，一个称“格佐”（ge-mdzod），另一个称“威尔玛”（wer-ma），都是岭国的战神，而后者还是格萨尔的战神。除威尔玛外，阿尼玛沁也是格萨尔的战神（见图9）。

图9　作为“扎拉”的阿尼玛沁　丹曲摄

作为格萨尔战神的“威尔玛”（wer-ma），具有保护其崇拜者不受敌人伤害和帮助其崇拜者战胜敌人这两层含义。战神为什么又称为“威尔玛”，迄今为止尚未有一个确切的解释。威尔玛是一组由动物组成的战神，它们也是诸神的化身。藏语称为“威尔玛吉松”（wer-ma-bcu-sum），即“十三威尔玛”，分别是大鹏、玉龙、白狮、猛虎、白嘴野马、青狼、岩雕、白胸黄熊、鹞鹰、鹿、白肚人熊、金蛇、双鱼。其藏语称谓分别为：第一，朗穷玉吉梅朵（snang-chung-gyu-yi-me-tog）；第二，戎嚓贡格玛尔赖布（rong-tsha-gung-gi-dmar-leb）；第三，穆培谢噶坚扎（mu-pa’-she-dkar-rgyang-grags）；第四，奥瓦查常翁（vom-bu-spyang-khring-rngam-chen）；第五，觉额帕色达瓦（bco-lnga’-dpav-gser-zla-ba）；第六，贡帕部依夏查（gung-pa-bu-yi-shya-khra）；第七，基那鹏布桑桑（lcags-nag-dpon-po-seng-seng）；第八，玉亚贡帕东塔（gyuyag-mgon-po-stong-thub)；第九，东赞南额阿帕（gdong-btsang-snang-ngo-a-dpal)；第十，高帕尼玛龙珠（rgod-povi-nyi-ma-lhun-grub-)；第十一，(skya-lovi-bu-yag-vbrug-rgyal)；第十二，色帕吴群塔亚（gser-pavi-bu-chung-thar-yag)；第十三，阿帕吴依膨大（a-vbar-bu-yi-vphen-stag)。

据谢继胜先生研究，“这无疑是十三战神的人形神体现”，史诗中所说的十三战神兄弟“如同世界上最上等的十三支神箭，组成箭束装入虎皮箭袋”，正是暗指十三兄弟属威尔玛。在史诗所描写的战争布阵中，威尔玛一般作为先头部队，这“正是战神观念的发展”。①

在《拉萨尔》、《公祭篇》中，黑魔地方有一头“寄魂的红铜角野牛”，是黄霍尔和黑魔王的战神。当岭部落到山上煨桑之际，这头魔王的寄魂牛“闻到了煨桑的烟气”，“就像狂飙一样直奔岭国而来”。“这头野牛，毫无迟疑地先向霍尔人马那边冲去。霍尔人从上到下，纷纷逃窜，四处藏身。那白帐王躲到山洞里去了，其他人有的掉到了水里，有的摔下悬崖，中毒而死的人马也不少。”“岭地煨桑的人们，一见魔牛冲来，顿时乱作一团；勇士们手忙脚乱，也不管谁的坐骑，谁的盔甲，随手牵来一匹就骑，任意抓起一件就穿。”白帐王说：“白岭煨桑的人们，今天在魔王寄魂野牛的犄角下，恐怕一个不剩全部要丧命。”危急关头，“雄狮大王格萨尔携带上战神的几种武器，腰间挂着虎皮箭筒和豹皮弓袋，跨上赤兔骏马走到阵前。”“与此同时，马头明王的化身，提高地位的战神大鹏鸟；贡曼嘉姆的化身，具有威望的战神青玉龙；大神梵天王的化身，协助逞威的战神白狮子；帝释天王的化身，英勇威武的战神红老虎；念青唐拉山神的化身，帮助速跑的战神白唇野马；食欲兴旺，帮助吞噬敌人的战神大青狼；玛沁奔热山神的化身，飞速捉拿敌人的战神白头雕；宝帐护法的化身，凶猛无比的战神白胸熊；冬琼嘎波的化身，聪明敏捷的战神灰鹞子；多闻财神的化身，如意满愿的战神长角鹿；红火神的化身，肌体健壮而又威严的战神白肩熊；珠贝杰姆的化身，寻找食物财宝、帮助盘绕的战神黄金蛇等保护大王身体的十三位战神，也都伴随着虹光、火焰和黑风而来。”“格萨尔随即从右侧战神依

① 谢继胜：《战神杂考》，《格萨尔集成》（第五卷），甘肃民族出版社 1998 年 11 月版，第 3743 页。

身的虎皮箭筒中抽出一支得到过祝愿的头等胜利持明箭；从右侧威尔玛寄魂的豹皮弓袋中取出了白背牛角大弯弓，把箭搭在黑曜自转的弓上”，“岭地的保护神和天、念、龙三神引着箭头，伴随着铺天盖地的火焰、狂风、雷声和冰雹向前飞去，正中魔牛的前额，把它射死在地上”。[①] 由此可见，战神在降伏妖魔的过程中，起着举足轻重的作用。从这段描述中我们得知，格萨尔的十三战神也分别是由“马头明王”、“贡曼嘉姆”、“大神梵天王”、“帝释天王”、“念青唐拉山神”、“玛沁奔热山神”、“宝帐护法”、“冬琼嘎波”、“多闻财神”、“红火神”、“珠贝杰姆”等诸神所化现的。

史诗中，当格萨尔诞生后，晁通即刻请苯教师阿乜贡巴惹杂（a-mye-sgom-para-dza）来杀死格萨尔。在这场斗争中亦有战神助战的记载。《诞生篇》中描述：“觉如（拉萨尔幼年名）请妈妈去给他拿了四粒石子来。当时，哥哥东琼噶波（dung-skyong-dkar-po）、弟弟鲁珠奥琼（klu-sbrul-vod-chung）、妹妹塔莱奥噶（the-le-vod-mdzes）、念神格佐青波、战神威尔玛九兄弟都同时进入了各自所依附的物体。苯教师阿乜贡巴惹杂来到了三道弯地方，口中‘呸’的一声，惊散了天上所有的天神。此刻，哥哥东琼噶波有900名白甲人马围绕，与石子浑然一体，保护觉如安然无恙。惹杂到另一个山弯，口中又‘呸’的一声，惊跑了下界所有的龙神。此刻觉如的弟弟鲁珠奥琼及其九百随从，围绕身边进行保护。惹杂来到能看见帐篷的地方，口中又‘呸’的一声，惊跑了空中所有的念神。格佐念神及其360名随从，亦固守身旁，岿然不动。此刻，觉如心中暗暗一声呼唤，战神像雪片纷飞，护法神像狂风滚滚，威尔玛像赤电闪闪，一同出现在眼前。苯教师走到帐篷门口时，觉如打出了四颗石子，阿乜眼前一下出现螺甲白人（mi-dkar-dung-khrab-jan）900名，金甲黄人（mi-sngon-gyu-khrab-jan）360名，空行天兵（mkhavi-mgrovi-dmag-tshogs）900名，纷纷向他追来。阿乜拔腿就逃跑，觉如又分出一个化身，吸收了苯教师修法洞里面的所有生活用品；他的另一个化身追赶苯教师，阿乜拼死向修法洞跑去，觉如变成石头堵

---

① 王兴先主编：《公祭篇》，《格萨尔文库》（藏文版）（第一卷），甘肃民族出版社2000年9月版，第747—752页。

住洞口。苯教咒师呼唤苯教的十二丹玛女神、玛吉世间王母、鲜血发辫魔女来帮助他，觉如因化作莲花生的愤怒身相而没有受伤。最后，觉如把那岩石洞观想成铁屋子，将苯教师装了进去，迫使阿乜贡巴自杀身亡。”①

在《格萨尔》中，人们一旦需要战神的护佑，战神就会呼之即来，求之即到。在战场上它会保佑你，在一般的场合中，他也会保驾你。格萨尔在沙场争战时祈请战神不乏其例，在一般的情况下也有呼唤战神的时候。如《霍岭大战》中，当格萨尔的爱妃被霍尔王鲁赞抢走后，格萨尔便只身前往搭救。当他闯进霍尔国，来到“像五个手指竖起的山岭”附近时，遇到了长有五个头的牧羊倌，牧羊倌为试探格萨尔的能力，便将九只公羊、九只母羊、九副铠甲、九口鏊锅、九副鞍木作为靶子，与格萨尔比试射箭功力。格萨尔大王从900支利箭中抽出一支，祈请战神帮助放箭：

呼请白梵天王兵，呼请顶宝龙王兵，
呼请黄色念神兵，今天为我作后盾！

箭如电舌红霹雳，要将箭把全射穿；
所立箭靶一箭碎，才能满足我心愿。
接着你这神披箭，还要能够自飞还；
箭筒神来作保护，利众事要放心间！

南曼噶姆保护弓上端，弓下端请顶宝龙王保护！
战神王母请把箭镞引，红夜叉把扳手来保护！
带着毒气云雾作先导，猛降电舌冰雹把阵助！
平时供奉依靠的神祇，忙时快快降临莫误时！
从小刻苦练就的箭功，关键时刻不可有偏离！

---

① 王兴先主编：《诞生篇》，《格萨尔文库》（藏文版）（第一卷），甘肃民族出版社1996年6月版，第465页。

格萨尔唱毕，便张弓搭箭，把箭射出。只见那箭带着火焰、闪电和冰雹，铺天盖地而去，就像火燎羽毛一般，把所有靶子都射得粉碎，接着又嗖的一声，像一道彩虹似的回到箭筒里。牧羊人终于吓得心惊肉跳。①

作为“扎拉”的格佐与阿尼玛沁

谢继胜对格萨尔战神作过研究后认为，在原始信仰的灵魂观念中，人们认为人的灵魂不止一个，每个灵魂都有其特定的职能。“人体的各种灵魂除了体魂之外，其他的 bla 都可以离开身体而远游，其中以战魂 dgra-bla 与外界发生的联系最为频繁。所以，经常是 dgra-bla 离开身体，寄留在其他物体之上，寄留的主要对象是飞禽（尤其是猛禽）和各种兽类，战魂攫取敌魂的职能和游移寄留的特性产生了如下结果：将战神的地位加以强化，使战魂从阳魂中分离，这在吐蕃社会初期频仍的部落战争中得以表现……究其所由，其一，正是因为右肩为战神所居，所以 dpung 才指‘军队’。其二，战魂的经常离体远游，使得战魂从隶属于人体的灵魂演变成一种独立于人体之外的神灵，从而战魂变成了战神，即由 dgra-bla 便成了 dgra-lha。其三，又与战神特殊的形成经历有关，使他最初没有固定的形体和特定的标志，几乎所有的神怪、人物、动物皆可充任战神，从而形成了广义的战神，但与居于人体右肩的战神已相去甚远……第四，脱离了人体灵魂观念的，外在的独立的战神，逐渐从庞杂无序向略成体系的有序发展，形成了主战神，如《格萨尔史诗》中的念青格佐（gnyan-chen-ge-mdzod），或玛卿伯姆热（rma-chen-spom-ra）。作为体魂的战神与独立的战神之间没有严格的界限，进程可以互相转化。”②

“格佐”，藏语全称“格念青佐”（gnyan-chen-ge-mdzod），是史诗中众战神的首领。关于“格佐”，谢继胜认为其为史诗中“拉念”（lha-gnyan）和“赞格”（btsan）结构中“念”（gnyan）或“赞”（btsan）的主神，《诞生之部》中称为“念德合扎拉左吾”（gnyan-stag-

① 王兴先主编：《降魔篇》，《格萨尔文库》（藏文版）（第一卷），甘肃民族出版社 2000 年 9 月版，第 905 页。

② 谢继胜：《战神杂考》，《格萨尔集成》（第五卷），甘肃民族出版社 1998 年 11 月版，第 3715 页。

dgra-blavi-gtso-bo）或“格佐念布”（dge-mdzo-gnyan-po）。在扎巴说唱本《仙界占卜九巫》中有“中界赞域念青尊神格佐”（bai-btsan-yul-nas-gnyan-chen-sku-lhager-mdzo）或“中界赞域念青尊神格佐等赞神三百六十位”（bai-btsan-yul-nas-gnyan-chen-sku-lhager-mdzo-dang-bcas-btsan-rgod-sum-brgya-drug-cu）的叫法。至于谢继胜指出的“表明了念青唐拉与念青格佐的关系：格佐只是念青唐拉的体神（即体魂）”[①] 结论，还有待我们作更进一步的研究。因为藏语“念青”意为“大念”或“大念神”，属于“念”一类的山神，都可以冠“念青”二字。

在诸多的藏文史籍中都将格佐视为一尊念神（畏怖神），也就是山神，即格萨尔的天神父亲（守护神、生命之神）。谢国安先生认为，格佐应该是德格玉龙地区的一座大山神。石泰安先生曾在一部《煨桑祭文》中发现格佐是被称为扎曲和山脉的地方神（土地神鲁念），其后便是玛沁蚌拉山，即玛域的地神。[②]

作为战神的阿尼玛沁，常常在岭国和敌军交战时出现在人们面前，帮助岭国将士取胜。在冷兵器时代，部落战争往往使用的是刀、矛等武器。恶战中短兵相见，常常造成大量的伤亡。即便是岭国的将领被击中要害，在战神的暗中护佑下仍安然无恙。不仅如此，有时候，当岭国交战时，作为战神的阿尼玛沁还赤膊上阵。《木古骡宗之部》中写到，在木岭的一次战斗中，木古部落首领龙君亲自上阵，岭国百余将士惨死。“正在这时，玛沁奔热山神化作闪光耀眼的白人白马，在十名幻身侍从的护拥下，前来助战。”[③] 在岭国与木古部落的另一次战斗中，玛沁奔热山神化作红人红马前来助战。

念青尊神格佐与阿尼玛沁山神，都是岭国的战神，他们之间的关系在目前我们所见到的资料中尚没有确实可信的解释。

---

① 谢继胜：《战神杂考》，《格萨尔集成》（第五卷），甘肃民族出版社 1998 年 11 月版，第 3721 页。

② ［法］石泰安著，耿昇译，陈庆英校订：《西藏史诗与说唱艺人的研究》，西藏人民出版社 1993 年 10 月版，第 254 页。

③ 彦顿唐丁·次旺多杰整理：《木古骡宗之部》（藏文版），西藏人民出版社 1982 年版，第 145 页。

二 阿尼玛沁山神的伴神和眷属

传说，阿尼玛沁山神拥有众多的伴神，犹如一个庞大的神灵王国，大臣、将军、管家以及难以计量的千军万马，阿尼玛沁山神是这个王国的最高统治者。他还有父王、母后、王妃、舅舅、公主等十分庞大而兴旺的家族，他们共同居住在富丽堂皇的九层白玉琼楼阁宝殿之中，过着美满的生活。

据史料记载，阿尼玛沁山神的父王“帕垭·赛日昂约”，意为“金贵犀牛山”，位于阿尼玛沁雪山的西北部，距阿尼玛沁峰 24 公里，主峰海拔 5262 米。阿尼玛沁山神母后“马英·智合吉加尔莫”，意为“威猛女王山”，位于阿尼玛沁的北侧，紧贴着阿尼玛沁，海拔 5611 米。阿尼玛沁山神的密妃“桑伟雍庆·贡曼拉热”，意为“天界仙女山”，位于阿尼玛沁峰北面 10 公里的地方。阿尼玛沁山神的舅舅“香吾·帕日智合让”，位于阿尼玛沁西部 8 公里处，主峰海拔 5029 米。阿尼玛沁山神的大臣“龙宝格同智尕尔”，意为“短善白岩山”，位于阿尼玛沁峰的西北部，距阿尼玛沁峰 22 公里，主峰海拔 4955 米。阿尼玛沁山神的管家“尼尔哇·章吉夏嘎尔”，意为“客欢白脸山”，位于阿尼玛沁峰的西北部，主峰海拔 4745 米。领诵经文的经头“安确·卡赛巴尼”，意为“黄顶和上山”，位于阿尼玛沁峰的西侧，主峰海拔 5310 米。此外，还有赛格吾玛、头尕尔义英闹吾、拉庆莫哇多哇、念青俄拉则托合等“玛日尔”眷属 360 位，忠实的侍从、侍卫 1500 人……他们每个人都有一个山峰的名称，当地人们都能一一说出他们的名字来。①

章嘉绕贝多吉（lcang-skya-rol-ba’rdo-rje）的全集中也收录了阿尼玛沁山神的祭文《玛沁奔热祭文》（rma-chen-spom-ra’gsol-mchod-bzhugs-so），祭文中对该山神的眷属和伴臣作了概述，阿尼玛沁山神有密法大伴偶、9 个儿子、9 个女儿、360 个“玛”系兄弟。② 在拉卜楞寺的第三世贡唐仓活佛的全集中也有阿尼玛沁山神的祭文，名称叫《玛卿伯

① 《果洛藏族自治州地方志》编纂委员会编：《果洛藏族自治州志》（上册），民族出版社 2001 年 9 月版，第 210 页。

② ［奥地利］勒纳·德·内贝斯基·沃杰科维茨著，谢继胜译：《西藏的神灵和鬼怪》，西藏人民出版社 1993 年 5 月版，第 243 页。

姆热福运如意悦海》（rma-chen-spom-ravi-gyng-vbod-phun-tshogs-vdod-dgu-rol-mtsho-zhes-bya-ba-dang-rgyal-gsol-mjug-tu-sbyar-rgyuvi-gyang-vbod-bcas-bzhugs-so），阿尼玛沁山神除了以上提到的眷属外，还有“四大念神”和居住在西方的四大女神等伴神（见图10）。“四大念神”是“俊钦懂查”、“叶钦热德”、“珠钦懂俄噶尔肖”和“念钦唐拉神”。[①] 四大女神是东方的“次丹玛”（ze-drtan-ma）、南方的“周嘉玛”（vbrug-rgyal-ma）、西方的“帕切玛”（phan-byed-ma）和北方的“才增玛”（tshe-vdzin-ma）。女神多吉查姆（rdo-rje-drug-mo-rgyal）也被认为是阿尼玛沁山神的伴偶。[②]

图10　阴神

摘自久美吉多杰编著的《藏传佛教神名大全》，青海人民出版社2001年版。

文献记载，阿尼玛沁山神的眷属和伴神不仅分布在果洛地区，而且在整个安多地区都有，才旦夏茸所著的祭文中，称藏传佛教后弘期的发源地青海化隆县的丹斗寺附近的“阿玛琼莫曼宗多吉玉卓”是阿尼玛沁山神的女儿。[③]

---

① 才让：《藏传佛教民俗与信仰》，民族出版社1999年1月版，第92页。

② ［奥地利］勒纳·德·内贝斯基·沃杰科维茨著，谢继胜译：《西藏的神灵和鬼怪》，西藏人民出版社1993年5月版，第243页。

③ 才让：《藏传佛教民俗与信仰》，民族出版社1999年1月版，第92页。

阿尼玛沁山神的眷属和侍卫集中居住的地方叫“热格尔东香”（意为“千顶帐房群”），也是十六位菩萨的寄魂山，至于其中指的是哪十六位菩萨今已无从查考。①

阿尼玛沁山神的敌人，是坐落在甘肃省甘南藏族自治州夏河县境内的阿尼念青（即太子山，a-myes-gnyn-chen）山神（见图 11），他同阿尼玛沁山神一样，也有一套完整的山神体系。登上高耸入云的太子山山顶，临夏回族自治州的临夏县、和政县和甘南藏族自治州的夏河县尽收眼底。太子山神的左右两侧坐落着其妃子和儿子，妃子藏语称“阿尼玛玛”（a-myes-ma-ma），儿子藏语称“阿尼斯”（a-myes-sras），在他们的正前方还有打碾庄稼的场地，藏语称“内浑”（nas-suungs），意为“青稞场”。令人称奇的是太子山神不仅被周围的广大藏族人民崇拜，也为生活在山脚下的回、汉族人民所崇信。这座山神，在不同的季节里，接受不同民族信仰者的朝拜和敬仰。②

图 11　阿尼念青山神　丹曲摄

① 《果洛藏族自治州地方志》编纂委员会编：《果洛藏族自治州志》（上册），民族出版社 2001 年 9 月版，第 210 页。

② 1986 年笔者在夏河县民政局地名普查办公室工作时考察。

阿尼念青山神和阿尼玛沁山神相距数百公里，为什么互相是敌对势力呢？根据笔者的调查表明，阿尼玛沁山神是格鲁派的保护神，而阿尼念青山神是宁玛派的保护神。后来，阿尼念青山神被拉卜楞寺的贡唐仓活佛所镇服，从此成为格鲁派的保护神。[①]

三　阿尼玛沁父神形象的成熟

从神话与传说中看，在《玛沁奔热娶龙神措曼国玛为妃子的神语》、《苯教师勒辛本玛娶玛沁山神的女儿的神话》、《玛沁山射杀念青山的传说》三个神话与传说故事中，都是将阿尼玛沁山神以父神的角色来演绎故事情节。阿尼玛沁雪山原本是一座普通的、自然的实体，但在历史岁月里，黄河源头的人们将该民族的思想情感和文化色彩注入其中，使阿尼玛沁不仅成为安多藏区的一座令人敬畏的山神，而且也是他们顶礼膜拜的祖先神。

在《玛沁奔热娶龙神措曼国玛为妃子的神话》中，阿尼玛沁作为雪域尊神沃德贡杰的第三个儿子“守护东方”，成为果洛地区黄河源头最大的神，他娶了天神、念神、龙神为妃子，并将龙神措曼国玛从东海带来的13颗珍宝赐给属下的玛域十三位山神，在黄河里撒金沙，造就“黄河上游为大地吉祥园”，让黄河源头的人们因此过上了幸福生活。阿尼玛沁俨然成为父神的象征。在《苯教师勒辛本玛娶玛沁山神的女儿的神话》中，苯教师与所遇到的“风姿绰约，含情脉脉”的佳人“结为夫妻”，一年过后生下一个大肉包就消失了，原来这位女子是“玛沁山神的女儿”。这则故事也是将阿尼玛沁作为父神来塑造的。而在《玛沁山射杀念青山的传说》中，仍让阿尼玛沁以一个男神即父神的角色出现，并且极具人情的色彩。作为红教派保护神的念青行为极不检点，劫持了作为黄教派的保护神阿尼玛沁的妻子，这是人性的一种自然反映和流露。在青海省文联珍藏的《英雄诞生》中还有阿尼玛沁化作了金面金衣人与廓姆野合，后来廓姆生下了格萨尔的记述。

阿尼玛沁山神拥有完整的家庭，握有至高的权力，犹如一个王国的

---

① 1986年笔者在太子山田野调查。

统治者，行使着王权和父权，说明在神话时代，阿尼玛沁已经有了成熟的父神形象。

从《格萨尔》中阿尼玛沁本身的功用来讲，它总以“念拉”和“扎拉”的身份出现在史诗中，在藏族的绘画中，威武雄壮，充满了阳刚之气，俨然一副武士的形象。

以上可以看出，阿尼玛沁父神崇拜是藏民族山神崇拜和祖先崇拜的一种延伸。这一父神不仅是黄河源头部落的保护神，而且给人们带来幸福和吉祥，最终也成为家族、部落、部落联盟、岭国以及黄河源头藏民族凝聚力的象征。

四 阿尼玛沁在宗教万神殿中的归属

藏族人民对阿尼玛沁圣山的信仰是由来已久的。据史料记载，苯教称阿尼玛沁圣山为“玛念博热”（rma-gnyan-spom-ra），苯教徒把阿尼玛沁圣山视为大护法神。一些佛学大师也承认此山与苯教有关系，如佛学大师阿柔格西说，“玛沁山神最初发心的遍照一切导师，似是苯教的祖师辛绕”。[①] 所以，苯教徒认为“玛念博热”是他们的守护神，是雍仲苯教的维护神。关于“玛念博热”的形象，苯教徒往往将其描绘成挥舞长矛、骑绿鬃狮或白马的白人。[②]

阿尼玛沁山神是何时进入佛门的呢？在章嘉国师的祭文中提到玛沁山神曾两次在佛教大师座前立下信守佛教的誓言。莲花生大师一向被认为是第一位降服吐蕃鬼神的佛法大师，法力无边，阿尼玛沁山神自然也逃不出他的手掌，被降服后第一个在莲花生大师的座前发誓护卫佛法。第二位是朗氏家族的大师阿弥贤曲哲告，根据《朗氏宗谱》记载，阿弥贤曲哲告原是位密宗成就师，曾云游各地降服妖魔，格萨尔大王特邀他抵达岭国，诸位英雄豪杰向他敬献礼品，并聆听教法，阿尼玛沁山神与他屡结法缘，山神及广大伴神立誓守教。[③]

---

① 才让：《藏传佛教民俗与信仰》，民族出版社 1999 年 1 月版，第 92—93 页。

② 此说是根据勒纳·德·内贝斯基·沃杰科维茨著的《西藏的神灵和鬼怪》一书第 245 页的论述，其资料来源于南桑西瓦（nam-sang-zhi-ba）所著《静猛酬忏》（zhi-khro'-bskang-bshags-pa）教经典 m 卷。

③ 才让：《藏传佛教民俗与信仰》，民族出版社 1999 年 1 月版，第 93 页。

据说格鲁派创始人宗喀巴大师非常熟悉阿尼玛沁山神的崇拜形式，他所制定的宗教戒律中就介绍了阿尼玛沁山神。阿尼玛沁山神还被尊为甘丹寺特有的护法神之一，被供奉在甘丹寺的佛殿内。按照惯例，每天日落时要把阿尼玛沁山神小塑像请到寺外的一个小佛龛里供奉，这样做的原因，据说是阿尼玛沁山神只是一个世俗之体，有了伴偶之后，就不容许在寺内过夜，否则他的伴偶也定会进入寺内，这样就会违背格鲁派的戒律。[①] 这一点，笔者在考察过程中，进一步得到了证实。甘丹寺的安却康殿是当年宗喀巴大师带领五大弟子修行的地方，阿尼玛沁山神就供奉在此殿中。据寺僧讲："这是玛沁奔热山神，他是宗喀巴的护法神之一，因为他只授了居士戒，所以他不能在寺里过夜，只能晚上出去，早上请来。"[②]

由此可见，阿尼玛沁山神最初是苯教的大护法神，其名为"玛念博热"，并且有特定的形象和功能。后来佛教传入吐蕃后，受莲花生大师调服，成为藏传佛教格鲁派的护法神，在格鲁派寺院和安多地区民间得到了广泛的供奉和信仰。

第四节　阿尼玛沁雪山下的藏族部落及其祖先崇拜现象的遗存

一　史料中的果洛藏族部落

人类的起源，是人们关注的重要问题。藏民族也不例外，无论是《格萨尔》，还是历史文献，都有关于人类祖先传说的记载。

《赛马篇》中描述，古代藏族先民六大氏族之一的董氏家族中有一位叫拉查根宝的人，生有三个儿子，分别与玛沁奔热山神的三个女儿结为夫妻，形成三户人家。后来，外族侵扰，迫使董氏家族迁徙，途中拉查根宝老人掉队，不幸葬身狼腹。三兄弟只好停止迁徙，居住在玛域地区，留守先辈遗骨。

---

① ［奥地利］勒纳·德·内贝斯基·沃杰科维茨著，谢继胜译：《西藏的神灵和鬼怪》，西藏人民出版社 1993 年 5 月版，第 242 页。

② 2001 年 11 月笔者在西藏甘丹寺田野考察。

这段记述给我们提供了四个信息：第一，岭部落是从“古代藏族先民六大氏族之一的董氏家族”发展而来的；第二，岭部落是拉查根宝“三个儿子”和玛沁奔热山神的“三个女儿”结合所繁衍的；第三个信息是“董氏家族迁徙”；第四个信息是他们“驻息在玛域地区”。这实际上清楚地交代了岭部落的渊源，其家族、祖先、来由以及所住的地域。

除《格萨尔》外，其他藏文文献中也有关于岭部落祖先的记载。《柱间史》载：“应观世音菩萨点化，猕猴菩提萨埵来到了北方雪域的深山修行。有一天，猕猴菩提萨埵正在坐禅时，一岩罗刹女（brag-srin-mo）装扮的雌猴来到他面前，一会儿扬土，一会儿露阴以求交配。在观世音菩萨的点化下，他们俩在雪域岩洞成了亲。岩罗刹女怀胎10月后生下一子。这孩子长得既不像其父，也不像其母，脸面赤红，没长猴毛也没长猴尾，饿了吃生肉，渴了饮鲜血。孩子出生不久，有一天岩罗刹女饥不择食，竟然要吃掉孩子充饥。猕猴菩提萨埵只好把他背到孔雀林中，暂且让他与猴群一起生活。”又过了一年，当猕猴父来到孔雀林中看望孩子时，“岂料这孩子与林中的雌猴群交生下400多个子女”，这些后代“不善盘援采撷，终日食不果腹”。观世音菩萨赐予青稞、小麦、谷子、豌豆和小豆五谷种子。此外，观世音菩萨还手掬一捧金沙说：“你的子孙后代最终将依靠黄金生存。在他们中间将有超凡的菩萨相继如期而至。”说罢，观世音将手中的金沙撒向雪域吐蕃。从此，他们生活的这块地方五谷丰登。他们玩耍的地方叫“雅隆泽当”（yar-lungs-rtses-dang），便是吐蕃先民最早定居的地方。后来，猴子猴孙们发生纠纷，遂分化为“四个部族”，分别为“董（ldong）、东（stong）、赛（se）、穆（smu），他们是内族之四大土著部族，也即雪域吐蕃最早的先民”。[①] 后来，在四大种姓的基础上增加了“惹”（dbra）和“柱”（vdru）两氏族，通称“六大氏族”[②]。如果岭部落的祖先是董族的话，那么董族确确实实是古代藏族姓氏之一。

---

① 觉沃阿底峡发掘：《柱间史》（藏文版），甘肃民族出版社1989年9月版，第54—56页。

② 巴俄·祖拉陈瓦：《智者喜宴》（藏文版），民族出版社1986年6月版，第154页。

《安多政教史》载："在多康（stod-khams）地区，称为董氏十八大秀（ldong-shul-chen-bco-brgyad）者有阿秀（dbal-shul）、柔秀（rag-shul）、熙秀（phyag-shul）等。其中阿秀的来源是这样的：在董华青嘉布（ldong-dpal-chen-skyaos）的氏族中，有一时期，一个称作阿秀普瓦塔（dbal-shul-phur-da-thar）的人，肤色黝黑，体高而背驼，声似山羊，因而其别名为董木钠格苟热格（ldong-mi-nag-gug-gu-ra-skad），他的牧地在玛科拉嘉曲卡（rma-khog-rwargya-chu-kha）等处。当董、柱两氏族争战时，玛沁大神山护佑董姓黑汉，赐予了被称为如意能断的九股利剑（bsam-chod-kyi-ral-gri-rtse-dgu），作为悉地[①]，因而董氏在战争中取胜了。"[②]

《安多政教史》中还详细记载了果洛藏族部落的来源及其传承："在佛教的前弘期，从中康（bar-khams）南部果洛地方来了一个柱氏头人（vbru-rigs-kyi-dpon）的部落，其数代后裔都住在古克隆（vgu-kho'-lung）谷，后来出现了柱拉嘉（vbru-lha-rgyal）头人部落。他的儿子叫阿本（a-vbum），他曾随噶托寺（ka-thog）的喇嘛和数位苯教师学法，成为修持佛、苯两教教法的著名咒师。后因和地方官岭土司发生了矛盾，离开原来的地方到多绕多格隆（rdo-rolstod-gas-lung）谷地区的玛莫四沟（ma-mo-bzhi-mdo）地方扎帐游牧。这个时候，玛绕多（上玛绕，smar-rol-stod）地区属于念则头人（gnyan-rtse-dpon）；瓦（中玛绕，bar）地区属于卡热头人（mkhar-re-dpon）；玛（下绕玛，smad）地区属于萨勒头人（sa-le-dpon）。卡热属民玛察（ma-tsa）氏家族产生了称为'玛查贡玛热嘉'（ma-tsavi-gong-ma-rab-brgyad）的许多喇嘛，官民等人都畏惧其咒力，发生战争，念则头人郎青本（lhang-chen-vbum）被杀死，于是年则、卡热、萨勒三部都向他投降。阿本连同部落来到了奥错（sngo-mtsho）湖边，阿本有三个儿子，长子名叫本嘉（vbum-sky-ads），次子名叫本格（vdum-dge），幼子名叫本雅（vdum-yag）。长子和次子各自另立家业，幼子守祖业。他的后裔遂发展成为果洛三部，热多

① 悉地，梵文，成就的意思。

② 智观巴·贡却乎丹巴绕吉：《安多政教史》（藏文版），甘肃民族出版社 1982 年 3 月版，第 238 页。

(ra-mdo) 以上都是他的属民。有歌谣唱道：'果洛阿本犹如旋转的大海，众藏族如同海边汇聚的蜜蜂'。"①

阿本还有诸多美妙的传说。相传，阿本到玉泽山（gyu-rtse）朝拜时，在谷口熙错（byivi-mtsho）吃饭。梦到铺天盖地的军队，被"念子（gnyan-sras）带走了"的呼喊声惊醒，当即看到一鸟噙着一蛇，于是他一边呼救，一边在空中投帽子，此蛇在惊恐中得救了，即刻跳进了湖中。不料这时出现一个吉祥之兆，晚上他梦到从湖中出来一位美女，对他说："谢谢你救了我儿子的命，我要带你到念泽父（yab-gnyan-rtse）那儿去，他那里有一条花毯子、一根拐杖和一条狗三件东西任你挑。"当他走进水晶宫里，只见念保玉泽端坐宝座，面带笑容地发问，赐予了三件东西。回家后，他又梦到念保玉泽说："在奥错湖中，黑白两牛相斗，你杀死黑牛，我赐予你一个媳妇。"这件事果真发生了，他用利箭射死了黑牦牛。当天夜里，他再次梦到玉泽说："明日雷霆轰鸣时，一绿鬃狮出现，你用彩箭接触她，那便是我的大女儿。"次日，念神作祟，狮子逃走了。当夜，他接着梦到念保玉泽："明日要来一只苍龙，你要用彩箭接触她。"次日也未得手。夜晚他还梦到念保玉泽说："明天到湖泊源头煨桑，会来一条蛇，用彩箭接近她。"次日终于把念神之女接到了，起名为"念毛俄珠"（gnyan-mo-dngos-grub），他给儿子成了家。一头海牛化作一头牛，他们辛勤饲养繁殖，成了富翁。念毛生得一子名叫"本嘉"（vbum-skyabs），后来又生得一子名叫"帕塔"（phag-thar）。阿本 93 岁时，遵照念泽之命送念毛回到念域（gnyan-yul）地方。97 岁高龄的阿本临去世时，唱道："玛沁救主（rma-rgyal-skyob-pa）和观世音菩萨，是我不可分离无二致本尊，今天我要到他们的座前，愿子子孙孙和属民们的安乐！"在帕塔时期，由于念神的悉地摄授，统治着玛绕六部（smar-rol-ma-lag-drug）的土地和属民，在玛绕卿茂（smar-rol-chen-mo）谷口的赛云（gser-gzhong）盆地和科勒冈（kho-le-sgang）修建了城堡。②

---

① 智观巴·贡却乎丹巴绕吉：《安多政教史》（藏文版），甘肃民族出版社 1982 年 3 月版，第 235 页。

② 同上。

《果洛宗谱》记载，昂欠本、阿什姜本、班玛本三兄弟的父辈死后，遗骨由喇嘛曲本巴等高僧分给几个儿子，分别撒在自己的靠山土，这些靠山也成为他们各自的神山。他们依自己的神山为根据地，繁衍生息，发展为三大部众，分别以自己的名字称呼。[①]

由此可见，阿尼玛沁山神与古代藏族六大姓氏之一的董氏之间的关系更是非同寻常。安多地区，属于董氏系统的部落较多，如董氏阿秀等十八大秀，董氏多察等十八大察。董氏之“董”与汉文史书中记载的“党项”羌（ldong-dyang），在读音上很接近。“党项”的“党”，即“董”或“冬”的转音，“项”即“北方”之意，顾名思义是“北方的董氏”。董氏家族的一支可能迁徙到北方了，这与古代董族活动在这一地区是相吻合的。

阿尼玛沁山神是董氏极为崇敬的神灵，正如《安多政教史》记载：“玛科包底多（rma-khog-po-tivi-mdo）等地，有上下阿秀（dbal-shul），他们都属于东氏族。有这样的歌谣：‘三大山峰归董氏，董氏冒顶高耸乃有此。’他们权势甚大，柏日（be-ri）也属于董氏。”[②] 其中所说的帽子，画像上的阿尼玛沁山神所戴的毡帽和果洛地区人们所戴的帽子如出一辙，今果洛人当为古代藏族董氏后裔，是以为证。

二　现代的果洛藏族部落

按照传统习惯，果洛地区的部落依据地势走向划分为三大部分，即上中下三部，同时又冠以不同的名称，上果洛昂欠本、中果洛阿什姜本、下果洛班玛本，俗称为三果洛，藏语称为“果洛卡松”（mgo-log-kha-gsum），即果洛三部。“果洛”一词的来源，民间也有传说。相传在很早以前，在西康南部十八农区的金沙江一带的藏古科隆瓦地方，有一个叫柱拉加的人，此人信奉佛、苯二教，他娶了念部落的女子为妻，生得一子取名为柱安本。后来，柱安本占领了索代、念、喀尔哇三部落，由于它最初来自藏古科隆瓦，故被称为“古洛”。后又因反抗头

① 扎西加措、土却多杰：《果洛宗谱》（藏文版），青海民族出版社 1992 年 3 月版，第 26—85 页。

② 智观巴·贡却乎丹巴绕吉：《安多政教史》（藏文版），甘肃民族出版社 1982 年 3 月版，第 238 页。

目，又被称为“果洛”（mgo-log）①。柱安本娶岭王之女，生子本伊合（又名隆庆塔尔哇坚赞），娶东部念保叶什则山神之女斯额玛嘉为妻，生子念赛托塔尔本。其后裔逐渐分为果洛三部落，即昂欠本部落、阿什姜部落、班玛本部落。按照果洛人的习惯说法，昂欠本部落又分为昂欠曲多和昂欠曲麦两大部落，其居住地主要在今达日县和玛沁县的部分地区。阿什姜部落最初分为贡玛仓、康干仓、康赛仓三大部落，即“阿什姜”三部落。后来，贡玛仓又分出然洛和哇赛仓，该部落主要在今甘德县、久治县、玛沁县的部分地区。班玛本部落内部共分八大部落，即上吉隆、下吉隆、上卡昂、下卡昂、特和土、旺达、王柔、帮义。

果洛部落的划分，历来说法不一。据20世纪40年代绳景信所写的《果洛及阿瓦行记》记述，果洛在当时就有两种划分：“果洛分上中下三部，通常以康萨为下果洛，约帐房五百户，土房四百余户；西北之康根为中果洛，帐房一千户，土房三百余户；更西北之工玛仓为上果洛，约帐房一千二百户”。另一种划分是：“以汪清本为上果洛，其牧地在黄河源鄂陵湖、扎陵湖一带，约一千四百余户，归青海管辖，分上汪清及下汪清二大部落。上汪清又称为德巴，下分章梗、宅梗、多汪三小部落，下汪清又称木巴桑，下分多马、麦马两小部落。白马本为中果洛，其牧地在康根之南玉树与石渠之间，共一千五百余户，下分打脱桑、汪打桑、卡弄桑、吉朗桑、汪玉桑、得弄桑、得工桑等八部。青海与西康对该部之政令均不能到达。阿穷本为下果洛，包括康萨、康根、工玛仓、然老仓及磨呀徐畅等部落……”②

据考察，20世纪初果洛的部落分布情况是：班玛县有班玛本八大部落、下莫巴部落、任玉地区部落、阿什姜地区部落、知钦乡拉加部落、个什则部落。班玛本八大部落分别是上卡昂部落、下卡昂部落、吉隆部落、汪达部落、王柔部落、特合土部落、帮义部落、德昂部落。达日县有桑日麻部落、红科部落、上莫巴部落、特合土部落、多日哇部落、周吉雪花部落、达哇部落、查郎部落、冈巴部落。甘德县有贡玛仓

---

① 果洛，为藏语，“果”（mgo）有“头”、“首”之意，“洛”（log），有“倒”、“反抗”之意。

② 甘肃省图书馆书目参考部编：《西北民族宗教史料文摘》，甘肃省图书馆1986年9月版，第462页。

部落、藏科贡麻部落。久治县有康赛仓部落、康干仓部落、哇塞部落。玛多县有和科部落、查科部落、跨科部落。玛沁县有然洛部落、大武部落、大武修麻部落、麦仓部落。[①]

甘德科曲乡的德尔威部落的牧民都认为自己是岭国格萨尔所属的直系部落。著名的格萨尔说唱艺人昂日就是该部落的人（见图 12）。他的身份证上依然印着“德尔威昂日”字样。该部落先后产生了中国国家四部委表彰的优秀说唱艺人，一位是昂日，另一位是“掘藏艺人”·格日坚赞（见图 13），还有一位青海省政府表彰的牧民艺人嘉木样（见图 14）。长期以来，德尔威部落的许多男士们都自认为是格萨尔某大将的转世。也有学者考察，史诗中记载的原先生活在玛域地区的格萨尔部落的后代，现已被压缩到甘德、达日县一代。[②] 这些都是我们《格萨尔》研究工作者田野考察的内容。

图 12 德尔威部落《格萨尔》说唱艺人昂日 丹曲摄

① 邢海宁：《果洛藏族社会》，中国藏学出版社 1994 年 7 月版，第 42—65 页。

② 依据 2000 年 12 月孙明光先生在果洛地区田野考察的考察纪事。此外，杨恩洪老师也曾对德尔威部落作过调查，在《果洛的神山与〈格萨尔王传〉》文章中指出，那里的部落除了供奉果洛的三大山神即阿尼玛沁、年保玉则和雍仲吉则外，还供奉拉则扎奔贡觉神山，据说该神山是《格萨尔》中的大将尼奔的寄魂山。

图 13 德尔威部落《格萨尔》掘藏艺人格日坚赞 丹曲摄

图 14 德尔威部落《格萨尔》说唱艺人嘉木样 孙晚光摄

《格萨尔》中，有岭国长、中、幼三支的描述。这三支部落，是否就是今天生活在黄河源头的果洛藏族的三大部落，尚待学者作进一步的考证。但史诗中所反映的古代藏族部落来源的线索，可以说已经清晰地反映了黄河源头藏民族繁衍和发展的历史轨迹，而且蕴含着色彩斑斓的民族文化传统和源远流长的部落文化。其古代藏族部落文化的遗存之丰富，“如果能使大家比较全面地了解我国青藏高原牧区藏族部落社会的各种文化现象，就会发现这里不仅不是什么文化荒漠，而且还是人类文化的摇篮”①。

三　阿尼玛沁雪山的人格化过程是祖先崇拜的反映

通过前面对关于阿尼玛沁的几则神话传话故事的分析，不仅说明了岭部落是玛沁奔热山神的后代，而且从另一个侧面映射了早期藏族古代先民的祖先崇拜的观念。

纵观藏族的历史，藏民族从原始先民经过漫长的发展，才成为现在意义上的藏族。无论是民间传说，还是藏族史料的记载，都有藏族最初来源于“神猴”与“罗刹女”结合而繁衍，后来又出现了六大种姓之说。

生活在黄河源头的人们坚信他们源于古代藏族六大种姓之一的“董氏”家族，并且与山神阿尼玛沁结下了不解之缘。阿尼玛沁，其含义还有一种解释是“祖先大玛神”，顾名思义，阿尼玛沁山神与人们的祖先有关，这与流传在这一代的某某山神是某某部落祖先的民间传说是一致的。历史与神话互相交织，神话与现实相得益彰。关于黄河源头流传的部落来由，《格萨尔》和神话故事中的相关情节都很简单，尽管如此，还是映射了黄河源头藏民族在阿尼玛沁雪山脚下繁衍生息的影子。这些神话、传说，虽然无法用科学的手段来断定它的真实性，或者说现实生活中的部落无法与史诗中的部落对号入座，却反映了源远流长的中华黄河文明中认知自然、肯定人性的光辉历程。

第五节　英雄诞生的摇篮与灵魂寄存的载体

一　阿尼玛沁在英雄诞生中所起的重要作用

在《格萨尔》中，格萨尔是天界和人间念神之子，即与天界大梵天王和人界念神阿尼玛沁山神密切相关。《格萨尔》描写道：

① 陈庆英主编：《藏族部落制度研究》，中国藏学出版社 1995 年 9 月版，第 407 页。

东方玛沁奔热山，是玛域三百山峰首。
碧波粼粼无热湖，是四条河流水源头。①

这里所说的碧波荡漾的无热湖即“玛旁雍错”，是印度的四条河流的源头。雄伟壮丽的“玛沁奔热”是“玛域”地方300座山峰之首，影射了“玛沁奔热”的突出地位。那么，阿尼玛沁到底在《格萨尔》中起着一种什么样的作用？下面我们从史诗本身的描写略作分析。

传说，作为“世界的中心”的“玛域”，既是黄河的源头，又是“岭国的中心”。在岭国的周围有十三座山峰，人们称为“十三山神”，它们均为岭部落的保护神。其中最高的雪山“玛沁奔热”，既是岭国的寄魂山，又是英雄格萨尔的寄魂山。传说英雄的格萨尔就诞生在这座圣山脚下，所以这座山才成为他的“寄魂山”，此山神也常以神力护持着格萨尔王的正义事业和生活在这里的人们，使格萨尔圆满地完成了英雄的业绩。

呵护英雄的诞生

在《诞生篇》中，僧伦（seng-blon）娶了汉族姑娘拉尕卓玛后，生下了“气概英武如猛虎，六艺俱全像雄鹰”的奔巴·嘉擦协嘎（rgya-tsha），于是，叔伯们祈祷祝福，姑娘们歌唱跳舞，诞生的庆宴一共举行了13天。长支首领拉布·南卡僧格、中支首领岭钦·塔温索南、小支首领总管绒擦查根都参加了庆宴。总管王唱道：

“歌唱上供大梵天神，上供玛沁奔热地方神，
上供格卓念波大山神，上供宁达玛波司生神！”

对“六大部落的民众们，这孩子的诞生，是良机成熟的开始，是福运来临的先导，是部落权势兴旺的前兆，是降伏四魔的第一步

① 王兴先主编：《公祭篇》，《格萨尔文库》（藏文版）（第一卷），甘肃民族出版社2000年9月版，第766页。

啊!”①

格萨尔诞生受到岭部落人们格外的关注。在《天界篇》中，当格萨尔即将诞生之际，岭地“三十名英雄”、“三十名头目”和“三十名有权势者”的总首领绒擦查根夜间惊现奇梦，梦见东方的“玛沁奔热山顶”“一轮金色太阳升起”，梦见“格卓山上彩虹相连，玛旁湖上光芒四射”②，这便是格萨尔诞生的预兆。有一天，龙王受天神旨意，将自己的女儿派遣到人间，生下了“一个大约三岁，看上去非常可爱，两只眼睛闪着光芒的婴儿”。于是，“莲花生上师立即给这孩子灌顶、喂长寿奶、抹颚酥、授予金刚不坏之体。玛沁奔热山神敬献了百味食品，格卓念神用花绸把婴儿包裹起来”。③ 孩子的出生，是人丁兴旺的象征，这对古代的藏族先民而言，是一件极为重要的事情，所以说只要部落中有孩子诞生，首先要向部落的寄魂山“玛沁奔热”祈祷。

护佑英雄的成长

当觉如母子被岭部落驱逐出岭地阿须时，“玛沁奔热山神前来迎接觉如，把所有的资具都带往玛域去”。他们母子俩所去的玛域，原来既是一个商贾必经之地，也是一个荒无人烟、强盗出没的地方。觉如到玛域后，扫清了强盗，使汉地峨眉地方的商人和拉达克的商人得以自如地来往行走。在《诞生篇》中，拉达克商队遭到了黄霍尔强盗的洗劫，格萨尔对商客们说：“玛曲拉隆这块地方，是由玛沁奔热山神和我来管理，土地的主人就是我觉如……你们要对头领灵觉如我忏悔，要向玛沁奔热山神去上供。”然后，严厉地惩罚了那些强盗，赢得了商客们深深的敬佩，他们以为觉如大概就是玛沁奔热山神（见图15）。

---

① 王兴先主编：《诞生篇》，《格萨尔文库》（藏文版）（第一卷），甘肃民族出版社2000年9月版，第434页。

② 王兴先主编：《天界篇》，《格萨尔文库》（藏文版）（第一卷），甘肃民族出版社2000年9月版，第388页。

③ 王兴先主编：《诞生篇》，《格萨尔文库》（藏文版）（第一卷），甘肃民族出版社2000年9月版，第455页。

图 15　英雄格萨尔　丹曲摄

格萨尔在玛域修建僧珠达孜宫殿（bsam-phrug-stags-rtse-pho-blang）期间，其风格布局是“中间修一座四层的王宫，四周造四座小城”，名叫“高仓卡耶”（rgod-tshang-kha-gyer）。中间的四宫殿是由龙王帮助修建的。当宫殿修建到第五层时，再也无法修建了，于是“由格卓念神和玛沁奔热山神来修建”。整个宫殿全部完工后，便“由天、念、龙三神保护了起来”，因为“上层是天神修建的，中层是念神修建的，下层是龙王修建的”。后来，岭地雪灾，岭部落被迫迁居到玛域。“在当地世间土地神的护佑下，穷者变富，弱者变强，都过上了幸福生活”。①

协助英雄降魔的《丹玛篇》中，觉如准备前去夺取丹玛青稞宗时，要先安置好家中的老母。临行前对母亲叮嘱道：“阿妈，你就住在这里，我去夺取丹玛青稞宗，开启如意宝库门，解除穷人的疾苦。如果一切都能如愿以偿，要不了两个月，我就可以回来。在此期间，外部的敌人、鬼怪，内部的痛苦、折磨，你都不用害怕，我已向地方山神玛沁奔热做过祈祷，将你托付给神灵啦。”然后，廓姆“在获得先知与神通自

① 王兴先主编：《诞生篇》，《格萨尔文库》（藏文版）（第一卷），甘肃民族出版社 2000 年 9 月版，第 479—500 页。

在的情况下，安心地留在了家中”。[①]

在“玛沁奔热山神”的协助下，格萨尔只身来到“玛沁奔热”山下，打开了龙宫龙王的宝库，取出了宝藏，使玛域成为大地的吉祥园。正如《取宝篇》所描述：有一天，格萨尔单人匹马到底下龙界去。王族家眷和勇士们把他送到湖边，圣主格萨尔跨上马背，就像天鹅落到了湖面一样向湖中走去。当走到湖中间时，赤兔马就像鱼儿一样游水，把身子一摆，眨眼工夫就到了水下龙城跟前。城堡的中央有龙王的宫殿，各种珠宝，光芒四射。那湖中的龙王，本身就具有细微的神通，早已知道格萨尔要来，将格萨尔迎进宫去。龙界成千上万的龙族百姓也都前来集会，格萨尔向他们传授了“息灭龙苦的十种至深法要和三类解脱秘诀”，使他们从“疾病的苦难中解脱了出来”。“格萨尔大王宣读了所需宝藏的名目”，龙王“打开了密封的龙宫内库，取出各种宝物，献给了格萨尔大王”。后来，格萨尔在“玛沁奔热”山神的护佑下，又顺利地在玛域“白水晶山岩上顺利地打开了一条通道”，并打开了“密洞空行宝库的大门”，获得了“佛像、佛塔、佛经等”，再用自己的意念威慑，“运到了噶嘉洛的家乡长江与澜沧江的中间地带”。[②] 从此开创了格萨尔打开宝藏的开端，岭国人民过上了幸福美满的生活。

当格萨尔赛马一举夺魁时，“山神玛沁奔热、念神格卓、龙王佐纳仁钦都来献茶迎接”。然后，“玛沁奔热山神献上了金刚劈岩黑剑，念神格卓取出了征服三界的长矛，顶宝龙王取出了九庹长的蛙蛇索……”[③]

从《格萨尔》中我们可以看出，山神在藏族人民心目中有着极其崇高的地位，英雄格萨尔有时也被当作山神，山神与英雄紧密联系在一起，有时二者是独立的，有时二者合二为一，二者得到人们敬重、祈求、崇拜。人们将自己的理想和愿望寄托在自己民族的英雄身上，打造

---

① 王兴先主编：《丹玛篇》，《格萨尔文库》（藏文版）（第一卷），甘肃民族出版社2000年9月版，第514页。

② 王兴先主编：《取宝篇》，《格萨尔文库》（藏文版）（第一卷），甘肃民族出版社2000年9月版，第690—697页。

③ 王兴先主编：《赛马篇》，《格萨尔文库》（藏文版）（第一卷），甘肃民族出版社2000年9月版，第640页。

英雄，崇尚英雄是部落氏族、部落联盟的一种时尚和追求，部落的英雄产生了，民族的英雄也由此产生了。

二　阿尼玛沁最终演化为灵魂寄存的载体

阿尼玛沁最终演化为灵魂寄存的载体，有其特定的宗教、人文、地理文化背景，特别是在藏族原始图腾、苯教神灵、佛教神灵三个神灵体系逐渐成熟之后，《格萨尔》中岭部落神灵系统和岭国以外其他部落神灵系统也在其创作过程中，依托藏区的历史文化大背景提供的丰富养料，走向完善、成熟；《格萨尔》中的众多角色及其围绕他们发生的故事的情节，在渗透灵魂观念和灵魂寄存观念的创作意识中，更加生动、曲折、引人入胜。

从岭部落中众多的灵魂寄存物可以看出，岭部落及格萨尔的寄魂物的选定与他们生存的地域环境密切相关，而岭国境内最雄伟的大山阿尼玛沁山既是其所在地的地域保护神，又具有成为灵魂寄存物所应具有的强烈的象征意义，所以阿尼玛沁演变为灵魂寄存的载体，有他自然的合理性。

英雄人物格萨尔，将自己的灵魂寄存在“玛沁奔热”即阿尼玛沁雪山之上，因为雪山具有基础宽广、厚重安稳之特点，应合了英雄英武、豁达的自然性格特征，符合了藏族英雄神化的审美要求；与藏族自然观、灵魂观在意识观念中根深蒂固的文化背景相契合，因此，阿尼玛沁成为英雄灵魂寄存的载体，有其浓厚的文化根基和民族亲和力。

此外，原始文化遗存也对阿尼玛沁成为灵魂寄存载体起到重要作用。如苯教中崇山峻岭则是“年”（念）的附着之地，这本身就已经隐含了灵魂附着的意识。

阿尼玛沁雪山以其对自然崇拜和万物有灵的远古时代文化信息的涵盖性，成为史诗中生活在黄河源头的岭部落和英雄神话人物格萨尔大王的寄魂山。可见，阿尼玛沁最终演化为灵魂寄存的载体，有其历史可能性和历史必然性。

第二章　格萨尔的寄魂湖

在藏民族的思想观念中，龙神和念神一样，都是地位极高的神灵，因此人们非常尊奉龙神。传说，湖泊是龙王的驻息地，大多女神也居住在湖泊中。在《格萨尔》中，格萨尔除了将自己的灵魂寄存在阿尼玛沁雪山外，还将灵魂寄存在黄河源头的扎陵湖、鄂陵湖和卓陵湖中。岭国的扎洛（skya-lo）、鄂洛（sngo-lo）和卓洛（gro-lo）三大部落不仅以湖来命名，而且将部落的灵魂也寄存在三湖中。格萨尔的母亲廓姆就是龙王的女儿；格萨尔的岳丈嘉洛东珠的王宫也坐落在扎陵湖旁，格萨尔王美若天仙的妃子珠牡也是龙女；格萨尔进入龙宫取宝，才使岭国变成了大地的吉祥园。因此，格萨尔与龙王、龙女、龙宫有着千丝万缕的联系，与湖泊密不可分。

美丽多姿的扎陵湖、鄂陵湖和卓陵湖演绎了许多动人的神话、传说和历史故事，成为一条亮丽的风景线，犹如三颗耀眼的明珠，镶嵌在黄河源头，成为祖国的母亲河——黄河的天然蓄水池，三湖周围也是古代游牧民族最重要的繁衍生息之地，从而构成了特殊的地理景观和文化现象。本章就从三湖的地理位置、民间神话与传说、名称由来、与玛曲的关系、岭国三部落以及果洛三部落等方面展开讨论。

第一节　岭国最美好的精神家园

一　扎陵、鄂陵、卓陵三湖的自然地理概貌

笔者在第一章的第一节中作过简单的介绍，果洛藏族自治州境内有“较大的湖一百多个”，其中“境内有闻名于世的三大湖，即鄂陵湖、

扎陵湖、托索湖（又名黑海），另外还有星宿海”。[①] 在考察中笔者发现，今“卓陵湖”虽几度干涸，但在多雨时节仍能见到它往日的身姿，且有关三湖的传说仍然在这里流传。

扎陵、鄂陵、卓陵三湖坐落在今青海省果洛藏族自治州的玛多县境内。玛多县地处巴颜喀拉山北麓，全县 6 个乡，总人口为 8954 人，其中牧业人 1180 户，6420 人，全县平均海拔 4500 米，一年之中有冷暖之别，无四季之分，年平均气温零下 4 度。玛多是黄河流经的第一个县，境内山峦起伏，河流纵横，湖泊遍布，大小湖泊百余个，素有“百湖之县”之称。[②] 全州最大的扎陵湖、鄂陵湖、星宿海就坐落在玛多境内。

鄂陵湖，藏语称“错鄂朗”（mtsho-sngo-ring）意为“蓝色之湖”，位于巴颜喀拉山与布青山之间，因湖水清澈蔚蓝而得名。历史上汉族称“鄂灵海”。清地理学家齐召南在所撰《水道提纲》中载：“鄂灵海在查灵海东五十里，周三百余里，形好匏瓜，西南广而东北狭。”距扎陵湖直线距离约 10 公里，两湖东西相望，俗称黄河上游的一对姊妹湖。该湖形似钟，长 32.3 公里，最宽处为 31.6 公里，面积为 610.7 平方公里，最深处达 30.75 米。鄂陵湖中，鸟岛形如瓜子，东西长 155.6 米，南北宽 50 米，岛上两峰中的西峰高出湖面 11.6 米，东峰仅高出 5 米，两峰相距 80 米（见图 16）。

图 16　鄂陵湖　丹曲摄

---

① 《青海地方志》编纂委员会：《青海省情与方志》，甘肃民族出版社 1998 年 9 月版，第 109 页。

② 《青海省情》编委会：《青海省情》，青海人民出版社 1986 年 3 月版，第 558 页。

图 17　扎陵湖　丹曲摄

与鄂陵湖东西相望的扎陵湖，藏语“错加朗”（mtsho-skya-ring），意为“灰白色长湖”，因湖区风力强劲，白浪翻滚而得名（见图 17）。该湖历史上亦非常著名，汉族称之为柏海、查灵海。《新唐书·吐谷浑传》载侯氏于唐贞观九年（635 年）“达柏海，望积石山，观览河源”；贞观十五年（641 年）文成公主入藏，藏王松赞干布“率兵至泊海迎请”；清《水道提纲》称“泽周三百余里，东西长，南北狭，河亘其中而流，土人呼白为查，形长为灵，以其水色白也”，故名查灵海。该湖呈不对称菱形，长 35 公里，最宽处为 21.6 公里，面积为 526.0 平方公里，最深处为 13.1 米。① 入湖河流以黄河和卡日曲为主，另有 100 多个小湖组成的星宿海为其重要补给源；出流于东南黄河宽谷，约经 30 公里曲折流程，沿途汇纳多曲和勒那曲来水，下注鄂陵湖。如今，这片在史料文献和史诗多有涉及的波光粼粼的卓陵湖，由于自然生态和气候等多方面的原因，湖面已经很小了。站在鄂灵魂黄河源头纪念碑的后山上向东北眺望，仍能见到卓陵湖。

扎陵、鄂陵是黄河源头的姊妹湖，鄂陵湖在东，扎陵湖在西，相距 28 公里。黄河干流从鄂陵湖西岸注入，由北岸流出，两湖对黄河源头的水量有很好的调节作用。两湖周围有 40 多个水面大于 1 平方公里的湖泊。② 小湖则多如繁星，据牧民群众讲，这里是星星白天睡觉的地

---

① 王苏民、窦鸿身主编：《中国湖泊志》，科学出版社 1998 年 9 月版，第 479 页。

② 《青海地方志》编纂委员会：《青海省情与方志》，甘肃民族出版社 1998 年 9 月版，第 110 页。

方，星宿海的美称便由此而来。

扎陵、鄂陵两湖，是候鸟等许多珍禽异鸟栖息繁衍的理想之地，盛产珍贵的鳞斑裸鲤和扁咽齿鱼等 8 种湖泊鱼类。每年 4、5 月间，湖面刚刚解冻，就有数以万计的天鹅、斑头雁、黑颈鹤、棕头鸥、赤麻鸭等候鸟，从我国的南方和东南亚热带地区来到这里产卵育雏。7、8 月，沙滩草丛里鸟蛋遍地。两湖周围，牛羊成群，牧帐座座。

二　民间神话与传说中的三湖

相传，很久以前，在巴颜喀拉山下有一对巨人兄弟。一天，他们看见了母羊跟前咂奶的羊羔和母鸟喂食的幼雏，就向巴颜喀拉山老爷爷发问自己的妈妈在哪里。老爷爷告诉说：你们的母亲，“……在你们断奶后不久就往东方去了”，“她是为完成一项崇高的事业去的。她说过，等你们长大以后，她相信你们一定会去找她，和她一块儿去从事那一崇高的事业！”于是巨人兄弟向东方走去，路途艰难而先后倒地，被赶着畜群的矮人发现。“呵呵，看这个‘扎陵’已经不行了！”“这个‘鄂陵’也危险哪！”[①] 牧民们指着哥哥和弟弟议论：“他们为我们除掉了很多伤害我们的猛兽！听说他们是寻找伟大的母亲，要从事崇高的事业。我们一定要救他们。”在牧民们的竭力帮助下兄弟俩得救了，人们欢呼着“扎陵、鄂陵，扎陵、鄂陵……”接着兄弟俩又继续前进。他们来到黄土高原，发现了一条黄色的大河，看到花园般的田野。兄弟俩喝足甘甜的河水睡着了。睡梦中见一高大的中年妇女向他们走来：“孩子们，你们辛苦了。我就是你们在寻找的母亲！”兄弟俩哭诉了对母亲的思念和寻找的艰辛。母亲指着田野上劳动的人们说：“为什么他们能在这个地方生活？为什么这里的土地会这样肥沃？那是因为这儿有条宽阔的黄河。”兄弟俩这才知道，原来所喝之水是母亲的奶汁。母亲高兴地说：“我还哺育了这千千万万的人，他们都亲热地称呼我是中华民族的摇篮！孩子们，你们说妈妈这样生活是不是很有意义？”当巨人兄弟要求留在她的身边时，母亲嘱托：“去吧，孩子们，为了造福整个中华民

① 在藏语中“扎”是灰白的意思，“陵”是长而大的意思，在故事中“扎陵”指灰长的庞然大物。在藏语中，“鄂”表示青，在故事中“鄂陵”指脸色发青的巨人。

族，你们去吧，妈妈永远和你们在一起。”兄弟俩惊醒，母亲已悄然离去。兄弟俩很快返归家乡，牧民们纷纷跑来看望，然而看到的不再是巨人兄弟，而是由黄河贯串的一个灰白一个碧清的两个大湖，灰白的是哥哥扎陵，碧清的是弟弟鄂陵。天鹅、仙鹤、大雁成群结队地飞到这里栖居，水里的鱼儿闻讯赶来，大嘴鸭、小嘴鸭密密麻麻地游到湖里来生活，还有各种各样的花草等也纷纷在湖畔安家。牧人们也赶来在这水草丰美的湖边扎下了窝子，人畜都饮上了香甜的湖水。扎陵和鄂陵常自豪地抬起头，望着这一切——蓝天、白云、草山、牛羊、白毡包、黑帐房……多么美丽富饶的草原啊！[①]

有关扎陵湖、鄂陵湖和卓陵湖的传说很多，在青海玉树藏族自治州治多县也有三湖的传说。在该县县府后面，有几个不显眼的土堆，传说是格萨尔的岳父嘉洛顿巴坚赞的虎峰宫遗址。向西 5 公里的山上还有珠牡未嫁时洗头的温泉和游玩的赛错（gser-mtsho，金水湖）、冬错（dung-mtsho，法螺湖）、玉错（gyu-mtsho，松石湖）。三湖周围为嘉洛嘉的马场和夏季下帐的行宫。[②]

这些传说，以形象生动的语言讲述了扎陵和鄂陵的名称来历，以及它们与黄河的关系。人们将“巴颜喀拉山”比作老爷爷，将“扎陵”和“鄂陵”拟人化比作“巨人兄弟”，将“黄河”比作巨人兄弟的“母亲”，将大自然人格化。从这则美丽的传说中我们不难看出，黄河源头特殊的地理环境给予果洛人美好的生活空间，黄河源头独具的人文背景赋予了人们特殊的审美文化情趣。这则神话向人们展示了人对自然的理解、对祖先的认识、对祖国母亲和黄河的崇敬以及对美好生活的憧憬和向往。

三　岭国精神家园的范本

《霍岭大战》中记述，岭国“在人世间南赡部洲中心东部，雪域所属朵康地方的富庶区域，人们都称作岭噶布。岭噶布又分上岭、中岭、

---

① 邓本太主编：《三江源探秘》，青海人民出版社 2002 年 12 月版，第 216—224 页。

② 《玉树藏族自治州概况》编写组：《玉树藏族自治州概况》，青海人民出版社 1985 年 10 月版，第 161 页。

下岭三部，上岭叫噶堆，也就是岭国的西部，地方宽阔，风景美丽，绿油油的草原，万花如绣，五彩斑斓。下岭叫岭麦，也就是岭国的东部，地方平坦，像无边的大湖，凝结着坚冰，在太阳照耀下，反射出灿烂夺目的银光。岭国的中部叫岭雄，这里的草原辽阔宽广，远远望去，一层薄雾笼罩着，好像一位仙女披着碧绿的头纱。岭噶布的前边，山形像箭杆一样笔挺，岭噶布的后面，群峰像弓腰一样的弯曲。各部落所搭的帐房和土房，好像群星落地，密密麻麻，岭噶布这地方，真是个辽阔广大，景色如画的好地方！"① 这里形象地描绘了岭部落"噶堆"、"岭雄"、"岭麦"三个地域，三个部落就分布在这三个不同的地域里。

《征服大食》中，珠牡在唱词中唱道：

> 上玛地荡漾着一湖泊，宽阔的水面上翻金波，
> 金色天鹅嬉水起又落，这是长系的寄魂湖泊。
> 中玛地荡漾着一湖泊，宽阔的水面上翻翡翠波，
> 松石色水牛横卧其中，这是中系的寄魂泊湖。
> 下玛地荡漾着一湖泊，宽阔的水面上翻银波，
> 雪白的海螺逍遥其中，这是幼系的寄魂湖泊。②

这里形象地描述了岭部落"长系"、"中系"、"幼系"三系的三个寄魂湖。这三个寄魂湖分布在"上玛"、"中玛"、"下玛"三个不同的地域，从中也可以看出，三个不同的支系部落居住在不同的地域和湖畔。美丽的湖泊，荡漾着"金波"、"翡翠波"和"银波"，湖中栖息着"金色天鹅"等各种飞禽，一片静谧、祥和的景象犹如人间仙境，是岭国人们生活中最美好的家园。

在《格萨尔》中，格萨尔是天界和人间念神之子，即与天界大梵天王和人界念神阿尼玛沁山神密切相关，这是他的父系系统。然而，格萨尔的母亲系统和后妃系统，无不与湖有着紧密的关联，因为格萨尔的

---

① 中国民间文艺研究会青海分会编：《霍岭大战》（汉译本）（上册），青海人民出版社1984年版，第1页。

② 青海省民间文学研究会收集翻译：《征服大食》（内部铅印本），第317页。

母亲廓姆、爱妃珠牡均为龙的女儿，这其中又包含大量的龙宫和通往龙宫之门——圣湖的记载。那么，在《格萨尔》中，到底龙宫和湖是一个什么样的关系呢？下面几节将从这一问题入手，逐步切入《格萨尔》中反映的寄魂湖观念和藏族自然观的部分内容。

第二节　与龙宫融为一体的圣湖及其生育信仰的表现

一　来自龙宫的英雄母亲

翻阅关于英雄母亲的一系列神话与传说，以及《格萨尔》史诗当中的相关描写后，笔者发现，圣湖崇拜和生育信仰隐隐约约地贯穿其中，所以，将英雄母亲的相关资料汇集起来进行分析，对以后研究圣山圣湖崇拜与灵魂寄存观，有着直观的和重要的作用。下文笔者即从与英雄母亲相关的几个方面略作论述，以窥其一斑。

龙神

在苯教经典《十万龙经》[①] 中，龙神大多是牛羊虎豹熊狮头、人身，有的还带鱼尾巴或蛇尾巴。它是一种生活在地下的神，与汉民族传说中有鳞、须、爪，可以兴云致雨的龙还有区别。在藏文史籍中，龙神的形象较为模糊，仿佛泛指地下，尤其是水中的动物。龙神往往住在山尖或岩石上，甚至还可以住在柏树、桦树或云杉上。为什么会有这种矛盾的说法，笔者暂无从查考，这里仅将经文中的记述照搬过来存疑。

龙神对人类的生命构成威胁，是人间各种疾病之源。“龙神”又称为水神，是雨水的主人（见图 18）。遇到旱灾，人们求雨，都要到海子、山泉等龙居之地祈祷。龙神分嘉让（rgyal-rigs）、解让（rjevi-rigs）、莽让（dmangs-rigs）、章赛让（bram-zevi-rigs）和得巴让（gdol-bavirigs）五类，分别居住在东、南、西、北、中五个方向。其中嘉让是善的龙神，它可以保护人类，给人类带来幸福；莽让是恶的龙神，它

---

① 转引自格勒《论藏族文化的起源形成与周围民族的关系》，中山大学出版社 1988 年 8 月版，第 188 页。

给人间带来灾难，导致各种瘟疫和疾病的产生；其他三种龙神似乎是介于善恶之间，既可能给人类带来幸福，也可能带来祸乱。这三种类型的龙神分别集根性于神界、人界、非神非人界。

图 18　水神

摘自久美吉多杰编著的《藏传佛教神名大全》，青海人民出版社 2001 年版。

藏族人面对龙神强大的威慑，不得不对其虔诚地崇拜。无论在江、河、湖、泊，还是在井、泉、渠、塘，都要定期或不定期地举行祭祀活动，以此祈求和祝寿来年的五谷丰登、牛羊满圈、家人平安。

龙神大多为女性，她们生儿育女，形成庞大的龙的家族。苯教寺院中所供奉的九头鸟护法神，与龙神同属一类，被称作世界的皇后、最优秀的母亲。据载，苯教祖师辛饶弥沃且降临到人间后，与一个龙女结合，生一女儿名叫贤色菊。自此，“拥宗宝洲”的所有龙女行善而不害人，藏族地区平安无危，风调雨顺，连年丰收。

在人们的思想观念中，龙神又是财神，藏区大多数人家都供养龙神。据藏文史料和敦煌古藏文文献记载，第一代藏王拉托托日宁赛之前，藏王皆与神女和龙女联姻，繁衍藏人。自此王起，才与臣民通婚。第二十九代藏王没卢念德若，竟然也娶龙女为王后。这时的龙神显然已抹去了不断害人的精怪习性，成了善神。

在《格萨尔》中，格萨尔选择的下界父母，父亲是“念”的后裔，母亲是龙的后裔。由于龙得到了人们的崇拜，人们也喜欢用龙来命名。据说珠牡诞生时碧空中苍龙发出隆隆声，故取名为珠牡，意为龙女。由此可以看出，“念”和“龙”在藏族民间文化中的地位和影响是多么的重要和广泛，时至今日，人们还常常以鲁（龙）命名。

龙女走向人间

《天界篇》中记述，南赡部洲藏地的份内神神子脱巴嘎瓦（thos-pa-dgavi-da）已答应要降到人间，他的生身父亲是玛桑格卓神（ma-sang-ge-vdzo），母亲是龙女雅嘎孜丹（yal-ga-mtshes-ldan）。“为了将来降伏四方边地的非人和魔类，正如要以毒攻毒，以铁削铁，这也变成了同类的教化对象。所以，神子生作龙和念的儿子至关重要。为了实现以往的诺言，莲花生大师想到应去龙宫，设法求得龙女。于是，便拿传染龙病的药物，念了咒语，藏到黑牦牛的犄角里，投入玛旁湖（ma-pham-mt-sho）中，随即发出一声巨大的破裂声。由于这个缘故，下部龙界，到处都传染了龙病。”于是，“清净的龙世界”“流行起十八种瘟病”。后来莲花生大师亲自到龙宫，“这时，莲花生大师运用神通法力，一刹那工夫，便来到无热湖的第一道大门口，看见龙界的斯巴雍错湖（srid-pa-gyu-mtsho）里，右边躺着龙病，在不断地呻吟；左边睡着龙病，在呼号恸哭，龙首前伏后仰，辗转颤抖，龙尾翻来覆去，甩打不停，真是惨不忍睹”。于是莲花生大师为龙宫的龙族们准备了“各种树枝，各种净水，各种治病的药物，拿来用吉祥草装饰的金、银、铜、玉、水晶五种宝瓶，同时还要把白狮子、如意牛、牦雌牛、白绵羊和山羊的奶子、洁白无垢的供神台、右旋的白海螺、白色莲花瓣状的神馐和三节的白色神箭等，一一备办齐全”。莲花生大师“用净水洗涤，用香气烟熏，顷刻间，一切龙病全都消解，跛子跳起了舞蹈，哑巴放声歌唱，盲龙看见了大师尊容，聋子听到了声音”。莲花生大师的大恩大德在龙族们看来，“情重犹如胸中的心，报恩至末劫也未尽”。他们将无价的“如意宝珠十三颗，夜光宝珠十三颗，解热十三颗，普通宝珠八骡驮。黄金一十五万升，庵磨珠串无数多……”献给了莲花生大师，结果大师无动于衷。扬言：“你们不是有几位美丽的姑娘吗？把她们带来我瞧瞧。若有合我心意的，能不能把她送给我做供养？”最后，大师选准了龙王的三公主“雅嘎孜丹”。莲花生大师大展神通，“一眨眼工夫，龙女和龙宝都飞到了湖岸上”。①

龙女成为人间女子

在《天界篇》中记述，当莲花生大师从龙宫带着龙女雅嘎孜丹来到人间，他决定“应把龙女暂时托付给一家主人”，经占卜，把自己的帽子抛向天空，“径直落到了果部落热洛·顿巴坚赞（ra-lo-sdon-pa-rgyal-mtshan）的帐篷顶上”。于是，莲花生大师就将龙女托付给了热洛·顿巴坚赞，并唱道：

> 我是邬金莲花生，原本来自妙佛洲。
> 前来为利三界众，中途去到龙国土。
> 解救龙病消苦痛，龙王报恩献龙女。
> 最后来到果部落，跟你结缘实必须。
> 雅嘎孜丹龙姑娘，做你热洛顿巴女。②

说完后，莲花生大师“化作一道白光，消失于西南天空而去”。这位从龙宫来的龙女，也就做了天神之子格萨尔的母亲（见图 19）。

图 19　龙女廓姆生下了格萨尔　丹曲摄

---

① 王兴先主编：《天界篇》，《格萨尔文库》（藏文版）（第一卷），甘肃民族出版社 2000 年 9 月版，第 412—429 页。

② 同上书，第 431 页。

格萨尔龙宫取宝

这个故事，笔者在第一章中已经举过，在《取宝篇》中，为了岭部落的人们过上幸福生活，格萨尔决定到龙界去取宝。岭部落的人们把他送到湖边，格萨尔骑上赤兔马，眨眼工夫就到了水下龙城。只见城堡的中央有龙王的宫殿，各种珠宝，光芒四射。龙王亦很神通，早已知道格萨尔要来，就将格萨尔迎进宫去。格萨尔为龙界成千上万的龙族百姓传授了“息灭龙苦的十种至深法要和三类解脱秘诀”，使他们从“疾病的苦难中解脱了出来”，之后，“格萨尔大王宣读了所需宝藏的名目”，龙王“打开了密封的龙宫内库，取出各种宝物，献给了格萨尔大王”。[①]于是，格萨尔就将各种珍宝带回到岭国。

从故事描述可以看出，所谓的龙界，其实离岭部落的现实并不遥远。按照《格萨尔》所说的，为了使格萨尔在人间“神子生作龙和念的儿子”，为了使格萨尔的母亲——龙的女儿“雅嘎孜丹”来到人间，佛教密宗大师莲花生，通过向龙宫投毒的手段以达目的，他将“染龙病的药物”“念了咒语”，“藏到黑牦牛的犄角里，投入玛旁湖中”，引起了龙宫的震荡，从而完成这一大业。

文中提到的“玛旁湖”、“无热湖”以及“斯巴雍错湖”，都是雪域高原实实在在的湖泊。阿里地区的“玛旁湖”，在部分藏族史料中也称作“无热湖”。原本还在岭部落的格萨尔，骑着赤兔马，通过龙宫的大门“湖”，一会儿工夫也到了龙宫，取出了珍宝，给岭国人民带来了财富和幸福。

这段史诗还反映了，龙宫是财富的象征，圣湖是通往龙宫的门户，若要得到财富，富国裕民，只能通过湖这个从人间到达龙界的通道，才能抵达龙宫，获取财宝，使岭国人民过上幸福安宁的生活。久而久之，湖也直接成为神的居所，并似乎与龙宫成同一的概念了。湖的地位由此更加崇高和神圣了，人们将美好的愿望和憧憬寄托在它的身上，是完全符合逻辑和情理的。

---

① 王兴先主编：《取宝篇》，《格萨尔文库》（藏文版）（第一卷），甘肃民族出版社 2000 年 9 月版，第 690 页。

二 生育信仰的表现

从古至今，人们最关心的大事情不外乎对生命的维持和延续。那种生生不息的力量，则被认为是维系宇宙不坠，维持人类不灭的根本。藏民族对灵魂的理解和对生命的认知更是独具一格。

首先，从龙宫和圣湖的相互喻指来看，在《天界篇》中，莲花生大师为了使龙女“雅嘎孜丹”尽快来到人间，使格萨尔投胎降生，便采取了先投毒再消灾的策略，以赢得顶宝龙王的信任，激起龙王的感激之情，最终达到目的。莲花生大师顺利地将“雅嘎孜丹”领到了人间，安排在了热洛·顿巴坚赞家中。“雅嘎孜丹”从龙宫和湖泊中走来，她生育了天神之子格萨尔，成就了格萨尔降妖除魔的大业，使岭国的人们过上了幸福生活。在《格萨尔》中，那些格萨尔说唱艺术家们将龙宫的龙女巧妙地安排，使她通过“圣湖”走向人间的“岭部落”，使龙女成为人间女子。英雄的母亲被称作顶宝龙王的女儿，这种巧妙的安排，不仅是宗教感染力的需要，而且还是生育信仰的一种具体表现，这些是在深刻的宗教信仰背景和深厚的传统文化内涵的共同孕育下产生的。

其次，从岭国三部落来源的神话与传说来看，《巨人三兄弟的故事》和《三兄弟娶玛沁奔热的三公主的故事》，都用众多的笔触着重赞美了繁衍人类的母亲的高尚和伟大。前者不仅用形象生动的语言讲述巨人兄弟扎陵、鄂陵的来历，还大胆地讴歌了他们的母亲“黄河”的优秀品质。后者则形象地描述了岭部落的祖先是“藏民六姓”中的穆波董氏的后裔董·拉叉根保，拉叉根保的三个儿子分别娶了玛沁奔热山神的三位公主为妻，形成三户人家，他们来到玛域地区后，演化成为岭国的三大部落。这些故事暗含了三位公主的神奇和伟大。此外，在藏族的传统观念中，圣湖不仅可以寄托人们的灵魂，同样，还具有与人一样的生育能力。“在这种思维的驱使下，形成了色彩纷呈的藏族湖泊生育神话。”如《纳木错的传说》，故事讲述了很久以前，有一位美丽的牧民女子，常常在藏北草原放牧。一天夜晚，她梦见一位穿白袍、骑白马、戴白帽的汉子从念青唐古拉雪山上下来和她交合。不久，她生下一子……后来，这位牧民女子按照神的旨意来到纳木错边，一位漂亮女子从湖上走来对她说“四月十五日到普苏隆（纳木错北岸）来领孩子”，后来果然应验了。这里蕴含着深刻的文化内涵，孩子从湖中生，实质上反映了圣湖具有生育象征。为此，藏历的每月十五日是绕转纳木错的好日子，其中就有不育妇女是前来祈求圣湖保佑、赐子的（见图20）。据调查，到林芝地区的错高湖转湖求子的朝拜者们，转湖时口中还念着“请赐给我一个女儿”的话语。[①] 西藏那曲索县还流传着“七龙女生殖石”的传说。2000年8月24日当笔者与《话说〈格萨尔〉》的摄制组的人员来到索县时，镇长阿旦和女艺人玉梅的舅舅永旦带我们到索河河边找到了传说中的“七龙女生殖石”，该石为白色，埋入地下40厘米，有七条缝，预示着七个女性生殖器。传说，格萨尔的王妃珠牡出生时，有个七龙女为她沐浴，然后七龙女飞上天去，留下了“生殖石”。[②] 诸如此类，不胜枚举。在人们心目中，圣湖是人们生命的源泉，也是人们伟大的母亲。雪域高原的圣湖，不仅孕育了光辉灿烂的藏族文化，而且成为人们物质生活和精神生活的重要依托。人们将自己的灵魂寄存在圣湖的这一观念，本身就表达了古代藏族先民对生命的崇尚。

图20　转湖祈求圣湖的保佑与赐子　张超音摄

---

① 林继富：《神湖与生育信仰》，《西藏民俗》1994年第4期，第50页。

② 2000年8月24日笔者在西藏索县采访了阿旦和女艺人玉梅的舅舅永旦。

三 母神形象的成熟

如果我们仔细地审视藏族的女神和湖神神话与传说，就会发现《格萨尔》的民族史与人类文化史的意义。藏民族有着非常丰富的人类起源母题神话，在藏族史料中的《猕猴与罗刹女》、《猕猴变人》以及《猕猴神话》等都含有人类起源的母体。毫无疑问，黄河源头《格萨尔》中的《龙女走向人间》、《龙女成为人间女子》、《三兄弟娶玛沁奔热的三公主的故事》以及《巨人三兄弟的故事》神话故事，是关于人类起源的母题，反映了黄河源头藏民族孕育生命和发展成长的光辉历程。

藏族除了有复杂的山神系统的神话故事外，还有许多女性山神系统的神话故事。如“长寿五姊妹丹玛女神群”的“七湖勉女神”、“湖勉五姊妹”、“九湖勉”，“拉曼才让五女神”和“十二丹玛女神”等女神系统，每组女神如珠穆朗玛的《五仙女》的故事一样，都有美妙的神话。这些特殊的女性山神系统，我们在第五章中再作详细的论述。

正是由于藏族特殊的生存环境与民族发展历程，藏族的神话也就更具民族学与神话学的重大价值。钟敬文先生发现了《女娲娘娘补天》神话后，非常欣喜，认为这是极其珍贵的“民族学志的新资料”，并对藏族神话作了宏观评述：既有简单的、肤浅的，甚至是孩子般的纯朴，也有希腊神话那种诗一样的美妙，也有古日耳曼神话那种冥幻阴沉的伟大，还有印第安人神话那种光怪陆离的缤纷画面。[①] 处在这世界屋脊的大自然里，尽管人们的生命变得极其渺小，但人们的妥协显得更加谐和，从而减轻了人与自然对立所带来的巨大压力，塑造了许许多多的神灵鬼怪，让他们担负起沟通人与自然的感情，以达到心灵上的安慰。这种信仰完成了古代先民自身有限的生命向大自然无限的生命力过渡的精神建构。无所不在的山湖神灵都与人类一样，都成为大自然的子民，那些永生无悔地匍匐于圣山圣湖殿堂的藏族先民，扔掉的只是人类的有限性，但同时却获取了足以消除人类有限性的生命精神，获得了符合大自然规律的人类起源认识。

---

① 钟敬文：《民间文学论集》，上海文艺出版社1982年版，第162页。

总之，黄河源头流传的民间文学作品包括《格萨尔》，以其对母神形象的成功塑造和建构，显示了藏族先民追忆与崇拜女神时代、确认世界与人类的起源同质、全面建构女神的人性特征等文化意义，有力证明了作为中华民族一员的藏族在文化传统上与中华母性文化的整体性与一致性。

第三节 黄河源头的岭部落
——藏民族对人性的肯定

一 玛曲——传说与研究

《降霍篇》中，霍尔白帐王为了夺取珠牡，派赛沃鸟前去岭国侦察，8天已过杳无音信，大将辛巴亲自“从白帐、黑帐、黄帐三个军营各抽调一百名骑士”分头去找，最后在石山的缝隙中找到了“那只被射去了尾翎，羞得不敢回家的赛沃鸟”。赛沃鸟被带回军营后，羞羞答答地说道：“这次我去岭国探听军情，历尽千辛万苦，饿得已经无力说话了，请白帐大王赐给我一具人尸，请黑帐大王赐给我一具马尸，请黄帐大王赐给我一桶脓水和鲜血，允我吃饱喝足了再说！”赛沃鸟吃饱后，将岭国的情景述说给了白帐王：

我飞往岭国的花花岭，那是南赡部洲中心地，
那是高原吐蕃发祥地，长江黄河发源在那里。
玛域上部连着天竺国，天竺本是法运形成地。
高山峡谷下面连汉地，汉地财富丰盛兴贸易。
南面边界连着阿底戎，那里五谷丰等人畜旺。
这边与我阿钦滩毗连，兵强马壮威名传四方。
白岭实力能与汉印比，地势高险雄关隘口坚。
上有保护神山十三座，下有巍峨险峻九座山，
中有六山高耸入云端。
河脑上部如同狮子胸，下有六条河水流的欢。
河阳白岩九重山矗立，河阴森林茂密千嶂暗。
下河三道神谷相交汇，河腰是羊羔的喜乐园。

玛嘎勒有上部神仙原，玛嘎雅有花花老虎滩。
还有幽暗黑谷绕宗城。
著名险地要冲就这些，其余天然屏障数不清。
黄河之水如铁流，滚滚波涛泻千里。
小浪好像苍狼跑，大浪犹如滚岩石。
两岸悬崖魔张嘴，势如死象欲倒地。
看似鳄鱼把腭弹，更像龙魔在叹息。
千里黄河湾对湾，湾湾都有讲经场；
千里黄河湾对湾，湾湾都有刑法场；
千里黄河湾对湾，湾湾都有跑马川；
千里黄河湾对湾，湾湾都有习射滩；
千里黄河湾对湾，湾湾英雄有豪言。①

唱词提到的“花花岭”国是“南赡部洲中心地”，也是“吐蕃发祥地”，“长江黄河发源在那里”。在岭国“有保护神山十三座”，还有“滚滚波涛泻千里”的黄河。在“湾对湾”的黄河源头，有岭国的“讲经场”、“刑法场”、“跑马川”、“习射滩”等，仿佛岭国的神奇和黄河的壮丽都逼真地展现在我们面前。

玛曲的源头与传说

玛曲发源于巴颜喀拉山山脉北的格姿各雅山，源头五泉喷涌，汇聚成流，名卡日曲，东流转北，与约古宗列曲汇合称玛曲河，入星宿海，再东流入扎陵、鄂陵二湖，然后经马多、达日、甘德、玛沁、久治出州，果洛州境内全部流程 760 公里，占黄河总流长的 17.77%，人们称之为“玛曲”。玛曲西南出果洛境到达甘肃省甘南藏族自治州，然后急转向西北流去，又进入青海省境内的河南蒙旗、海南州、循化撒拉族自治县再折入甘肃省，形成绕积石山脉的第一大河曲。果洛人形容玛曲河曲，像一只蜷曲着身子静卧在草原上酣睡的绵羊，人们就世代吉祥地生活在蜷曲的绵羊的温暖怀抱之中。

---

① 王兴先主编：《降霍篇》，《格萨尔文库》（藏文版）（第一卷），甘肃民族出版社 2000 年 9 月版，第 950 页。

传说，很久以前，黄河源头一带居住着藏族先民一个姓“玛”的部落，因为黄河源自那里，所以人们把它叫作“玛曲”，“曲”是水的意思。①

人们称黄河为“玛曲”（Rma-qu），有人认为“玛曲”的“玛”意即“黄”的译音。其实不然，“玛曲”为藏语，“玛”的真正来源可能是“玛沁奔热”雪山的“玛”；“玛曲”也有“孔雀河”的说法，“玛”指“玛夏”即孔雀；“曲”指“河”和“水”。故“玛曲”也叫“孔雀河”。据历史自然地理学家的考证和研究，在7000—3500年前，西藏高原上湖泊十分发达，人类活动遗迹分布很广，在今藏北北部无人区有细石器的发现。另外，在青藏高原发现的植物花粉和今天早已绝迹的獐、羉羚、马鹿等喜暖气候的动物的遗骸，说明当时青藏高原气候较今温暖②，具有孔雀生存的条件。而关于玛曲源于孔雀的故事，至今还在黄河源头的人们中广为流传。故藏族称这里的滩为“玛域”滩，把流经这个滩的水叫“玛曲”。

很久以前，青海西部的雅拉达泽山上牧草肥美，森林茂密，山坡上有一座金顶铜柱的殿宇，是大头人更登的庄寨，庄寨四周有很多武士守护。头人有着大片草原和数不清的牛羊马骡，雅拉达泽山所有的牧民都是他的塔娃（奴隶）。人们常常饥饿而死，16岁的“乌拉”（差役）玛夏姑娘，看着每天有饿死的亲人既愤慨又伤心，见头人就大胆说：“更登老爷，救救百姓们的命吧！请你行行好事，死的人太多啦！你仓库里的糌粑能吃100年，拿出很少的几袋子青稞，就会救活快死的百姓。”头人回答说：“嘿！瞎老鼠碰见大狮子也要说大话，小麻雀见了山鹰还唱拉伊了。嘿！尕丫头长了虎胆，还想和大头人面对面地说话，简直是造反了！叫你们穷鬼都饿死吧！我更登的领地上有比河里沙子更多的百姓，都死光了，我省下更多的青稞喂狗呢！”玛夏气得浑身发抖，决意去求山神的女儿俄尕卓麻帮忙。玛夏趁夜深人静时偷偷从庄寨墙根的水洞里爬出，冒着漫天飞雪，走完了滩又进峡谷，她陷入雪坑失去了知

---

① 《果洛藏族自治州地方志》编纂委员会编：《果洛藏族自治州志》（上册），民族出版社2001年9月版，第103页。

② 邹逸麟：《中国历史地理概述》，福建人民出版社1993年版，第4页。

觉。一阵巨响惊醒了昏迷中的玛夏。睁眼一看却躺在美丽仙女的怀中，仙女治好了她的伤口，并为玛夏披上一身五彩缤纷的孔雀羽毛的衣服。她跪在地上请求说："我要求见山神的女儿俄尕卓麻，求她救救头人领地上快要饿死的百姓们，我吃饱穿暖是一个人，只要百姓们不穿破衣不饿肚子，我吃草根也甘心！"于是俄尕卓麻送给了玛夏一把孔雀尾翎毛一般的扇子："有了它，你的亲人和受冻挨饿的牧民们就会吃上糌粑和酥油，可你永远是一只孔雀，回不到你的故乡和亲人们的身边了。"俄尕卓麻轻轻地吹了一口气，玛夏化作一只绿色羽毛的孔雀，扇子就变成她的尾巴。俄尕卓麻又派了64只孔雀帮助玛夏去解除牧民们的苦难。于是她们告别了俄尕卓麻，展翅飞向牙拉达泽大山，当她们顶云穿雾飞过大草原时，牧民们看到的是一片耀眼奇特的彩云，云层中响起梵乐的音响。孔雀飞到雅拉达泽山顶，盘旋在更登头人的金顶庄寨上空，他们遵照俄尕卓麻仙女的嘱托，施展法术，拍打着翅膀，把各种皮毛、青稞、绸缎、酥油、曲拉、甜糖、酸奶等，从更登的庄廓里扇出来，飞到四面八方牧人的帐房前落下来。饥饿的众百姓紧抱着从天上飘落下来的食品和衣服，玛夏姑娘时而变成孔雀，瞬间又变成玛夏姑娘。牧民们个个双膝跪地，祝愿说："慈祥的神佛，愿你长生。"

当更登在酒后的昏睡中被大管家和卫兵们唤醒后，得知失掉了所有的财宝。他用毒箭向孔雀姑娘们射击，射中了的孔雀从高空中摔落下来，尸体落地后变成了碧清透明、色似孔雀的小湖。据说，现在的玉树曲麻莱地区星罗棋布的小湖就是孔雀姑娘们的化身。牧人们悲痛地哀求着："我们的好玛夏，快躲开魔王的毒箭远飞吧！"玛夏躲避着飞来的无数支利箭，大喊道："我决不远飞，亲人们，不铲除更登，雅拉达泽山根草原上永远不会有金银般平安的日月。"玛夏和剩余的孔雀们尽最后的力量扇动翅膀，更登的金殿被扇倒了，江河之水被扇向空中，一时水浪滔滔淹没了更登的庄寨和所有的财产。更登在巫士妖术的帮助下，变成了一只凶恶的秃鹰飞向孔雀姑娘们，孔雀一个个被啄身亡。牧民们用利箭射中了秃鹰的眼睛，秃鹰栽到地下，被牧人们砸成了肉泥。满身是伤的玛夏也从高空掉下来，面带着微笑永远地闭上了眼睛，牧人们举行了葬礼。玛夏的遗体化成了一股股清泉，汇聚成一条大河向东方流去，成了一条世世代代纪念她的孔雀河。孔雀河的河底是红的，据说是秃鹰的血染的，因此人们又叫它红水河。这条孔雀河就是黄河源头的一支漫长而清澈的支流，牧民称之为“玛曲曲果”，意为“孔雀河源泉”。①

玛曲的研究

早在远古时期，人们对黄河的认识已达青海的大积石山。《尚书·禹贡》有“导河积石”之说，禹贡“导河”所致之“积石”，即今果洛境内的阿尼玛沁山，亦称大积石山。《山海经·海内西经》云：“昆仑之虚在西北，昆仑之虚，方八百里，高万仞……河水出东北隅，以行其北，西南又入渤海，又出海外，即西而北，入禹所导积石山……”《尔雅》载：“河北昆仑墟，色白，所渠并千七百一川，色黄。”据以上古代史籍记载，“河出昆仑”之说与今黄河发源地较为接近。

汉武帝时期，曾先后两次遣张骞出使西域，在西行路上对河源也予以关注。元狩元年（前122年）张骞第一次出使西域，被匈奴所羁居留了13年后出逃，经过艰苦跋涉回到了长安。张骞向汉武帝报告了西域的风土人情，说：在于阗之西，诸水都向西流注于西海，于阗的东面诸水则都东流注入盐泽。盐泽潜行地下，至其南的昆仑山地域再露于地表，为河的源头。盐泽离长安约有5000里（《史记·大宛列传》)。《资治通鉴》亦有相同的记载。《汉书·西域传》记载：“其河有两源，一出葱岭河山，一出于阗。于阗在南山下，其河北流与葱岭河合，东注蒲昌海。蒲昌海一名盐泽者也，去玉门阳关三百余里，广袤三百里。其水亭居，冬夏不增减，皆以为行地下，南出于积石，为中国河云。”这里的盐泽指今天已干涸的罗布泊。可见，《史记》、《汉书》都认为黄河源头应在西域的罗布泊，是“重源潜发”而出于积石。由于《史记》、《汉书》在中国史籍中的地位很高，其误说影响了后世很长时间。据现代勘测资料，罗布泊湖面海拔为768米，而星宿海海拔4318米，积石东黄河首曲的海拔为3429米，两处分别比罗布泊水面高3550米和2661米。显然罗布泊之水是不可能从低处远越数千里重嶂，潜发于积石或星宿海的。

到魏晋南北朝时期，人们已认识到黄河发源于西南羌中，据西晋张

---

① 邓本太主编：《三江源探秘》，青海人民出版社2002年12月版，第208页。

华《博物志》载："黄河源出于星宿海，初出甚清，带赤色，后有诸羌之水注入其中而使水发浊。"杜预《春秋释例·土地名》载："黄河出西平郡西南二千里。"西平郡治所在今青海西宁，从西平向西南2000里，其方位、里距，均与今黄河发源于巴颜喀拉山北麓的方位一致。这时人们已纠正了汉代河源出于西域葱岭或盐泽等不正确的观点。

隋唐时期，国力的强盛及与吐蕃的文化交流，促使人们对黄河源有了进一步的认识。唐贞观九年（635年）因吐谷浑犯境，唐以李道宗和侯君集率军反击，大败吐谷浑，唐军乘胜追击至河源柏海，即今日的扎陵湖，李道宗和侯君集在星宿海驻扎，并登柏海之上，望积石山，观河源。贞观十五年（641年），文成公主入藏，由礼部尚书江夏王李道宗奉命持节护送，藏王"弄赞率其部兵次于柏海，亲迎于河源"（《旧唐书·吐蕃传》）。唐时人们已将柏海与河源紧密连在一起了，而且对黄河发源地的正确方位的认识已接近实际，并有了明确的认识。

元世祖在统一全国的第二年，派荣禄公都实前往探察河源。经过半年多辛苦探寻，其到冬天回奏并附有地图，明确指出：黄河发源于星宿海。但是，朱思本则从八里吉思家的帝师所藏藏文图书中得知：藏族人民并不以星宿海为黄河源头，而是远在其西南百里之外，比都实所探河源远了一百多里。

明洪武十一年（1378年），朱元璋派宗泐和尚到西域求经，四年后其过河源赋有《望河源诗》，据其诗序说："河源出自抹必力赤巴山，番人呼黄河为抹处，牛河为必力处，赤巴者，分界也。其山西南所出之水，则流入牛河；东北之水，是为河源……其源东抵昆仑可七八百里，今所涉处尚三百余里，下与昆仑之水合流。"藏语"抹处"即今日之玛曲（孔雀河），牛河即通天河，藏语称之为"必力处"。抹必力赤巴山即巴颜喀拉山，西南之水入牛河（长江），东北之水为河源。看来河源出自巴颜喀拉山被确定无疑。

清乾隆二十六年（1761年），原礼部右侍郎、翰林院编修齐召南，总结前人资料写成《水道提纲》，对河源及扎陵湖、鄂陵湖的位置与名称的由来作了最为详细的叙述。指出："黄河源出星宿海西巴颜喀拉山之东麓，二泉流数里，合而东南，名阿尔坦河，南流折而东，有小水自西南来会……又东流数十里，折东北流百里至鄂敦他拉，即古星宿海……自河源至此已三百里。星宿海于群山围绕中……阿尔坦河自西南来，皆汇阿尔坦河。东北汇诸泉水……东南流注于查灵海，自海东南流出五十里，有一水合三河，自东来汇。又东南折而东北，与东南来之喀拉河，并东北为鄂灵海。”这里描绘的黄河正源阿尔坦河其流向、方位、里跨与卡日曲相投，并探知河源最终注入扎陵湖与鄂陵湖，而后向东奔去。关于扎陵湖和鄂陵湖，在清光绪十年（1884 年）俄国人普尔热瓦尔斯基率 21 人的探险队，曾由蒙古经宁夏潜入青海西部，越过布尔汉布达山至河源星宿海东口，南行到通天河，六月返回，途经扎陵湖、鄂陵湖南沿，对其地理位置作了准确的描述：“关于这两个湖，中国人早就知道它们的名字——西部的叫扎陵湖，东部的叫鄂陵湖。”的确，世代生活在这里的藏族人民不仅知道这两个湖，而且还有许多美丽的传说。

当人们搞清了扎陵湖、鄂陵湖两湖与黄河的关系后，对黄河源头的探索并没有就此画上句号，为了更进一步地了解黄河正源，乾隆皇帝于 1782 年派大学士阿桂的儿子乾清门侍卫阿弥达前往青海，让他务必探清河源正源并绘制地图，上奏于朝，以使朝廷去祭祀河神，安定天下。于是阿弥达取道青海越鄂陵湖和扎陵湖向西走去，来到了鄂敦他拉东界，即星宿海东。经查探，在鄂敦他拉，共有三溪流出，北面及中间流出者，水为绿色；从西南流出者水为黄色。于是沿着黄色水系向其上游走四十余里，水伏流于地下，沿其痕迹又行二十余里，又见黄色水溪涌出，又行三十余里，就到了噶达素齐老地方，此是通藏大路。西南有一山，山间有泉流出，其色黄，其水名阿勒坦郭勒。阿弥达就此断定这为正源。于是，喜出望外，马上上奏乾隆皇帝说：“阿勒坦郭勒之西，有巨石高数丈，名阿勒坦噶达素齐老，蒙古语：噶达素为北极星；齐老，石头之意。其崖壁黄赤色，壁上为天池，池中流泉喷涌，酾为百道，皆作金色，入阿勒坦郭勒，则黄河之上源也。”于是，乾隆皇帝根据阿弥达探河源的成果，令编纂《四库全书》的纪昀等人集两汉至清各家河源辩证诸书，最终编成《钦定河源纪略》，共三十五卷。后此书收入《四库全书》之中。钦定的河源舆图记载：黄河发源于巴颜喀拉山东麓噶达素齐老峰，这在国内和世界上都领先一百七十年。

其实，黄河在中国古籍中称“河”。《汉书》里始有“黄河”之名，因河流经黄土高原，挟带大量泥沙，水浑色黄，故而生活在黄河中、下游地区的人们称其为黄河。而生息在上游河源一带的藏族同胞根据当地景观称其为“玛曲”。地处黄河流域的北部中国，因受山川、风土、气候的影响，加上地区开发早，物质文化多有积累，各民族包括游牧部族都有着广泛接触，为这一地区人的气质形成、个性发展和精神熔铸提供了独特的客观条件。

中华人民共和国成立之后，为了更好地了解黄河，造福人民，国家成立了黄河水利委员会，并组织勘查队对河源作了进一步查勘。经过艰苦细致的科学勘察，指出：黄河不是发源于噶达素齐老峰山下的星宿海，而是发源于雅拉达泽山东麓的约古宗列曲，肯定了黄河的发源地。1983 年 2 月上旬，新华社和《人民日报》又播发了“黄河河源科学考察”的报道，指出：黄河源头不是“发源于雅拉达泽东麓的约古宗列曲”，而是发源于巴颜喀拉山脉各姿各雅北麓的卡日曲。由此而引发了黄河源头到底在哪里的争论。直到 1985 年，黄河水利委员会根据历史传统和各家意见，最终确认玛曲为黄河正源，并在约古宗列盆地西南隅的玛曲曲果树立了河源标志。可见，孔雀河源原为黄河的正源。①

黄河，是中华民族的摇篮和中华民族伟大精神的象征，她孕育了博大精深的中华民族文化。自古迄今，有多少文人墨客面对着她发出了流传千古的慷慨，如“黄河远上白云间，一片孤城万仞山。”“黄河之水天上来，奔流到海不复回。”“黄河怒浪连天来，大响肱肱如殷雷。”这些千古绝唱，不仅表达了人们对黄河的依恋和向往，同时，也激发了人们对河源秘密探索的愿望，并不畏千辛万苦上下求索。

二　从三弟兄到岭国三部落

《格萨尔》中的许多故事和传说都与牧民的生活紧密相关，人们通过对英雄人物的描述，来阐释他们对生活的理解和对美好生活的向往，表达了人们对真、善、美的追求。人们自小就在这种文化环境中成长，自觉不自觉地接受着传统文化的熏陶，成为民族文化的载体和传播者，他们勤劳、勇敢、诚实、助人的优秀品德成为人们共有的财富，也成为

---

① 邓本太主编：《三江源探秘》，青海人民出版社 2002 年 12 月版，第 204 页。

中华民族优秀文化中的重要组成部分。正是他们这些优秀文化传统的积淀，才逐步酝酿和形成了经久不衰的英雄史诗《格萨尔》。而恰恰是这块神奇而芳香的土地，才产生了史诗中岭国值得骄傲的岭国三大英雄部落。

三弟兄的记述

《格萨尔》贵德分章本的开篇中讲到了天神三弟兄的故事，这则故事与岭部落的起源有密切的关系。很久以前，天国里住着白梵天王，他的妃子叫棚迥洁毛，夫妇生下了三个儿子：长子名叫东尕，次子东雷，幼子东主尕尔保。他们兄弟三人都是好样的，尤其是东主尕尔保，虽然年幼，但聪明英俊，膂力过人，诸般武艺，样样精通。他下凡人间之时，正处在一个非常混乱的时期，妖魔鬼怪到处横行，善良无辜的百姓备受欺凌迫害，不能安居乐业。大慈大悲的观世音菩萨怜悯人间苦难的百姓，和白梵天王商量，派遣他的一个儿子下凡人间，降妖伏魔，救护生灵。天王虽然同意派子下界，但不便具体指名，于是让他的儿子们自行商定。他们兄弟三人经过射箭、抛石头、掷骰子等比赛，最终下界的任务落到东主尕尔保身上。棚迥洁毛得知东主尕尔保要下凡，便告诉他，人间不像天国幸福，先下去看看，如果确实太苦，就另外找人顶替。于是，东主尕尔保变成一只鸟，飞到人间去察看。回到天国后，向父母禀报他所看到的情况，下决心要到人间，为民造福，并向父母索要马匹、弓箭、盔甲等物，之后立即死去，投生人间。他投生于岭尕的僧隆家中，出生之后取名角如，少年时代赛马称王，成为岭噶的首领，尊号格萨尔。①

岭国三部落

格萨尔称王前的岭国，其社会组织是以董氏（gdong/ldong）部落为中心的若干较小部落的联盟，董氏部落为盟主。其他氏族部落有达戎（stag-rong）十八大部落、丹玛（vdan-ma）十二万户部落、戎哇（rong-pa）十八大部落、珠（vbru）部落、果（vgog）部落、噶（sga）部落、噶德（dgavi-bde）部落、高觉（go-vjo）部落、甲纳（lcags-nag）部

---

① 王沂暖、华甲译：《格萨尔王传》（贵德分章本），甘肃人民出版社 1881 年 3 月版，第 8—20 页。

落、嘎如（dkar-ru）部落、那如（nag-ru）部落、嘉洛部落、鄂洛部落、卓洛（gro-lo）部落等。董氏部落的盟主地位在史诗中有非常明确的记述：

岭国共有六部落，分为长中幼三支。
同是却潘后代孙，宗族始终无变异。
三王系像黄金匣，又像头上宝瓶子。
所言句句含义深，所做全是公共事。①

那么，岭国共同的祖先是如何来的？这在史诗中也交代得非常清楚："上溯四穆波冬族的历史，它的第一代大王名叫曲潘那波（chos-vphan-nag-pu），曲潘王共有三个妃子：大妃是赛萨（gser-bzav），二妃是翁萨（vom-bzav），小妃叫姜萨（spyang-bzav）。赛萨生的儿子叫拉亚达尕（lha-yag-dardkar），翁萨生的儿子叫赤江巴杰（khri-spyang-dpavi-rgyas），姜萨生的儿子叫札甲本梅（dgr-rgyalvbum-me）。从这三位王子开始，白岭国地方便形成了长支、中支、小支三大部族。"

人们也许要问，格萨尔王出生于哪一系中？这要从幼系说起。"小支首领札甲本梅的儿子叫托拉本（thog-lha-vbum），托拉本的儿子叫屈拉本（chos-lha-vbum）。屈拉本娶绒萨（rong-vzav）、嘎萨（sga-bzav）、木萨（rmuu-vzav）三女为妻。绒萨生了绒擦叉根，他是一位很有名望的大班智达转生……所以，虽然出生在地位低下的小支家族中，却被领地的公众尊为首领。嘎萨生了宇杰（gyu-rgyal），在霍岭战争中战死沙场。木萨生的儿子名叫僧隆（seng-blon）……他是战神聚集的堡垒，也是护法神依身的灵魂石……总管王绒擦叉根娶潘萨梅朵措为妻，生下三子一女。长子叫玉潘达杰，次子叫连巴曲杰，幼子叫昂琼玉杰，女儿取名拉茂玉珍。僧隆娶了汉族姑娘拉尕卓玛做妻子，在癸丑年的十二月十五日，生下了一位王子。"② 其名叫"贾擦夏尕尔"，后来僧隆又娶龙女

① 王兴先主编：《诞生篇》，《格萨尔文库》（藏文版）（第一卷），甘肃民族出版社 2000 年 9 月版，第 435 页。

② 同上书，第 433 页。

廓萨为妻，生下了觉如，即后来的格萨尔大王。

三　三部落渊源的传说

在《赛马称王》中讲到，岭部落的源头可以追溯至阿尼玛沁山神的三个公主那里。最初有“藏民六姓”中的穆波冬氏的后裔名冬·拉叉根保，他有三个儿子，曲潘那波、屈拉潘、喇嘛潘分别娶东方玛沁奔热山神的三位公主为妻，形成了三户人家。拉叉根保年迈，住在另一处，由三个儿子轮流赡养。一天，拉叉根保让三个儿媳分别到玛沁奔热山神的上中下去找寻，并把找到的东西拿来给他看。大媳妇从上部找到一根一扎长的金轭，二媳妇从中部找到了一把柽柳，三媳妇从下部找到了一条狼尾。当老人看了她们捡到的东西后，非常高兴地说：这是一个极好的缘起，他的后代中将会出现一名倡导佛教、利乐众生、镇压黑教的佛人。这个人当然是指格萨尔了。找到的三样东西，也有寓指，那就是岭国的部族。从上部找到的金轭，象征上部形成塞巴八族；从中部找到的柽柳，象征中部形成翁布六族；从下部找到的狼尾，象征下部形成木江八族。后来由于外族侵扰，冬氏家族被迫迁徙，途中拉叉根保老人掉队，等三兄弟返回寻找老父时，父亲已被狼群吃掉。这个故事与中国汉族的四大名著《水浒》中李逵背母去梁山途中老母被狼所吃的情节极为相似。

于是，三兄弟抬着老父的尸骨走到玛域，在一处水草丰茂的地方驻足，他们将父亲的尸骨置于一眼清泉当中后，在那里勤俭持家，繁衍生息，由冬氏三兄弟发展成上中下三大部落，穆布冬氏族姓，起名为岭。①

这三（两湖）湖、三弟兄、三公主以及三部落的创作安排，都是有特殊含义的，不是凭空臆造的，而是以当时真实的现实为创作原型的。

由此可以看出，三湖、三弟兄、三公主以及三部落中的“三”，有一种特殊的意义在里面。他告诉人们，岭国的三大部落，还源于共同的

---

①　青海省民间文艺研究会收集，青海民族出版社整理：《赛马称王》（藏文版），青海民族出版社1981年3月版，第1—30页。

祖先，后逐步发展为众多的支系部落。他们塑造的英雄形象，随着社会历史的发展由模糊变得清晰起来，栩栩如生，成为人们心目中的偶像。

四 现实生活中美丽的象征蕴含着对藏民族人性的充分肯定

水是生命之源，作为黄河和黄河源头的三湖，不仅养育了生活在果洛地区的人们，更作为中华民族的母亲河哺育了整个中华民族，产生了享誉世界的中华文明。她既是生育之神，又是美的化身。我们在涉及黄河名称来历的《玛夏姑娘》的神话中看到，作为“乌拉”的玛夏姑娘，常常看到百姓被更登老爷压迫，饥饿而死，于是只好去求助于山神的女儿俄尕卓玛。美丽善良的玛夏姑娘，尽管在神女那里被变得美若孔雀，有吃有喝，但还是忘不了百姓的苦难。终于在神女的帮助下，玛夏化作孔雀勇敢地与变成凶恶庞大的秃鹰的更登老爷做斗争。代表邪恶势力的更登老爷终于被消灭了，但是玛夏面带着微笑永远地离开了人们。她的遗体化作了“一股股清泉”，瞬间汇成了“清流”，成了一条世世代代向东方流去的“孔雀河”。玛夏姑娘化作了孔雀，孔雀化作了孔雀河——黄河的源头。这看起来是一则悲壮故事，而实质上是一曲美丽的恋歌。生命是伟大和珍贵的，而伟大和珍贵的生命同样是美丽和灿烂的。高山上的冰雪，化作了碧蓝透彻的圣湖，而善良的玛夏姑娘同样化作孔雀河，自然的美与人性的美达到了和谐，得到了升化。

从《格萨尔》中我们可以看出，古代藏族先民有着自己的哲学观和宇宙构想。人们将宇宙分为天界、人界和龙界。其中的龙界就是水界，属于阴性，与下界有关的都属阴性。以这样的宇宙观念为基础和创作契机，将阴性的圣湖与女性同等，将圣湖与龙宫合二为一也就顺理成章了。其实，《格萨尔》中《龙女走向人间》和《三兄弟娶玛沁奔热的三公主的故事》也证实了这一点。前则故事讲述了顶宝龙王之女雅嘎孜丹从一个龙女走向了人间，化作了作为英雄格萨尔的母亲，经受了人间的酸甜苦辣。后则故事讲述了作为念神之女的三位公主，与穆波冬氏的后裔冬·拉叉根保的三个儿子结合，繁衍了岭国的三大部落。龙神、念神转化为人，表面上看来，有着宗教的含义，实质上却蕴含了哲学的内涵，这是藏民族肯定人性的充分表达。降边嘉措先生说：“《格萨尔》突出地表现了古代藏族人民企图征服自然、主宰自己命运的强烈的自我意识，以及他们所进行的艰苦卓绝的斗争，表现了大无畏的英雄气概和奋发昂扬的民族精神。我坚持认为，正是在讴歌人的智慧和力量，崇尚人的价值和作用这一点上，《格萨尔》在思想性、艺术性方面所达到的高度、所取得的成就，远远超出了藏族社会所有的佛经文学。”①

其实，藏传佛教文化中也提倡肯定人性，超越自我，实现人的自身价值。如班班多杰先生所说：这样，藏传佛教的佛性论肯定了人具有达到最高的终极境界——佛界的可能性，人的生命具有无限的内在潜能，充分发挥自己生命的内在潜能就可以实现生命的自我超越，而最终达到“佛我统一的境界”，达到与真如实现相适应的境界，也即达到了佛的境界。佛的境界乃人的境界，这是说人与佛之间并不存在不可逾越的界限，人与佛并非天各一方，人完全可以通过自身的努力，即实践功夫，超越自己的有限性，上达佛界，实现人向佛的飞越。如此看来，人是天地间唯一具有价值自觉能力的动物。② 魂寄湖泊的灵魂观念，正是人们企图超越自己的有限性而对生命内在潜能的一种发掘，因此，其所表现的是对本民族人性肯定的文化内涵，即超越自我，实现人的自身价值。

---

① 降边嘉措：《走进格萨尔》，四川民族出版社 2003 年 8 月版，第 177 页。

② 班班多杰：《论藏传佛教的终极关怀与现实关怀》，《大乘佛教与当代社会》，东方出版社 2003 年 12 月版，第 68 页。

第三章 《格萨尔》所反映的灵魂寄存观念

人类对自然界、对人类自身的认识经历了一个不断深化和不断进步的历史过程，这个历史过程包含了从产生到发展再到成熟的不同发展阶段。在这个过程中，人们的思想观念也随之不断创新与发展。

无独有偶，藏族灵魂观念的出现，也是该民族在认识发展进程中的产物。藏族的灵魂观念，形式独特，内容丰富，体系深奥。藏族灵魂观念的影响渗透藏族文化的各个层面，其脉络触及藏族生活的各个角落，尤其在藏传佛教文化中体现得淋漓尽致。在藏族民间文化中，则更为世俗化、程式化、普及化。史诗《格萨尔》中，即将灵魂观念理解得更加世俗，表现得更加完美，运用得更加广泛。

藏族灵魂寄存观念的产生和发展还有着其特殊的地理和人文环境，这种观念在民间文学作品《格萨尔》中不仅承担了塑造人物形象的母体的重要角色，而且是构成《格萨尔》创作的重要基石，从某种意义上来讲，灵魂观念体现了藏族文化的重要特征。

第一节 古代藏族的灵魂观念和灵魂寄存观念

一 古代灵魂观念和灵魂寄存观念的界定

按照宗教学家的定义，灵魂是寓于个体之中，赋予个体以生命力，并主宰一切活动的超自然存在。[①] 灵魂观念是早期人类思想意识中普遍

① 吕大吉：《宗教学通论新编》，中国社会科学出版社1998年版，第109页。

存在的一种现象，也是一切宗教观念中最古老、最基本、最重要的观念之一，是整个宗教信仰赖以存在的基础。恩格斯曾经指出：

> 在远古时代，人们还完全不知道自己身体的构造，并且受梦中景象的影响，于是就产生了一种观念：他们的思维和感觉不是他们身体的活动，而是一种独特的、寓于这个身体之中而在死之时就离开身体的灵魂的活动。从这个时候起，人们不得不思考这种灵魂对外部世界的关系。既然灵魂在人死后离开肉体而继续活着，那么就没有任何理由去设想它本身还会死亡，这样就产生了灵魂不死的观念，这种观念，在那个发展阶段上决不是一种安慰，而是一种不可抗拒的命运，并且往往是一种真正不幸，例如在希腊人那里就是这样。①

灵魂观念是一种高度概括起来的抽象说明，因此灵魂观念是描述性的，即通过灵魂的具体活动形式和存在状态表达灵魂意义，才能成为一种实在的、为信徒所接受的行为。灵魂外寄正是这种关于灵魂的具体活动形式和存在状态的表现形式之一。

可见，灵魂观念在人类的幼年时期就已产生，而且在人们的思想意识中有着深刻的存在背景和广阔的存在空间。

据有关资料表明，关于灵魂外寄的概念，在国外各民族的早期民间文学作品中也有不同程度的反映。为什么将灵魂寄存在某种物体之上呢？英国学者詹·乔·弗雷泽在《金枝》中的回答是：

> 生命和灵魂居留身体之内，受伤害的机会较多，还不如藏在某个安全秘密的地方更为妥善。因此，在这样的情况下，原始人就把自己的灵魂从体内取出，存放在一个温暖舒适安全的地方，以确保平安，等危险过后再收回体内。或者如果他真的找到一个绝对安全

---

① 恩格斯：《路德维希·费尔巴哈和德国古典哲学的终结》，《马克思恩格斯选集》第4卷，人民出版社1977年4月版，第219—220页。

> 的地方，它就会放心地把自己的灵魂永远存放在那里。这样做的好处是，只要灵魂在那里不受损害，其人就将永生不死，因为他的生命没有放在体内，任何东西也不能使他死亡了。[①]

可以想见，作为古代社会普遍存在的灵魂观念和灵魂寄存现象是人类社会演进初期的反映，从本质上体现着早期人类的自我认识能力，以及对个人与外在世界关系的理解。从这个意义上讲，我们认为寄存观念乃是指人们为趋安避害所产生的一系列通过灵魂外寄而达到平安和永生的观念、意识和行为。

二 古代藏族的灵魂观念

与人类意识产生的规律不相违背，自古以来，藏民族也自然而然地形成了自己的灵魂观念。灵魂观念虽然是产生于原始社会的宗教形态，但并没有随藏族原始社会发展为阶级社会而完全消失，在以后的阶级社会直到近代，藏区还保留着比较多的原始宗教的“沉积物”，特别是在民间文学作品中，这种“活的化石”更是俯拾皆是。

藏语将“灵魂”称为“拉绍合”（bla-srog），其中包含三个概念：“拉”（bla）即魂、“绍合”（srog）即命、“南木西”（rnam-shes）即识三者。[②] 这分别是灵魂在不同条件下的三种称谓。《藏汉大词典》对这些概念都作出解释：“绍合”指命或生命。《俱舍论》和《律藏》等佛教经典将命解释为体中暖、识所依的主要根器，而其他经典则解释说，自体存活之力以及呼吸气息为命。命亦名寿或生气。[③] “南木西”指“识了别对境本体，分别思维各自所缘之心。总指眼识乃至意识等六识身”。（见图21）[④]

---

① ［英］詹·乔·弗雷泽：《金枝》，大众文艺出版社1998年1月版，第934页。

② 张怡荪主编：《藏汉大词典》（下册），民族出版社1993年12月版，第1915页。

③ 同上书，第2987页。

④ 张怡荪主编：《藏汉大词典》（上册），民族出版社1993年12月版，第1572页。

图 21 命神

摘自久美吉多杰编著的《藏传佛教神名大全》，青海人民出版社 2001 年版。

关于“拉”、“绍合”、“南木西”三者的论述，还见于不同的经论、典籍之中，如《俱舍论（mdzod）》记载道：“识（rnam-shes）所依是寿命（tshe-srog）”。《噶尔泽（dkar-rtsis）》中解释：“拉（魂）是韶（命）所依”。

“寿、命、魂三者”之关系在《藏汉大词典》中解释为：“佛书中以灯火比喻人生寿、命、魂三者互相依存之状，为寿如油灯，命如灯芯，魂如灯焰。”① 贡唐丹贝仲美大师的《俱舍摄义》记载：“命寿（srog-tshe）为一”。② 已故藏族学者毛尔盖·桑木丹认为：“无论如何，命与寿的区别有多种说法：一种说法，二者没有区别；另一种说法，前世之业果是寿，今世之业果是命。另外的说法是同属寿的范畴，不同时期生活的命等，有着许多解释。”③

在人们看来，附着在活人身上的灵魂为“拉”，“拉”可以理解为人的生命之本，也可以理解为一种个体的精神体现。一旦“拉”消失远去，等于其载体生命的终结；“拉”可以离开人体而远游，可以寄存在某种物体上。人们的“拉”之所以“不灭”，并不是单纯地指在一个

① 张怡荪主编：《藏汉大词典》（下册），民族出版社 1993 年 12 月版，第 2283 页。

② 恰日·嘎藏陀美整理：《贡唐丹贝仲美大师文集选编》，甘肃民族出版社 2001 年 12 月版，第 263 页。

③ 毛尔盖·桑木丹：《俱舍摄义释文》，民族出版社 1996 年 11 月版，第 73 页。

人死了之后，其“拉”才离开肉体，而是说即使是一个人活着的时候，他的“拉”可以离开其肉体而存在。离开的“拉”，不是去为神，也不是去为鬼魅，而是寄存于或动物或植物或物体之上。如寄存“拉”的树称为“拉香”（bla-shing）即“灵魂寄存树”，寄存“拉”的石称为“拉道”（bla-rdo）即“灵魂寄存石”；在史诗《格萨尔》中还出现“拉日”（bla-ri）即“寄魂山”，“拉错”（bla-mtsho）即“寄魂湖”，“拉仲”（bla-vbrong）即“寄魂牛”等。这个观念应当在更早的时候就已经成为人们意识中特定的组成部分了，因而，在《格萨尔》长篇叙事史诗中，多有非常生动而形象的表达。如《征服大食》中，珠牡在唱词中唱道：

上玛地荡漾着一湖泊，宽阔的水面上翻金波，
金色天鹅嬉水起又落，这是长系的寄魂湖泊。
中玛地荡漾着一湖泊，宽阔的水面上翻翡翠波，
松石色水牛横卧其中，这是中系的寄魂湖泊。
下玛地荡漾着一湖泊，宽阔的水面上翻银波，
雪白的海螺逍遥其中，这是幼系的寄魂湖泊。①

其中形象地描述了岭部落“长系”、“中系”、“幼系”三系的三个寄魂湖。

在《格萨尔》中，灵魂现象一般表现在灵魂寄存和灵魂转世两个方面。本章拟就在前人研究的基础上，对《格萨尔》中的灵魂寄存现象作进一步的论述和探讨。

第二节　灵魂寄存观念的环境载体

文化是历史发展的积淀，是在特定的自然环境中凝聚而成的。在文化现象中可以看到历史的痕迹，也可以看到自然环境的痕迹，这在史诗

---

① 青海省民间文学研究会收集翻译：《征服大食》，青海民族出版社 1979 年版，第 317 页。

《格萨尔》中表现得非常突出。自然环境和社会结构这两大因素，深深地影响了藏族地域文化的形成和发展，也为具有浓厚地域文化特色和强烈区域性的《格萨尔》奠定了创作基础。灵魂观念的产生和发展，离不开环境的载体。古代藏区特殊的地理环境和独具的人文背景，为灵魂观念的形成和演化提供了尤为殊胜的条件。

一 藏区特殊的自然地理环境

雪域高原，地域辽阔，群山巍峨，平原狭长，峡谷深邃，河流密布，湖泊众多，形成了地球上最特殊的一个地理环境区域。其地势由西南向东北倾斜，海拔从5000米以上逐渐递减到4000米左右。高原面起伏和缓，形态浑圆，所以有“远看是山，近看是川”的特点（见图22）。青藏高原也是地球上海拔最高的高原，东西长2500公里，南北宽1200公里，总面积达200万平方公里，平均海拔4000米以上。整个藏族地区按今天的行政区划，包括西藏自治区全部、青海省大部、四川省西北部、甘肃省西南部及新疆维吾尔自治区南缘的昆仑山地区。北以昆仑山、阿尔金山、祁连山与新疆、甘肃相连；东部北南起日月山，经临潭、夏河一线与黄土高原分界；向南大致以3000米等高线与四川盆地相连，并以康定、稻城、德钦一线之东南与云贵高原分野；南部以喜马拉雅山脉与缅甸、印度、尼泊尔、不丹、锡金等国接壤；西部以帕米尔、喀喇昆仑山与克什米尔地区邻接。①

图22 高原风貌（念青唐古拉山） 张超音摄

① 任美锷主编：《中国自然地理纲要》（修订版），商务印书馆1985年版，第361页。

藏族地区有许多著名的大山，最负盛名的是喜马拉雅山脉，从南至北由锡伐利克山、小喜马拉雅山、大喜马拉雅山等许多平行的山脉组成。大喜马拉雅山又分为三段：普兰以西至印度南加帕尔巴特峰为西喜马拉雅；普兰（纳木那尼峰）至亚东—帕里（绰莫拉里峰）为中喜马拉雅；亚东至雅鲁藏布江大拐弯（南加巴瓦峰）为东喜马拉雅。全长2400 公里，宽 200—300 公里。位于中尼交界的珠穆朗玛峰海拔为8848. 13 米，是世界最高峰。往北横亘西藏自治区中部的冈底斯山—念青唐古拉山，东起昌都嘉黎，东南延伸与横断山脉伯舒拉岭相接，西至阿里狮泉河，是藏北、藏南以及藏东南的分界线，也是外流河与内流河的分界线，东西长约 1400 公里，南北宽约 360 公里。位于青藏高原西北侧的喀喇昆仑山，是连接帕米尔高原、喜马拉雅山、唐古拉山的链环，仅次于珠峰的世界第二大高峰乔戈里峰就坐落在这里。唐古拉山横卧青藏高原中部，西接喀喇昆仑山，东南接横断山脉之怒山，是西藏与青海的交界，最高峰格拉丹冬峰为长江的发源地。昆仑山位于青藏高原北部，是西藏和新疆的界山，东西长 2500 公里，南北宽 1500 公里，平均海拔为 5500—6000 米，素有“亚洲脊柱”之誉，是中国古代神话体系的核心。此外，在藏、川、滇三省的交界处，还自西而东坐落着横断山脉。在这些巨大的山脉之间，又有许多分支山脉，使雪域成为一个“山脉的海洋”，也使青藏高原赢得了“世界屋脊”的美名。

就河流而言，仅西藏自治区境内流域面积大于 1 万平方公里的河流就有 20 余条，大于 2000 平方公里的达 100 条以上。这些河流可分为四大水系，即太平洋水系，包括金沙江、雅砻江、通天河、岷江等长江干支流及黄河、澜沧江等；印度洋水系，有雅鲁藏布江、怒江、吉太曲、察隅曲、西巴霞曲、朋曲、朗钦藏布（象泉河）、森格藏布（狮泉河）等；高原北部内流河水系，包括藏北汇入纳木错的测曲，汇入色林错的扎加藏布、扎根藏布，汇入昂拉仁错的阿毛藏布，汇入班公错的马嘎藏布，以及青海的柴达木河、格尔木河与青海湖；高原南部内流水系，主要由玛旁雍错—拉昂错流域，佩枯错—错戳龙流域，错姆折林—定结错流域，多庆错—嘎拉错流域，羊卓雍—普姆雍错—哲古错流域等组成。

青藏高原是我国湖泊最多的地区，仅西藏地区就有大小湖泊 1500

多个，湖泊总面积约 2.4 万平方公里，占全国湖泊总面积的 30% 以上。[①] 这就形成了地球上海拔最高、数量最多、面积最大的高原湖群区。湖泊大多在山间盆地或区形谷地之中，如纳木错、色林错、玛旁雍错等，湖盆陡峭，湖水较深，多是内陆河流的尾闾和汇水中心。还有少数外流淡水湖，如黄河源的扎陵湖、鄂陵湖这两大著名淡水湖。[②] 高原湖——青海湖同时也是全国最大的湖，面积为 4400 平方公里，其他较大的湖泊有羊卓雍错面积为 678 平方公里，玛旁雍错面积为 412 平方公里，纳木错面积为 1920 平方公里，班公错面积为 604 平方公里。这些大大小小的湖泊河流，构成了青藏高原珍贵的水资源宝库。

喜马拉雅山脉是地球上最雄伟高大、最年轻的褶皱山系。在强烈的喜马拉雅运动的作用下，喜马拉雅山脉从沧海中升起。到第三纪末，已成为平均高度在 3000 米以上的高山。尤其第四纪以来，喜马拉雅山仍不断隆起，每年以 0.33—1.27 厘米的速度上升。第四纪地质学研究确认，第四纪时期气候发生剧烈变化和喜马拉雅山脉的强烈上升时期，正是适合早期人类所生存的时代，那时不像今天这样干燥寒冷和缺氧，甚至更暖，所以在亘古时青藏高原是适于远古人类生存的优越环境。

新中国成立后，在我国大批考古学家、地质学家以及古生物学家的艰辛努力下，证实了雪域高原远古文明的踪迹。1956 年 7 月 8 日，中国科学院的地质学家在青藏高原长江源头一带首次发现了旧石器时代的石器，从此揭开了青藏高原自古以来就有人类生存的谜底。1966 年、1968 年、1976 年，中国科学院西藏综合考察队相继在西藏定日县、藏北申扎县珠洛勒、日土、普兰县等地，发现了诸多旧石器时代的石器，再一次证实了青藏高原人类生存的踪迹。可见，藏族的先民们自古以来便繁衍生息在这块土地上。[③]

在这特殊的历史自然地理条件下，逐步产生了青藏高原较为稳定、较为深厚的部落游牧文化，同时，在生产力还相对落后、人们对自身生

---

① 江村罗布主编：《辉煌的二十一世纪新中国大记录 · 西藏卷》，红旗出版社 1999 年 9 月版，第 6—8 页。

② 王苏民、窦鸿身主编：《中国湖泊志》，科学出版社 1998 年 9 月版，第 7 页。

③ 张民德：《试论西藏地区的旧石器时代考古》，《西藏民院学报》1992 年第 2 期，第 58 页。

命现象尚未完全解释清楚的情况下，包括灵魂观念的原始宗教信仰也逐步产生了。正如恩格斯曾经指出："宗教是在最原始的时代从人们关于自己本身的自然和周围的外部自然的错误的、最原始的观念中产生的。"并且"一切宗教不过是支配着人们日常生活的外部力量在人们头脑中的幻想的反映，在这种反映中，人间的力量采取了超人间的力量的形式"。[①] 在人类历史的早期——原始社会阶段，原始初民智力低下，认识能力和创造力极为有限，无法理解自然界的风、雨、雷、电以及生、老、病、死等现象，于是以为宇宙间的万物皆有灵，进而将自然力加以神话，赋予超人意志的神性灵气，用人格化的方法祭祀、膜拜，于是就产生了原始宗教文化。而雪域特殊的自然地理环境，恰恰为藏族独具特色的包括灵魂观念和灵魂寄存观念在内的宗教文化提供了滋养的沃土。

二 藏区独具的人文历史背景

今天的藏族人除少部分移居到印度、尼泊尔以及欧美等国家和地区外，大部分生活在我国的西藏、青海、甘肃、四川以及云南等省区。我国整个藏族分布地区面积为220万平方公里，人口已超过480万。

藏族文化的形成和发展，经历了一个极其曲折的发展和演变过程。但就其文化结构和层次以及推动它不断演进的决定性的因素来说，不外乎有地域环境、社会环境和宗教信仰三大因素，这三大因素构成了藏族的人文环境，《格萨尔》的生成也离不开这样一个自然环境和文化环境。

在青藏高原博大的人文摇篮里，藏族先民生生不息，留下大量宝贵的历史文献和文化信息。在藏族最早的历史文献，如《柱间史》、《西藏王统记》中记载道：受观世音菩萨点化的一只猕猴和居住在岩洞中的罗刹女结合，生下小猴，逐渐发展繁衍成了藏族先民。[②] 这一神话在西藏和甘、青、川、滇四省的藏区广为流传，反映了古代藏族人民对该

---

① 《马克思恩格斯选集》第3卷，人民出版社1977年4月版，第354—355页。

② 觉沃阿底峡发掘：《柱间史》（藏文版），甘肃民族出版社1989年9月版，第48页；萨迦·索南坚赞：《西藏王统记》（藏文版），民族出版社1988年5月版，第49页。

民族来源的看法。藏文文献《敦煌古藏文文书》中有“藏族先祖出自十三天神”的记载，这个说法与苯教在西藏的流传有关，天是苯教崇拜的三界中之上界。《贤者喜宴》也有类似的记载，并增加了佛教的内容：“天神是受观世音的加持，自第十三级天——色界光明天，以慈悲下人世，成为人主。”《贤者喜宴》所说的“玛桑九族”，即“玛桑九兄弟”，其统治的时间可能已经进入了父系氏族时代。之后，西藏出现了许多“小邦”。据《贤者喜宴》记载，最初有“十二小邦”，后来发展成为“四十小邦”。《敦煌吐蕃历史文书》也有类似的记载。每个小邦各有部落酋长“王”和军事首领“大臣”，并有自己特定的生存地域及其名称，如象雄、罗昂、森波、娘、亚松、悉补野等。《贤者喜宴》曰：“诸小邦喜争战格斗，不分善恶是非，定罪之后投之监牢……小邦不给众生住地，居草原也不允许，惟依恃坚硬岩山，饮食不获，饥饿干渴，藏地众生极为艰苦。”[①] 这里所言的西藏各地的小邦无疑已处于文明时代的边缘，并随着生产力的发展，大约在公元前 4 世纪，形成了三个势力较大的部落联盟：象雄、苏毗、雅砻悉补野。其中，象雄形成年代最早，在“小邦”时代，象雄就是“十二小邦”之一。

在不断兼并和征服周边其他小邦之后，象雄发展成为势力强大的部落联盟。在象雄王赤维色吉希日坚时，它扩展到相当广阔的范围，据称曾分为内象雄、中象雄、外象雄三部。内象雄包括现在的阿里、拉达克等地，中象雄则在卫藏一带，外象雄指多康等地。传说中的象雄“十八王”时期，已拥有强盛的军事力量，形成了很大的势力范围，并出现了最早的象雄文明。史学界普遍认为，在史前文化与吐蕃文化之间曾存在象雄文化，古老而神秘的象雄文明孕育了苯教文化和象雄文字。苯教文化，以自然崇拜和图腾崇拜为主。大约在公元前 4 世纪的聂赤赞普时代，位于唐古拉山一带的苏毗开始步入历史舞台，到公元 6 世纪，发展至空前强大，成为雅鲁藏布江北岸势力极强大的部落联盟。与苏毗同时起步的雅砻悉补野部落也得到了极大的发展，成为以雅砻河谷为中心的强大部落联盟。于是，在青藏高原形成了象雄、苏毗、雅砻悉补野三足鼎立的局面。

---

① 巴俄·祖拉陈瓦：《智者喜宴》（藏文木刻版）第七品，第 11 页。

后来，吐蕃迅速崛起，并吞象雄、苏毗二部，吸收了高原诸羌如党项、白兰、多弥以及吐谷浑等族的先进文化，实现了青藏高原各部的文化交流，大大丰富了吐蕃文化的内涵。7世纪，吐蕃统一青藏高原，象雄、苏毗、党项、白兰、多弥以及吐谷浑等部落、邦国大多被纳入其治下，称霸雪域。从某种意义上讲，这种征服不只是军事意义上的征服，更重要的是，它给予民族的多种文化和民族的多层次意识以接触和融合的契机，形成了民族的多重文化和多层次意识交叉互补的领域，这为藏民族以及藏族文化的形成起了重要的作用。至此，藏族文化发生了一次质的飞跃和改变。

吐蕃王朝在对内施政的同时，加强了与周边地区区域和民族经济、文化的交流，除了与唐朝的友好往来外，还与突厥、突骑施、噶罗禄、回纥以及后来的西夏、契丹、蒙古、满等民族也发生了密切的联系。正如《汉藏史集》记载，吐蕃与蒙古有血缘关系，与突骑施、蒙古、南诏有联姻关系。此外，还从突厥学习法律，从突厥、噶罗禄等地引进医疗方法，从粟特人那里得到上等好剑等。[①]

《格萨尔》犹如一块浸满水的大海绵，以大量的篇幅，翔实地记录了藏族与周围区域和周边地区各民族进行文化交流的历史事实。内容丰富的民族文化交流，是藏族文化品位得以提高的基本前提，正因为这种前提条件的基本保障，才酝酿了《格萨尔》中《汉地茶宗》、《大食财宗》、《象雄珍珠宗》、《霍岭大战》、《门岭大战》、《姜岭大战》、《蒙古马宗》、《木雅马宗》、《印度佛法宗》等精彩的篇章，塑造了众多的英雄，诸如“朱孤格萨尔”、“昌格萨尔”、“格萨尔”、“岭格萨尔”、“阿尼格萨尔”、“阿鲁格萨尔”、“玛桑格萨尔”、“坦噶尔格萨尔”、“阿白格萨尔”、“霍尔格萨尔”以及“拉达克格萨尔”等不同名称的格萨尔英雄人物，“这种现象反映史诗形成初期流传地域的广泛性。随着史诗向东南传播，格萨尔的称号也趋于统一化，逐渐向岭格萨尔过渡”。[②]英雄格萨尔的赞歌，传遍雪域高原，征服了高原诸部。在这一特定的历

---

① 达仓宗巴·班觉桑布：《汉藏史集》（藏文版），民族出版社1981年版，第61页。

② 谢继胜：《格萨尔史诗流传地域的东南向移动及其原因初探》，《格萨尔研究》（第三集），中国民间文艺出版社1988年1月版，第351页。

史时期里，赞美英雄，歌唱英雄，是吐蕃精神文化的主旋律，从而形成了藏民族精神文化的缩影。

当然，多姿多彩的藏族文化，更离不开传入的佛教文化的渲染。据史料记载，人们以拉脱脱日年赞时期从天而降的“宁波桑哇”（“百拜忏悔经”、“舍利宝塔”、“六字真言”和“法教轨则”）为佛教传入的标志。当时在尚无文字的情况下没有人能懂得它的真正价值，仅是将其保存了下来。松赞干布建立吐蕃王朝后，佛教大规模地传入，创制了藏文，吐蕃的文化得到了较大的发展。韬略过人的国王松赞干布，大力弘扬佛法，以其宽广的胸怀大量吸收汉地、尼泊尔等地灿烂的文化和物质文明；迎娶尼泊尔赤尊公主，修建了供奉释迦不动金刚像的“大昭寺”；接着迎娶东方大唐皇帝宗室女文成公主，修建了供放释迦牟尼佛像的“小昭寺”。这一时期，大乘、小乘佛教经典的翻译工程也陆续展开，内容涵盖显宗、密宗。在大力汲取外来文化的同时，本土文化受到了强烈的冲击，于是发生了大规模的文化冲突事件，具体表现在佛教和苯教之间的斗争。

吐蕃王朝建立时，苯教有着很牢固的社会基础。佛教传入后，不仅受到了贵族和苯教徒的极力反对，而且也遭到了平民百姓的反对。于是平民、贵族势力以及苯教徒一起组成了反对佛教的庞大联盟。《西藏王统记》记载，在拉萨修建大昭寺时，“昼日所筑，入夜悉为魔鬼摧毁，不见余痕”。两教间冲突的程度由此可略见一斑。

松赞干布死后，芒松芒赞继位，大臣噶东赞专权，初兴的佛教受到了严重的打击，僧人被逐，佛典被禁，大、小昭寺被封。直到杜松芒波杰任赞普后，才以“出猎”为名，调兵消灭了坚持苯教信仰的噶尔家族死党2000余人，接着又下令召还镇守青海的苯教支持者噶尔·钦陵，698年，噶尔·钦陵起兵反抗赞普，结果兵败自杀，专权达半个世纪之久的噶尔家族才彻底败亡。在藏族文化酝酿发展的苦旅中，可谓血迹斑斑。

赤德祖丹即位后，大力弘扬佛法，与唐朝息兵修好，再度与唐联姻，于710年迎娶金城公主。笃信佛法的金城公主，恢复了大、小昭寺的香火。赞普派人多次到内地学佛和迎请汉僧，组织佛教徒从事佛经和有关天文、星相、历算、医药等书籍的翻译。就在这一时期，西域于阗动乱，一部分佛教僧侣逃向吐蕃。705 年，伊拉克的屈底波发动“东征”，中亚和新疆一些地区的部分佛教徒也来到吐蕃寻求逃避。739 年，吐蕃发生了一次大的天花瘟疫，信奉苯教的贵族借口驱逐外来僧人，迫使大部分僧人向西到乾陀罗国（今巴基斯坦境内）去避难。

赤德祖丹死后，其子赤松德赞即位。新王年幼，大贵族那朗氏辅政，他立即宣布禁佛的法令，驱逐外地僧人，将大昭寺改为屠场，对佛教大肆进行渎辱。赤松德赞执政后，清除了反佛大臣马尚仲巴结和达扎路恭，恢复了大、小昭寺，在他的主持下，于 18 世纪建立了吐蕃第一座佛教寺院桑耶寺。据史料记载，该寺由莲花生和寂护主持修建，并有 7 名吐蕃贵族青年随同寂护出家，被称为“七觉士”。在佛苯斗争中，外来文化佛教取得了有史以来的重大胜利。但这并不意味着它能取得了永久性的胜利，两种文化的碰撞，又导致了喇嘛王国的灭亡。

赤祖德赞执政期间，吐蕃社会各种矛盾进一步加深，佛教发展到了登峰造极的地步。藏王规定：“凡以恶指指僧人者断指，以恶意视僧人者剜目”，佛僧成了社会上新的特权阶层。这引起民怨沸腾，臣属叛离，世俗贵族乘机兴苯灭佛，密谋篡夺王位。经过周密策划，他们害死藏王之兄藏玛，逼迫王妃自杀，钵阐布在逃离途中也遭杀害。836 年，酒醉之际的热巴巾也被大臣勒死。

朗达玛一上台就灭法毁佛，杀害高僧，流放僧人，主张信奉苯教。这时的吐蕃旱涝不调，国值饥馑，疾病流行，大规模的奴隶平民起义崛起。结果朗达玛也被佛教僧射死。从此，吐蕃王室分裂成两支，交相混战。一场席卷青藏高原的奴隶平民大起义爆发，吐蕃王朝也随之而崩溃。吐蕃的覆灭，藏民族遭到了史无前例的战争洗礼，外来文化和传统文化同样遭到了破坏。但这并不意味着藏族文化从此灭绝，恰恰是这种历史时局的反复震荡，藏文化才有了极大的包容性和整合性，文化走向了多元化，以战争为题材的史诗《格萨尔》与历史的脉搏和时代的音符相和谐，历史在震颤，《格萨尔》也在跳跃和记录，在战争中也不断地得到充实。当人民呼唤统一、祈祷和平的愿望越来越强烈时，《格萨尔》的内容也就越来越丰富，历史的事件发生得越多，《格萨尔》的结构也就越宏伟，“它像一个滚动的雪球，越滚越大”。

吐蕃王朝崩溃后的数百年中，强权政治已不再是拉动社会的动力，接着占据人们意识形态位置的是佛教和佛教文化。虽间或出现了古格王国、宗喀王朝以及西夏王朝等地方政权，但始终未能实现吐蕃人复国的梦幻。其间不乏诸多仁人志士，为了藏族文化的复兴和发展付出生命的代价。如朗达玛遇刺后，其重孙吉德尼玛贡率领亲随逃往阿里，“阿里三环区的居民共举吉德尼玛贡为他们的王”，统治普兰。他有三个儿子，长子白德热巴贡占芒宇，传说居于被湖泊环绕的地方；次子扎西德贡占普兰，居于被雪山环绕的地方；三子德祖贡占象雄，居于被岩山环绕的地方。尼玛贡死后，三子纷争，一个跑到拉达克地方建立了拉达克王朝；另一个在普兰发展势力；第三个儿子德祖贡则到象雄地方。德祖贡的长子柯日继承父亲的地位以后，便把他伯父所属的普兰地区也归并到自己的属下，在阿里高原建立起赫赫有名的古格王朝。

高僧仁钦桑布对于藏传佛教后弘期的发展，起了至关重要的作用。1042 年，阿底峡应邀来到托林寺传授密宗教法，这对于藏传佛教的形成和发展具有极其重要的意义，是藏传佛教开始形成的标志。在藏族传统文化和外来文化的影响下兴盛起来的藏传佛教，不断分化出许多不同的教派，它们明经辩理，各圆其说，呈现出百家争鸣的局面。“五明学”的翻译研究成为促进科学发展的重要因素之一，“因明学”开创了僧侣们在宗教学术问题上自由辩论之风，“声明论”对藏族文学的发展起了重大的作用，而“小五明”的翻译更促进了文学艺术的发展，如《米拉日巴传》及定本的史诗《格萨尔》等代表性文学作品陆续脱颖而出。

13 世纪始，蒙古势力的崛起，强烈地震撼了高原地方割据政权的政教首领。“在边野的藏区，僧伽团体以甘丹（噶当）派为大，善顾情面以达隆法王为智，荣誉德望以枳空·敬安大师为尊，通晓佛法以班抵（智）达为精。”[①] 于是蒙古阔端王迎请了藏传佛教萨迦派的四祖萨迦·班智达到凉州，通过萨迦派的宗教势力，进一步控制了西藏，全国上下崇尚萨迦教派，藏传佛教成为风靡中国大地的宗教。当佛教高僧拥有荣耀的地位和特殊的权力后，逐渐追逐世俗利禄，破坏戒律，日渐丧失其在社会和民众中的基础，自身的发展陷入了困境。在这种背景下，客观

① 五世达赖喇嘛：《西藏王臣记》（藏文版），民族出版社 1981 年 3 月版，第 90 页。

上要求对宗教进行改革，恢复宗教的纯正以重新增强其凝聚力是时代的呼声。这件好事被宗喀巴大师做了。

15 世纪，宗喀巴撰写了《菩提道次第广论》、《密宗道次第广论》以及《五次第明灯》等经典著作，大力宣传佛教戒律，针对当时各教派僧人追逐利禄、生活淫靡、不受佛教教规教律约束的时弊，提倡僧人不分显密都必须严格遵守戒律。1409 年藏历正月，宗喀巴在大昭寺主持召开了“毛拉木钦茂”（大祈愿法会），并在拉萨东郊兴建了甘丹寺，受到了明朝政府的关注。明成祖曾两次派使入藏，请宗喀巴前往北京，宗喀巴辞谢，派弟子释迦也失赴京。明朝封释迦也失为大慈法王，留在中原和蒙古地方传法。释迦也失是第一个格鲁派向卫藏以外地区传播教法的人。1416 年至 1447 年，格鲁派相继创建了哲蚌寺、色拉寺和扎什伦布寺，从此迅速发展。16 世纪中叶，以拉萨三大寺为中心包括其各自下属的众多支寺已遍布卫藏各地。这些寺院既是宗教组织，又是经济实体。随着寺院经济的发展，格鲁派从初创时期单纯的藏传佛教教派之一，逐渐成长为以寺院经济为基础的新兴实力集团。此后，格鲁派便形成了达赖和班禅等最大的活佛转世系统。17 世纪末，五世达赖喇嘛时期，格鲁派发展到了鼎盛时期，宗教文化深入人心，对藏族的精神文化产生了极其深刻的影响。

总而言之，在象雄文明、雅隆文明相继兴起、吐蕃王朝由统一走向崩溃、藏传佛教的形成壮大以及青藏高原被纳入蒙古人治下等重大历史的发展过程中，藏民族反复地打破了历史文化环境的旧格局，建立新的文化格局，不断地接受新的信息，加以吸收和消化，产生新的思维和行为模式。地域空间的不断扩展与回缩，社会结构的不断更新与起伏，多种宗教的接触与碰撞，是藏族文化包括英雄史诗《格萨尔》的结构具有多样化、信息化、复杂化、系统化的综合原因。

在《格萨尔》精神框架的建构过程中，藏传佛教的确产生了重大的影响。人间魔鬼猖獗，龙界鲁神横行，天界造化佛子，天神委派推巴噶，降妖伏魔，造福百姓，众英雄返回天界……成为一首以宗教为引子的英雄的战歌。我们仔细地审视和解读藏民族的历史时，不难看出各种文化信息对《格萨尔》的创作生成和充实发展的影响。正如降边嘉措先生所言：“文化是人类在不同的生态环境中创造出来的，并在独特的历史发展和功能过程中积累、传递、演变成了不同的类型和模式。它不仅建构了不同民族的文化心理、信仰心理、价值观念、道德观念和审美观念，还构成各种独特的社会和制度。因此，探索藏族社会由自然宗教到人为宗教演进的历史进程，分析藏民族信仰心理的形成、发展过程及其特征，对于从宏观上认识和把握《格萨尔》产生、演变、发展和流传至今的社会文化背景，不无裨益”。[①] 可以毫不夸张地断言：《格萨尔》把藏族的民族形成、发展全过程文化的扩散回缩生成的循环规律及其一切文化现象，纳入一个严谨的结构中，从而完成了一部多学科研究的“大百科全书”，成为当今世界非物质文化的宝贵遗产。

“高原环境和藏传佛教是制约西藏文化景观的两个脉络”。[②] 藏民族既要适应环境，又要受到环境的感应和锤炼。藏传佛教重视自身内省，企望来世幸福。大地和宗教造就了藏民纯真散漫、豁达开朗、勤奋坚毅的民风。面对辽阔的与世隔绝的大地，人们产生了富于浪漫气息的想象力，培养纯真的情怀，知足的性格。藏民族认为他们所拥有的，是世界上最美好的。神奇瑰丽的大自然，坦荡透明，一望无际，是美丽和纯洁的综合体。人们置身其间，受其感染启示，心灵净化，胸襟开朗，祥和宁静，没有什么可争的。他们常年与严酷的大自然搏斗，形成坚忍不拔和刻苦耐劳的精神。有人总结了藏族文化景观有三个综合性的特征，那就是强标志性、超稳定性以及神秘性。[③] 这种特殊的自然历史背景下造就的人文情怀，不仅成为藏族文化发展的沃土，而且成为藏民族灵魂观念的环境载体。

第三节 灵魂寄存观是《格萨尔》中塑造众多人物形象的母体

建立在自然崇拜基础上的“万物有灵”观念，乃是人类认识史上的一个普遍共存的观念。藏民族也毫不例外，遵循着人类认识发展的规

---

① 降边嘉措：《格萨尔论》，内蒙古大学出版社 1999 年 8 月版，第 10 页。

② 胡兆量等编著：《中国文化地理概述》，北京大学出版社 2001 年 9 月版，第 245 页。

③ 同上书，第 247 页。

律，在民族发展的童年时期，便产生万物有灵的观念。人们不仅认为万物有灵，而且还认为人的灵魂可以离体外寄，隐藏到别的物体上。作为民间文学作品的《格萨尔》，内容具有浓郁的宗教色彩，既带有极为浪漫的神话主义色彩，又具有历史与现实交叉的写真情感。整个作品的空间既是一个充满神灵与鬼怪的世界，又是一个灵魂外寄的一个迷宫。

灵魂寄存的物体，被称为“拉内”（bla-gnas），即“灵魂寄存处”。寄魂物体可以是动物、植物，还可以是山川、湖泊，以及飞鸟、走兽、爬虫、游鱼、树木等。

灵魂外寄的主要目的和作用是保护并延续自己的生命，使之不受外来力量的侵害。在人们的思想观念中，寄魂物体应该是生命的坚强堡垒，有了它就能确保生命安全，甚至在人体的肉体死亡之后，他的生命实质还能保存下来。如果寄存物遭到破坏，也就等于其灵魂受到了损伤，其生命岌岌可危。只要灵魂能得到更好的保存，关键时刻就能够发挥重大的作用。因为灵魂所具有的无边法力，可以任由你去想象，尤其当身处无助和无奈的情况之下，奇迹般的最后一线希望往往就是灵魂力量登台亮相的导火索。在这样一种意识驱使下，在民间文学作品中灵魂观念成为与作品主要角色相生相伴的重要内容。如在战争中，消灭对方的手段往往是极为玄妙的，在许多情况下，并不是直接与敌人交锋，而总是先要想方设法找到敌人的寄魂物体，设法将它摧毁，然后就能轻易地消灭其肉体。否则，一切努力都将是徒劳无益的。这样的场面在《格萨尔》中俯拾皆是。

正是在这种灵魂寄存的观念意识支配下，《格萨尔》中出现了极其庞杂的原始神灵体系，寄魂体系也五彩缤纷，灵魂寄存形式也极为复杂。笔者将《格萨尔》中所涉及的灵魂寄存内容总结出来，可归纳为两大体系：即岭部落的灵魂寄存系统和其他部落的灵魂寄存系统。

一　岭部落的灵魂寄存系统

在《格萨尔》中，在岭部落这样一个大集体中，虽然国家强大，英雄众多，包括天神之子格萨尔王和诸多的英雄豪杰，但该部落和人们仍然将各自的灵魂寄存在灵魂寄存物上。岭部落拥有自己的灵魂寄存物，部落中的各分部落也拥有属于自己部落的灵魂寄存物，如嘉洛、鄂洛和卓洛三大部落分别将自己的灵魂寄存在“扎陵湖”、“鄂陵湖”和“卓陵湖”三湖中。而董氏[①]长、中、幼三支亦有各自不同的灵魂寄存物，长支寄魂于大鹏，中支和幼支分别寄魂于青龙和雄狮。

岭国的寄魂鸟（gling-lha-sde-bla-bya）有三种，正如《降魔篇》中记述：

> 白仙鹤是岭国鸟，黑乌鸦是岭国鸟，
> 花喜鹊是岭国鸟，这是白岭三种寄魂鸟。[②]

格萨尔的寄魂山是“玛沁奔热”，即阿尼玛沁雪山，寄魂湖亦为扎陵、鄂陵、卓陵三湖。这座圣山和三个圣湖，同时又是岭部落的寄魂处。

岭部落总管王、格萨尔王的叔叔绒擦查根亦有自己的寄魂物，他的寄魂物是一顶被称作“朗拉古通卓奥丹”的大帐，即“解脱光明大神帐”（gling-lha-gur-mthong-grol-vod-ldan）。

从岭部落中众多的灵魂寄存物可以看出，岭部落及格萨尔的寄魂物的选定与他们生存的地域环境密切相关，阿尼玛沁是当地最高大险峻的山脉，人们认为它与天最为接近，因而引起对它的宗教幻想，视其为地域保护神，同样，三湖是岭域境内最圣洁的湖泊，是生命的源泉，这些山湖本身所具有的强烈象征意义，使其被选定为部落或英雄王者的寄魂物，自然是理所当然、情理之中的了。而大鹏、青龙和雄狮这些寄魂物，则明显地带有原始图腾崇拜的痕迹，应该是董氏长、中、幼三部落从其原始社会时期遗存下来，并演变成为灵魂寄存的神圣物。除此之外，作为世俗物品的帐房，也成为了寄魂物，大概是因为绒擦查根总管岭部落事物，他的大帐渐渐成为统治势力的象征，也即他本人的象征，从而被选定为他的灵魂寄存物。

---

① 董氏，在不同的翻译本中，还有译为冬氏、栋氏者，由于引文当中要尊重原译，故本书中不作统一。

② 王兴先主编：《降魔篇》，《格萨尔文库》（藏文版）（第一卷），甘肃民族出版社 2000 年 9 月版，第 921 页。

二 其他部落的灵魂寄存系统

除了英雄诞生的岭部落的灵魂寄存系统外，《格萨尔》以及其他文献资料中还描述了岭部落的敌对势力、其他邪恶势力部落的灵魂寄存系统。

《降魔篇》记述：

> 天魔赞魔还有木魔，加上龙魔为四魔王。
> 天魔是霍尔白帐王，赞魔是南门辛赤王，
> 龙魔是九头鲁赞王。
> 这四方四魔四部落，中间包围着白岭国。
> 这些个妖魔大部落，实权由鲁赞他掌握。
> 无论是谁人看见他，都会要心惊而胆怯。①

这就是说，其他部落中还有天魔、赞魔、木魔和龙魔四种魔王。英雄的格萨尔大王所降服的四方妖魔一般指魔国的鲁赞王、霍尔国的黄帐王、黑帐王、白帐王、姜国的萨丹王等，他们就是这四种魔王的化身。这些敌对势力的寄魂物更是多得数不胜数。其中，龙魔鲁赞王的寄魂物有多种，如他的寄魂牛是红野牛（vbrong-zangs-rwa-dmar-po），寄魂湖在黑魔谷（bdud-lung-nag-pu），寄魂山是九间铁围宫（lcags-ra-rtse-dgu），寄魂鸟是共命鸟王（bya-shing-ba-shang-shang-rgyal-po），寄魂树在森林。鲁赞王姐姐卓玛的命魂寄在一只装在珊瑚瓶子里的玉蜂身上。鲁赞王妹妹阿达拉茂有一个寄魂的蛙头玉蛇。鲁赞王弟弟才雏则有一只寄魂的箭。

霍尔国的白帐王、黄帐王和黑帐王，将自己的灵魂分别寄存在白、黄、黑三个野牛身上。霍尔第四十九代大王的寄魂山是德载萨瓦泽。正如《霍岭大战》所述，当珠牡被白帐王抢去成了霍尔国的国母后，霍尔国不祥之兆接连不断，似乎灾难即将来临，为了设法摆脱灾难，白帐

---

① 王兴先主编：《降魔篇》，《格萨尔文库》（藏文版）（第一卷），甘肃民族出版社 2000 年 9 月版，第 910 页。

王发动人们去煨桑，建造神堂，求得战神的保佑。于是，就派人征求珠牡的意见，珠牡说："建造神坛的地方要能看见白岭地，所以神坛要建造在霍尔最高的寄魂山下，煨桑的地点就应在寄魂山顶上。"于是霍尔人决定在霍尔第四十九代大王的寄魂山——德载萨瓦泽（sdag-rtse-gsal-b'I-rtse，明亮虎峰）上煨桑，铸造了"几百个像马一样大的铁块"在山下为建造神坛奠基。①

霍尔国三王的寄魂树分别是白螺的生命树、黄色黄金生命树和黑色铁的生命树。正如《降霍篇》中这样写道：

在那金制宝座的里面，
有一棵白螺的生命树，
它是白帐王的生命柱；
有一棵黄色黄金生命树，
它是黄帐王的生命柱；
有一棵黑色铁的生命树，
它是黑帐王的生命柱；
是我三大王的生命树。②

霍尔王的寄魂鱼是"寄魂鱼三兄弟"。白帐王的寄魂鸟叫赛沃灾鸟（bya-than-bse-bo），寄魂宝刀（bla-gri）名叫"挥斩千军的拖把镇国宝刀"（gri-stong-sde-sha-gzan），寄魂鸡叫作"沙鸡（bla-bya-sreg-pa-spun-dgu）九兄弟"。这些寄魂宝物都具有特殊的神力，就寄魂宝刀来说：

刀背能砍断牛腿，刀尖能剐骨剔髓，
刀刃可挑断虎颈，刀把能舂掏谷米，
刀光能映照人像，刀锋能斩杀飞蜂，

① 王兴先主编：《降霍篇》，《格萨尔文库》（藏文版）（第一卷），甘肃民族出版社 2000 年 9 月版，第 1212 页。

② 同上书，第 1373 页。

刀面如流水细滑。[①]

黑帐王的寄魂山是“所日安沁山”（sol-ri-rngam-chen），山林中的大树是霍尔黑帐王的寄魂树。格萨尔征服霍尔白帐王后，将霍尔国的“九件宝贝”带到了岭国，其中就有霍尔王寄魂的寄魂物：

霍尔上等九件宝，
一是一口寄魂锅，
二是一副霹雳甲，
三是一块寄魂铁，
四是一颗白璁玉，
五是一块银巴扎，
六是摄取花精衣，
七是三对金蟾蜍，
八是万物同辉金屋顶，
这些也已归岭国。[②]

用作寄魂的物品很多，有寄魂锅（bla-zangs-khro-yi-spar-bu）、寄魂铁（bla-lcags）。其中寄魂锅的形状和功用是“四面四个铜耳环，它会带来牛福运，里面能具精华，外面绘有吉祥图”。[③]

此外，在霍尔国，还有黑泰让将其灵魂寄存于黄牛以及天魔神、地魔神和空魔神等身上，这些魔神又将灵魂寄存在黑熊的脑子里的说法。

归结起来，岭部落和其他部落的两大灵魂寄存系统中，寄魂物不外乎以下四类：

第一，自然物：山、湖、岩石、玉。

第二，动物：野牛、飞禽（如鸟、乌鸦、喜鹊、猫头鹰等）、走兽（如大黑熊、野人、黄熊、红虎、豹子、苍狼等）、水生物（如鱼、蟾

---

① 王兴先主编：《降霍篇》，《格萨尔文库》（藏文版）（第一卷），甘肃民族出版社2000年9月版，第1396页。

② 同上书，第1457页。

③ 同上。

蜍等）、爬虫（如蛇）。

第三，植物：树木（如独脚恶鬼树等）。

第四，物体：帐篷、锅、宝剑、铁、箭。

灵魂寄存物丰富多样，大凡具有自然属性的实物，只要能与自身的某些特征相联系，或引申出某些象征意义，都可以用来充作灵魂寄存物。

三 《格萨尔》中体现灵魂寄存观的故事

通过对《格萨尔》中人物形象的分析，可以认为，人并不是一个独立的主体，他是由三部分构成，即躯体、灵魂和灵魂寄存处。灵魂是躯体的精神支柱，而灵魂寄存处则是灵魂的生命存在，它具有神秘性和不可知性。当这三者保持平衡的时候，人就会健康、吉祥、充满朝气，如果这种平衡遭到了破坏，就会患病、背运，甚至死亡。所以，灵魂寄存处是生命的核心，灵魂是生命的中介，而躯体仅仅是生命的载体，一旦灵魂寄存处不存在了，灵魂就像鱼没有了水，自然躯体也就失去了存在的价值。一个人（或动物）可以只有一个灵魂，也可以有很多个灵魂；他（它）们的灵魂可以寄存在自身，也可以寄存在别的地方。灵魂越多，生命力越强，就越不容易受到伤害。“无论是英雄或是恶魔都是这样”。[①] 正是基于这样的思想，在史诗中，既能见到天神之子格萨尔大王降服妖魔鬼怪的刀光剑影，又能领略到格萨尔捣毁恶魔灵魂寄存处的聪明机智。格萨尔消灭恶魔，伸张正义的全部过程，基本上都在捣毁对方灵魂寄存处这种基本思想指导下来完成。

降服鲁赞王的故事

格萨尔成为岭国国王，先后迎娶了岭地的十三位名门闺秀为王妃。

后来，格萨尔便赶着畜群来到名叫邦郡秀茂（spang-ljongs-phyug-mo）的大草原放牧，睡着后，受天国的贡曼嘉姆（gong-sman-rgyal-mo）的点化，带着珠牡到“东方的宗喀查茂静修寺”（zhar-tsong-khra-movi-sgrub-khang）闭关修持“大力降魔法”（bdud-vdul-drag-po-stobs-po-che-），从此，引发了一系列感人至深的故事。正如《魔岭大战》中所

---

① 降边嘉措：《格萨尔论》，内蒙古大学出版社 1999 年 8 月版，第 215 页。

描述，在“黑魔国土亚尔康（bdud-yul-nag-povi-sa-phyogs-yar-khams-by-ang-ma）北方，耸立着八座高山，其中四山是熊罴的家园，四山是紫红色的石岩，九间铁围魔城就修在这片土地的中央，它是魔王鲁赞的宫殿。这头龙魔身高体大，就像一座小山。他头上有九个脑袋，九个脑袋上长着十八支犄角，黑色蝎子爬满全身，九条毒蛇盘在腰间，手上和脚上长着三十六个铁指甲。他生气时站在乌云毒雾中间，口中吐出的烟雾就像火山爆发；鼻孔呼出的毒气，犹如狂风大作。他手下有内大臣阿瓦查同（a-ba-khra-vthung）、外大臣齐卡热索（khyi-kha-ra-so）、外务臣夏娜肖让（bya-nag-gshog-ring）、管事臣波姜额纳（pho-sbyang-rnga-nag）、女奴索查热玛（so-khra-re-sma），还有力大无比的魔父、遍智无误的女巫、护国的老祖师诵经师、具有法力的二十九名黑本、护卫魔土的女将阿达拉茂（a-stag-lha-mo），以及凶悍的男魔等等。因此，不仅胆小的人见了他会心惊胆战，就是胆量大的看见他，也要惶恐万分”。一天，他趁格萨尔闭关修行之际，“突然间，像那天梦里梦见的情景一样，从沟脑刮来一股红风，从沟口卷来一股黑风，狂风中间出现一个面目狰狞可怕的黑人，就像恶雕捉羔羊似的，把梅萨奔吉捉到空中带走了”。①于是，天母贡曼嘉姆在天空彩虹间点化道：

那天我已告诉你，闭关要带梅萨去。
对我这句忠告言，你却没听全忘记，
不领梅萨留家中，才被恶魔抢了去。
现在你要去何方？盲目追赶白费力。
降服恶魔鲁赞王，眼下还未到时机。
……
壮士睡眠如过多，射箭技能会丢光，
射箭若是没准头，敌人就会更猖狂。
现在时机已成熟，准备去降鲁赞王！
……

① 王兴先主编：《降魔篇》，《格萨尔文库》（藏文版）（第一卷），甘肃民族出版社2000年9月版，第866—867页。

一要箭射西方鲁赞王，二要降伏霍尔三大王，
三要镇压南方萨当王，四要夺取十八大地方。
这事除了雄狮大王你，它人虽有武艺难承当。
眼下仇敌它是黑妖魔，你快去把恶魔鲁赞降！
去把妖魔财产运岭地，搭救梅萨奔吉回家乡！①

格萨尔不得不停止闭关修法，前往搭救爱妃梅萨。临行前，爱妃珠牡处于一种嫉妒的心理，规劝格萨尔：

你不称王在白岭，去那偏远空荒地，
对于众生并无益，大王何必干这事？
不如稳坐王位上，把你身威来显示！②

珠牡乘格萨尔进餐之时将“迷心忘事的药丸子”（brjed-zas-mun-chu-dwangs-maviril-bu）放进了茶酒中，昏睡了几天几夜的格萨尔在天母贡曼嘉姆的点化下，才单枪匹马到魔国找到了梅萨。两人虽相见却又无法搭救，原来鲁赞的魔法很高。魁梧雄壮的格萨尔躺在魔王的床上，像一个婴儿，被称为天神之子的格萨尔竟然端不动魔王的碗。梅萨知道降伏魔王的秘诀，她说，要降伏魔王，首先要捣毁他的寄魂物“拉乃”（bla-gnas，灵魂寄居处），否则永远降伏不了他。可是除了鲁赞王本人外谁都不知道他的“拉乃”是什么。在梅萨的努力下，鲁赞老魔终于道出了秘密：“梅萨，你不必这样小心，我那寄魂湖啊，在我的库房里有一颅骨碗癞子血，把这血泼到湖里它才会干枯，别的任何办法也弄不干它，即便弄干了也不会枯竭。我那寄魂树，在我的库房里有一把金斧子，拿这斧子砍三下，它才能断，除此之外别的什么东西也砍不倒它。我那头寄魂的野牛嘛，在我的库房里有一支系有松耳石箭羽的金箭，拿这支箭才能把它射死，要不然，用别的什么东西去打，它都不会死的。

① 王兴先主编：《降魔篇》，《格萨尔文库》（藏文版）（第一卷），甘肃民族出版社2000年9月版，第867—869页

② 同上书，第870页。

我的姐姐卓玛，她的命魂寄在一只装在珊瑚瓶子里的玉蜂身上，杀死了玉蜂，它才会死。我的妹妹阿达拉茂有一个寄魂的蛙头玉蛇，砸烂玉蛇，它才会死掉。我的弟弟才雏有一支寄魂箭，把箭折断，它就会死。我的头发间长着十八只角，大鹏鸟王从须眉山头飞来，它才会断掉；我的头发中间长着一条蝎子毒尾，康地的黑雕飞来才会啄断；我的两个眼珠，天竺的白鹫飞来，才会把它掏走；我眉间虎毛一般的白毫，汉地的小黑鹞飞来，它才会脱落；我背部的大痣囊，铁鹞子七兄弟飞来，才会把它啄破；我的肚肠，红铜狗来了，才能吃掉；我手脚的指甲上，长着黑雕的利爪，比武器还锋利，用无热龙王九庹长的毒蛇索才能捆绑住。我的口中能吐出烟云和火焰，鼻孔里能喷出毒气和瘟疫，当空中猛雷轰鸣，降下冰雹和闪电时，这烟云、火焰和毒气才能熄灭和消散。除非这些，任何人都拿我没办法；就是用刀砍、射箭，也伤害不了我。即便受伤了，撒上一点灰，马上就会好。在我睡着以后，我的额头上有一条水晶般的小鱼，在闪闪发光，他就是我的命根子寄魂鱼（见图 23）。当这条鱼儿发光时，用箭射中它，我才会死。”原来，鲁赞王的寄魂湖在黑魔谷（bdud-lung-nag-pu），寄魂山是九间铁围宫（lcags-ra-rtse-dgu），寄魂鸟是共命鸟王（bya-shing-ba-shang-shang-rgyal-po），寄魂树在森林，寄魂牛是红野牛（vbrong-zangs-rwa-dmar-po）。魔王经不住梅萨的哄骗，讲出了自己的灵魂寄居处。格萨尔乘魔王外出巡视之际，打翻了魔王仓库里的一碗癞子血，弄干了寄魂湖；用魔王仓库里的金斧子砍断了寄魂树；用玉羽金箭射死了寄魂牛，魔王顿消妖气，身上的毒蝎毒蛇也变得无影无踪。“与此同时，天神、赞神和龙神又把愚痴和沉迷降到他的身上，魔王从此便不分昼夜，处在半死半活的昏迷状态中。”最后，“格萨尔挥起红刃断尘宝剑，拦腰把老魔砍作两段”，终于制服了霍尔国的魔王鲁赞，“格萨尔大王在北方亚尔康八山地魔王九间铁围宫殿里，一共度过了九年零八个月时光”。[①]

---

① 王兴先主编：《降魔篇》，《格萨尔文库》（藏文版）（第一卷），甘肃民族出版社 2000 年 9 月版，第 930 页。

图 23 格萨尔射杀鲁赞王的寄魂鱼 丹曲摄

降服霍尔三王的故事

霍尔国的黑帐王、白帐王和黄帐王三兄弟，武艺高强，凶狠残暴，他们拥有雄兵百万，趁格萨尔到北方降魔之机入侵岭国，抢走了格萨尔的另一位妃子珠牡。格萨尔知道后，只身前往霍尔国。但是格萨尔根本无法取胜，只好向霍尔国的卦师请教。卦师告诉他：霍尔王的寄魂物是几头雄壮的野牛，黄野牛是黄帐王的寄魂物，白野牛是白帐王的寄魂物，黑野牛是黑帐王的寄魂物。要想降伏霍尔三王，先要把黄、白、黑三条野牛的头砍掉，千万不能回头。格萨尔来到雪山背后，果真看见有几头野牛，样子凶猛，很难接近，于是格萨尔变成一只大鹏金翅鸟，闪电般地落在黄野牛身上，咬掉它的一只角，接着又咬掉白野牛和黑野牛的一只角。此后，白帐王、黄帐王、黑帐王都得了重病，立即请来医生诊断并向天神敬奉供品，病虽好了一些，但不能理政。于是格萨尔趁机潜入霍尔国王宫，向卦师求得彻底降伏他们的秘法。格萨尔再次来到雪山背后，使用法术，在三头寄魂牛的头上钉了铁钉，霍尔三王果然病情加重了。在霍尔三王中，白帐王最为凶悍，因为他的灵魂不光寄托在野牛身上，还寄托在阿钦山上一株千年古树上。格萨尔又设法砍倒了寄魂树，捣毁了寄魂山。随着寄魂树轰隆一声倒下，白帐王也立刻从宝座上摔了下来。站在一旁的宠儿阿吉也摔得脑浆迸裂。[①] 格萨尔杀死寄魂牛，砍倒寄魂树，捣毁寄魂山，最终降伏了霍尔三王，救回了珠牡。

降伏祝古国王的故事

祝古国国王宇杰托桂扎巴武艺非凡，3岁便能弯弓射箭，4、5岁精通刀马箭，6岁时就征服了六大邦国，9岁时击败了入侵之敌。比武选王时，13岁的他便一举夺魁继承了王位。后来岭国与祝古国之间发生了一次恶战，岭国格萨尔大王命王子扎拉孜杰率领三个邦国的兵马向祝古国发动进攻，但激战数年，未能取胜。于是，天母贡曼嘉姆向王子扎拉预言："宇杰托桂扎巴的寄魂物有五个：一是黑熊谷中的大黑熊，二是天堡风崖上的罗刹鸟九头猫头鹰，三是罗刹命堡大峪谷的恐怖野人，四是巴玛毒海的九尾灾鱼，五是富庶林海中的独脚恶鬼树。祝古大臣的寄魂物有凶猛的黄熊与红虎、华丽的豹子、强壮的苍狼，都藏在稀奇的黄金洞里。扎拉啊！要想降伏祝古君臣，先要消灭他们的寄魂物。"王子扎拉听了以后，还是没有消灭宇杰托桂的办法，因为除了精通巫术的晁通，无人知晓他的灵魂寄存在什么地方。晁通后来得意扬扬地说出了降伏寄魂物的办法："九头猫头鹰该由长系赛巴消灭；恐怖野人该由仲系文布消灭；九尾灾鱼该由幼系的穆姜氏消灭；独脚恶鬼树由达绒部落消灭；那宇杰托桂的第一寄魂物黑熊该由岭国君臣十人前去消灭。"晁通领着岭国君臣来到石崖下指着隐蔽的洞口处说："这就是祝古君臣的灵魂寄存处，我们今天要把苍狼的獠牙敲下来，把猛虎的皮子剥下来，把豹子的斑点割下来，把大熊的爪子掰下来。"洞外众英雄个个摩拳擦掌，洞内猛兽听到外面人声鼎沸，也骚动起来，苍狼嚎叫，猛虎长啸，花豹猛吼，大熊咆哮，纷纷窜出洞来。先窜出的苍狼把晁通咬住拖来拖去，吓得晁通不敢睁眼。辛巴·梅乳泽急步赶上，把苍狼劈成两半。见苍狼已死，黄熊大吼着朝梅乳泽扑去，森达举起大砍刀把黄熊的头砍落在地。花斑豹一跃而起，抱住了森达的头，森达一抬手抓住了豹子的两只前爪，一下掼在地上，玉拉抽刀上前，把豹子拦腰砍成两截。只听一声长啸，猛虎窜出洞来，把众英雄吓了一跳，猛虎直扑小英雄玉拉，咬

---

① 王兴生主编：《降霍篇》，《格萨尔文库》（藏文版）（第一卷），甘肃民族出版社2000年9月版，第1397页。

住他的肩膀左摇右甩，王子扎拉孜杰上前挥起宝刀，劈开了猛虎的头。那最后出洞的是能摧毁三界的大黑熊，声如苍龙，一出洞就抓住玉拉摔打，辛巴、丹玛、森达三人挥刀猛砍，黑熊丢下玉拉，又把辛巴抓起，像拖羊羔一样拖了去。众英雄紧随其后，拼命想把辛巴·梅乳泽救出来。黑熊一见晁通，直奔晁通，吓得他三魂九魄都蹿到头发尖上去了，跪在地上大声哀求，大黑熊一爪下去抓住他就往嘴里塞，晁通把自己变成了一块石头，那黑熊嚼不动，遂吐在了地上。女英雄阿达娜姆早已忍耐不住，急忙把“闪电火焰铁箭”搭在她那把“山岳宝弓”上，向黑熊射去三支，大黑熊像一座坍塌的土山一样，倒地身亡。众英雄一拥而上，把大熊剥开，从黑熊的脑子里取出三块鸡蛋大的弹丸，这正是天魔神、地魔神、空魔神的灵魂寄存所在。从黑熊心脏里取出精铁的九股金刚杵，是托桂王的灵魂寄存处。从肝脏里取出一个鹫鸟翅膀，是众魔臣的灵魂寄存处。与此同时，长系赛巴消灭了九头猫头鹰寄魂鸟，仲系文布消灭了寄魂独树，幼系的穆姜氏消灭了九尾灾鱼，达绒部落消灭了恐怖野人。祝古大臣等人的寄魂物被毁灭后，岭军顺利地攻占了祝古兵器城，最终杀死了作恶多端的祝古王。[①]

四　灵魂寄存观的表现形式是构成《格萨尔》创作的重要基石

“任何一位受本民族文化熏陶，接受了本民族文化滋养的作家，在他的文学创作活动中都会自觉不自觉地表现出本民族的审美理想和审美情趣。这是不争自明的事实。”[②]《格萨尔》的创作也不例外。

在格萨尔降伏鲁赞王的故事中我们可以看出，作为天神之子的格萨尔，来到人间的主要目的有四个方面：“一要箭射西方鲁赞王，二要降伏霍尔三大王，三要镇压南方萨当王，四要夺取十八大地方。”当他消灭居住在黑魔国土亚尔康北方“九间铁围魔城”的魔王鲁赞时，鲁赞王被描写为体高“如山”，“九个脑袋”，“十八支犄角”，“生气时站在乌云毒雾中间，口中吐出的烟雾就像火山爆发；鼻孔呼出的毒气，犹如

① 东孔活佛整理：《祝古兵器宗》（藏文版），甘肃民族出版社 1987 年版。

② 关纪新、朝戈金：《多重选择的世界——当代少数民族作家的理论描述》，中央民族大学出版社 1995 年 3 月版，第 101 页。

狂风大作”。胆小的人见了会“心惊胆战”，胆量大的也要“惶恐万状”。[①] 格萨尔与魔王相比“像一个婴儿”。正是这种恰到好处的比喻体现了二者之间的悬殊对比，于是为格萨尔另辟蹊径，通过捣毁魔王的寄魂物，以达到消灭之的故事情节做了很好的铺垫。而通过梅萨与老魔的对话，老魔道出了自己的灵魂寄居处；格萨尔在“天神”、“赞神”和“龙神”的协助下，终于制服了霍尔国的魔王鲁赞等的描写，使英雄格萨尔出神入化，战无不胜成为顺理成章。

同样，格萨尔在征服北方霍尔国的黑帐王、白帐王和黄帐王三兄弟之际，他的对手同样有与魔王鲁赞一样的魔法，武艺高强，凶狠残暴，拥兵百万。格萨尔在根本无法取胜的情况下，只好借助于卦师，摸清并捣毁了霍尔三王的寄魂物，最终降伏了霍尔三王。

“最古老的神话，作为某种浑融的统一体，不仅孕育着宗教和最古老的观念的胚胎（诚然，诸如此类的观念又形成于神话的本原被克服的过程中），而且孕育着艺术的，首先是口头艺术的胚胎。艺术形态承袭于神话，既承袭具体的、可感知的概括手法，又承袭浑融体[②]本身。文学在其发展过程中，长期以来将传统神话直接用于艺术目的。”[③]

藏民族漫长的生产实践和社会生活，提供了产生《格萨尔》的物质条件和现实基础；雪域高原那广袤无垠的草原、雄伟瑰丽的山水、莫测万变的气象，滋养了格萨尔说唱艺人们丰富的艺术想象力。这种想象力既来源于现实生活，又来源于该民族的审美意识之中。从而，艺人们写英雄则自天而降，降伏妖魔；写魔王则“吃一百个成人做早点，吃一百个男孩做午餐，吃一百个少女做晚餐”，贪欲无限，凶恶至极；写美人则如虹彩，灿若太阳，美若莲花。《格萨尔》的这种超脱的想象和准确的比喻，正如杨义先生评价：“它的想象空间是雄伟广阔的，可以说，它是中华民族这千年最具有高山旷野气息的超级史诗。其想象出入

---

① 王兴生主编：《降魔篇》，《格萨尔文库》（藏文版）（第一卷），甘肃民族出版社 2000 年 9 月版，第 866—869 页。

② 浑融体，源于希腊文，是指艺术的种种形态（音乐、歌曲、舞蹈、诗歌等）浑融一体的状态，是后人类文化萌生时期的特征；又指人类原始时期文化的种种形态浑然不分的状态。

③ ［苏］叶·莫·梅列金斯基著，魏庆征译：《神话的诗学》，商务印书馆 1990 年版，第 1 页。

于天地三界，驰骋于高山神湖。”它运用的比喻是游牧民族特有的比喻，它的价值观是游牧文化的价值观，而不是宗法文化的价值观。他的战争观也与中原礼乐文化不同。[①] 也正是这些优秀文化传统的积淀和民间艺人的苦苦探索，才逐步酝酿和形成了伟大史诗《格萨尔》。

从这些故事中我们可以看出，英雄的格萨尔似乎在魔鬼面前只是一个弱者的形象，有时他也极其无奈，只能凭借别人卦师、妃子的智慧和天神贡曼嘉姆的预言，找到恶魔的灵魂寄存处，来达到降伏妖魔的目的。可见，在格萨尔降魔的众故事中，灵魂寄存现象始终是构成故事主干、造就英雄形象的主体构思线索。灵魂寄存观念的注入，使《格萨尔》表现出情节曲折，诡异多变，引人入胜的良好效果。“古代各族是在幻想中、神话中经历了自己的史前时期。”[②] 藏族古代的神话、传说、自然崇拜和对圣山圣湖的膜拜，体现了藏族先民丰富的幻想力和想象力，这正是藏族的原始宗教和原始艺术赖以产生的重要因素，自然也是孕育《格萨尔》的基本元素。因此，从某种意义上说，灵魂寄存观是构成英雄史诗创作的重要基石（见图 24）。

图 24 格萨尔搭救灵魂 丹曲摄

---

① 杨义：《深入发掘〈格萨尔〉丰富的文化内涵》，《中国〈格萨尔〉》（创刊号），中国民族摄影艺术出版社 2002 年 6 月版，第 10 页。

② 马克思：《资本论》第 1 卷，1872 年第 2 版，《马克思恩格斯全集》第 2 卷，人民出版社 1977 年 4 月版。

第四节　灵魂观念的现代遗存与藏族文化的重要特征

一　灵魂的搭救和超度

《地狱救妻》是《格萨尔》的终结篇，记述了格萨尔大王赴汉地时，爱妃阿达拉姆体衰身亡。临终前，她回忆起格萨尔单独对她说过的秘密话：格萨尔能拯救危难亡魂出地狱。于是就委托部落大臣将自己的遗物连同整个部落奉献给了格萨尔，并提醒格萨尔关注她亡魂的安慰。实际上，阿达拉姆一生戎马生涯，四处征战，生前害了不少性命，因而罪孽深重，坠入了地狱，遍受酷刑，急盼格萨尔前来搭救。格萨尔返归岭国，得知阿达拉姆身亡后，遂勇入地狱，最终以替阿达拉姆“奉造一千零八尊如来、抄写一千零八卷解脱经、建造一千零八座银塔”为条件，赢得阎罗王允诺，放阿达拉姆出地狱。

在地狱中，阿达拉姆的灵魂向格萨尔探问道：

铁染的宝塔犹如在寺中，高低像是须眉卢山峰，
许多亡魂丢在那塔底，大山底下呻吟受苦痛，
那是什么恶业的报应？

格萨尔答道：

火燃的铁塔如须弥，底下压着无数人。

那是活在人间时，以佛像佛塔神庙为见证，以佛祖经典为中证。

不计报应发大誓，欺骗知交和朋友，把承诺的誓约皆背弃。

窃贼欺骗那失主，口称未偷拿着经典作明证，为了取信时常把誓盟。

从富人手中借银钱，声言债务今天不能偿，到了某日一定还，

赌咒发誓却到期不偿付。①

正当阿达拉姆恢复原貌走出地狱之际，阎罗王又提出新的要求，请格萨尔领阿达拉姆和十万亡魂遍游地狱。他们亲眼目睹了地狱之苦，明白了受罚缘由。阎罗王通过这种形式来启发亡魂们生出彻底洗清罪孽之心。在游历地狱的过程中，阿达拉姆问道：

有恩的格萨尔王您请听，眼望前方有这样的情景：
在那九层铁成的门前，许多男女亡灵在头顶，
转着烈火燃烧的铁轮，头上灰白脑浆全溢出，
痛苦难忍哭号直连天，那是什么恶业的报应？

格萨尔解释说：

心爱的阿达拉姆仔细听，九层铁成门前的亡灵，
头上的铁轮燃烧转不息，那是活在人间时，
对有养育之恩的父母，不孝不敬头上击鞋底，
反唇瞪眼常忤逆，细软好衣自己穿，
老年父母多褴褛，香甜茶饭自己吃，
老年父母吃馊食，后辈行为太恶劣，
忍不住间或作劝谕，扑来直骂“老不死”，
是这种恶业所招致。②

就这样，格萨尔携他们遍游地狱，并揭示原委，阐发道理，使他们产生了强烈的悔恶从善之心，最终在格萨尔的引导下，超脱“地狱”、“饿鬼”、“俯行”三恶趣而进入极乐世界。在此当中，格萨尔就讲了如果前世不积德行善，那么死后就要坠入地狱受无尽的痛苦，深刻地阐明了佛教因果报应的关系。佛教认为，世间有三善趣和三恶趣六道轮回，

① 青海省文联民间文学研究组收集翻译：《地狱救妻之部》（编印本），第64—66页。
② 同上书，第77—79页。

如果今生行善，来世就可转入天、人、非天三善趣之一；否则就会坠入三恶趣即地狱、饿鬼和畜生。虽然此段对话的内容讲的是佛教生死轮回的观念，但表明的却是营救灵魂升入天堂的基本事实。

二 灵魂观的现代遗存

这里之所以要讨论灵魂观的现代遗存问题，是因为在读过《格萨尔》各种版本，聆听了不同艺人说唱的《格萨尔》故事之后，我们大家就会感到《格萨尔》中传递出的古代藏族宗教、文化、习俗的信息，虽然经过了漫长的历史演变，产生了不同的版本和不同的描述语言，但其变化程度似乎并不像从畜力牵引时代向蒸汽机时代过渡那样富有跳动性和飞跃性，而是相对缓慢的和平和的。在雪域这块神奇、封闭的土地上，藏族古代文化的现代遗存在很大程度上活化着古代的传统思想，今天人们的思想观念中仍然可以找到传统文化的影子。所以，考察和探讨灵魂观的现代遗存，特别是生活在《格萨尔》流传地域的人们的灵魂观遗存情况，对我们分析古代藏族灵魂观念和藏族文化特征，是不无裨益的，也是很有必要的。

灵魂观念，作为一种民间信仰，迄今为止仍然在广大藏族人民群众中普遍流传。藏族的“天葬”习俗中灵魂观念就十分浓厚，人们对灵魂升天坚信不疑。

送尸这一天，死者家迎请寺院的僧侣到家里念经，村里男女老少都纷纷前来，聆听僧侣们为死者念诵的《超度经》、《金刚经》等，内容多为祈祷死者灵魂升天、赞美天界仙境。依照寺院活佛和高僧旨意，或埋葬，或火葬，或实行天葬，葬后死者家人还要向死者灵魂哭唱祷告词。祷告内容主要是哭述死者在世受尽苦难，抚养晚辈，恩重无比，感恩戴德；祝愿亡灵早日归天，平安幸福，使死者灵魂避免误入歧途变成鬼魂或找不到入天界的归宿而四处游荡。行天葬的死者，被送往天葬场，经专职的天葬师处理后，喂给飞来的秃鹫。对这种现象，天葬师奥劳所说的似乎不无道理：“人活着要快乐生活，死了以后把自己的躯体施舍给秃鹫，秃鹫吃了以后，自己的灵魂随着秃鹫飞往各处。”①

---

① 2000 年 11 月 18 日笔者到拉萨色拉天葬场采访天葬师奥劳。

笔者曾在西藏林芝地区林芝县的苯日圣山作过考察，在转山道路两旁的墙壁上发现有深深的槽子，并且还有许多小洞（见图25）。当我们问到这些奇异现象有什么意义时，当地的人们解释说：“据说这是人死了以后灵魂的必经之路，几十代转山人经过修挖，为死后的灵魂造就一条坦途。”路上的小洞据说则是“为了死后，供自己的灵魂有个生活的地方”。[①] 从中可以看出，在人们的思想观念中，绕转圣山有许多宗教意向和功德，不仅为死者修一条灵魂超脱的道路，而且还为自己将来死后修一个灵魂的生活家园。

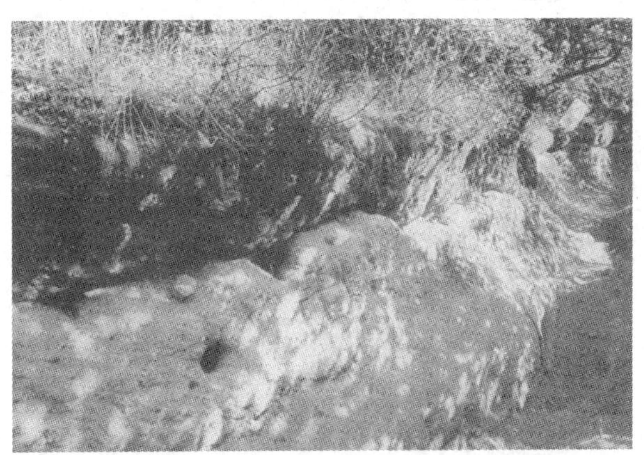

图25 苯日山上的寄魂洞与灵魂通道 丹曲摄

正是基于古老的灵魂观念，也正是佛教文化的影响，灵魂观念成为藏传佛教哲学的基础，如“生死轮回”学说就是灵魂转世的哲学体现，灵魂转世中的灵魂被看作一种绝对的、永恒的精神，人的躯体只是精神的容器，是生命之火燃烧的木柴，躯体可以周而复始，而灵魂可以永生不灭。这时的灵魂观念，在形式上获得了完美，在理念上得到了质的升华。灵魂观念—灵魂外寄—灵魂转世，成为灵魂观念和学说发展的一条脉络。迄今为止，灵魂观念仍然在人们的思想中根深蒂固。

---

① 2000年11月26日笔者到西藏林芝地区林芝县的苯日圣山考察时采访林芝县麦如小学教师边巴的笔录。

三 灵魂寄存观体现了藏族文化的重要特征

原始人类在未进入耕作种植阶段时，主要靠狩猎和采集为生，衣食用品，大部分都取自动物身上。动物的存在，与先民的生存休戚相关。他们不仅对动物有一种特殊的情感和神秘的认识，而且曾把动物作为图腾崇拜和神灵信仰。毫无疑问，藏族先民也不例外，动物崇拜及其艺术创作，自然也是他们精神生活的一个组成部分。藏族有许多从远古流传下来的动物神话、故事和歌谣，就是明显的例证。

藏族先民将自己的灵魂寄存在动物之上，也是由来已久的。据藏族史料记载，古代“董、珠、扎、廓、噶”“五大氏族”就有灵魂寄存的说法。各大氏族，将灵魂寄存在动物身上。“董氏属土，灵魂托于鹿；珠氏属水，灵魂托于牦牛；扎氏属金，灵魂托于野驴；廓氏属火，灵魂托于山羊；噶氏属木，灵魂托于绵羊。这就是著名的五大氏族。”[①] 这种灵魂寄存在动物身上的灵魂寄存方式，在《格萨尔》中更是表现得淋漓尽致。如董氏长、中、幼三支分别将魂寄于大鹏、青龙和雄狮身上；岭国的寄魂鸟是白仙鹤、黑乌鸦、花喜鹊。霍尔国的白帐王、黄帐王、黑帐王则将自己的灵魂分别寄存在白、黄、黑三个野牛身上等。凡此种种，都体现了藏族原始文化的重要特征。正如孟慧英所说：“由此我们联想到佛雷泽的人类学名著《金枝》中象征着祭祀权利与生命的槲寄生——金枝。灵魂寄存于槲寄生身上，寄魂物是一种普遍的原始宗教思维表现，无论苯教还是萨满教，都充分展示着这种远古文化信息。”

在《格萨尔》中，基于动物崇拜的观念，无论是岭国人物系统的灵魂，还是其他部落人物的灵魂，都已经超越了将灵魂寄存在单一的动物身上的这种格局，高大的雪山，无边的湖泊，都可作为灵魂的寄存物。而英雄人物格萨尔，就将自己的灵魂寄存在“玛沁奔热”即阿尼玛沁雪山之上和黄河源头的扎陵、鄂陵和卓陵三湖之中。因为山具有基础宽广、厚重安稳的特点；而湖则有福泽丰溢、滔滔不息的特点。在反映自然崇拜和万物有灵的远古时代文化信息的史诗中，更是选择巍峨宏

---

① 南卡洛布：《藏族远古史》（藏文本），四川民族出版社 1990 年版，第 128 页。

伟的阿尼玛沁作为生活在黄河源头的岭部落和英雄格萨尔的寄魂山，浩瀚洁净的三湖作为他们的寄魂湖。灵魂寄存于动物身上，体现了藏族古代先民的“图腾崇拜”的观念。而灵魂寄存在圣山圣水的观念，不仅体现了藏族的灵魂观念，同时反映了古代藏族的自然观念。这种观念不仅具有重要的文学价值，而且具有深刻的哲学含义，它在藏族传统文化中，有着深刻而又广泛的文化内涵。“万物有灵的观念是自然崇拜的思想根源和理论基础，而灵魂外寄和灵魂转世的观念，是灵魂观念的重要表现形式。从某种意义上讲，这种灵魂观念构成了雪域文化的根基，是雪域文化的一个重要特征。与其他民族，例如与汉族文化相比，可以明显地看出它们的文化差异。深入研究、准确把握藏族文化的这种特征，不但具有重要的学术价值，而且具有重大的现实意义。”①

综上所述，《格萨尔》中的灵魂观念，有着特定的表现形式，通过灵魂观念来塑造各种人物形象；通过灵魂寄存、灵魂搭救和超度等方式，来推动故事情节的起伏澎湃，最终引入高潮。灵魂观念在《格萨尔》中，不仅具有深厚的文化内涵，而且构成其中主要艺术角色的塑造机缘，是《格萨尔》创作的重要基石。

《格萨尔》中的自然观告诉人们，自然界的动物、植物以及高山、湖泊甚至一切都具有人性，与人同类，这明显体现了物人一体的思想理念，这与现代生态学强调自然界的一切与人拥有平等权利的理念是不谋而合的。

① 降边嘉措：《格萨尔论》，内蒙古大学出版社 1999 年 8 月版，第 210 页。

第四章 《格萨尔》中所反映的古代藏族自然观

自然观就是人们对自然的看法。人类从诞生起，就要直接面对自然，故此首先需对自然概念作追本溯源的考察。现代欧洲语言的“自然”（Nature）一词有两种含义，第一指自然物的集合，相当于汉语中的“自然界”；第二指“本性”，这与汉语中“自然”作为形容词时的根本含义相合。古希腊文“自然”一词同时有“本性”、“生长”两种含义，因为再也没有比生命的诞生、成长更为自然的事了，所以在古希腊自然哲学中，“自然”还有生长、诞生这一古老、原初的意义。因此，自然观即是对自然概念作追本溯源的考察后得出的结论。

自古以来，藏民族就形成了崇尚大自然、敬畏大自然的民间传统习俗。人们认为，人类既然来自自然，那么就要敬畏自然、遵循自然规律、与大自然和谐相处，因而也就形成了“天人合一”和“物我合一”的自然观和伦理观。作为民间口头叙事诗的《格萨尔》，是藏民族在与自然、社会多维度对话中建构的，是人类生命意识的艺术展现与诗话歌颂。其中无论是故事情节还是对话语词，都蕴含着独特而深厚的文化内涵，折射着藏民族对雪域高原社会历史的认知和生存自然的体验，体现了藏族人民特有的自然观念。下文笔者从《格萨尔》本身所反映的古代藏族的自然观展开讨论。

第一节 《格萨尔》中“天人合一”的自然观念

《格萨尔》虽然是一部文学作品，但在藏民族的文化史上却产生过较大的影响。在某种程度上来讲，它代表了藏族文化的最高成就。其中不仅涉猎了人们对宇宙起源的追索和认识，而且也贯穿了对大自然的探讨和感悟。

一 “十八颗鸟卵”故事对宇宙起源的追索

《汉与岭传奇》中有一则故事讲，在开天辟地之时，有两只鸟儿从沟中飞来，一个说“斯巴”（srid-pa，“世界”或“世间”）本来就无，另一个说“斯巴”本来就有，随后就在有无之间造鸟窝，生下了十八颗鸟卵。其中以三颗白卵为基础形成了天界，以三颗黄卵为基础形成了念界，以三颗绿卵为基础形成了龙界。这大概就是藏族原始苯教宇宙观所说的“三界”的来历。另外六颗卵滚到了人间，从而形成了藏族原始六氏族。剩下三颗是铁卵，由天、念、龙神来锻打，中间打开一条缝，有的说里面有一只大鹏鸟，有的说里面是只老虎，有的说里面是獐子，有的说里面是黄牛，有的说里面是一个人。[①] 从这则故事中可以看出，在藏族先民的观念中，不仅天地和人类是由鸟卵所形成，就连物种也是从鸟卵中产生的。这是对宇宙天地、人类自身及五种来源的总体认识。

接下来这则故事还把五种属性的产生，与上面所说的几种动物联系在一起，如提到大鹏鸟时说，天空之所以蔚蓝往下扣，是因为大鹏的上喙青而向下大包；大地之所以灰白而广阔，是因为大鹏的下喙是灰色的；日月之所以悬挂天空红彤彤，是因为大鹏的眼睛红而向下翻；一年之所以有 365 天，是来自大鹏有 365 根大羽毛等。如讲到老虎的内容时说，老虎有三个兄长，它们是苍龙、闪电和雷霆；老虎有三个弟弟，它们是家猫、山猫和黄鼠狼；老虎有三个妹妹，它们是豺狼、苍狼和旱獭；老虎有似虎非虎的三兄弟，它们是雪豹、草豹和金钱豹。在提到獐子时说，獐子的脑袋去天国，神族圣洁由此生；獐子的肩胛留蒙地，因此蒙古人尚射箭；獐子的内脏留汉地，因此汉地物产最丰富，等等。在提到黄牛时说，丢失一块鲜牛肉，只有大鹿它得到，因此鹿肉才丰满；丢失一条牛尾巴，只有马儿它得到，因此马尾

---

① 阿图整理：《汉与岭传奇》（藏文版），中国民间文艺出版社 1982 年版，第 171 页。

巴粗又长；丢失一只牛蹄子，只有野驴它得到，因此四蹄最灵便，等等。[①] 这些资料中同样阐明了物种乃至民族的特性，都归于几个原生动物了。

《朗氏家族史》则这样描述："五大（地、水、火、风、空）之精华形成一枚大卵，卵的外壳生成天界的白色石崖，卵中的蛋清旋转变为白螺海，卵液产生出六道有情。卵液又凝结成十八分，即十八枚卵，其中品者系色如海螺的白卵……"[②] "卵生说"被许多藏族学者接受并记载于著述中。这一学说的核心之一是认为宇宙万物起源于"空"，起源以后发生变化，产生了轻而震荡的"风"（即气流），又由轻而震荡的"风"产生"火"，火为热性。"风"与"火"触动产生"风"的"微尘"，"微尘"慢慢增大，在"火"的作用下，冷热不均，变冷的出现湿润，由湿润产生"水"。风、火、水三种元素互相接触，微尘逐渐下降凝结为"土"。这一学说的核心之二是直接或间接地显示了宇宙起源的物质因素。最初的一枚或多枚卵都是潜在的固有状态，"卵生说"否定了神的意志和作用，将世界的形成归结为纯粹的自然物质的变化，具有进步意义。可见，藏民族的这些是朴素的唯物主义的意识，是在纯朴的自然观的基础上衍生出来的，藏族先民的自然观从原始文化的一开始，便贯穿于思想意识之中了。

二　《格萨尔》对宇宙天体的描述

在《格萨尔》中，关于宇宙观的记载俯拾皆是，甚至将人们居住的地形、建筑以及帽子等自然实体和物品结构都赋予了宇宙构想的成分。

地形

在格萨尔说唱艺人眼中，岭国的地形也是根据宇宙的天体建构的。《松岭大战之部》描述，当晁通落入松巴敌国军队手中后，受到了公爵大臣托果曼巴尔审讯，这时晁通唱道：

---

① 阿图整理：《汉与岭传奇》（藏文版），中国民间文艺出版社 1982 年版，第 179 页。

② 大司徒降曲坚赞：《朗氏家族史》（藏文版），西藏人民出版社 1986 年版，第 1—10 页。

我们的玛康岭地方，你若问形成是那般，
她的形势最是特别，如像末尼珠是喜旋。
格卓的红色彩虹山，如像殊胜的须弥山，
天神山、龙王山、念神山，母亲山、玛杰、食杰山，
这是黄河上游的七花山，是自然形成的七金山。
黄河下游的拉龙三大谷，地方如东方胜身洲。
上岭塞尔巴八大部，地形如南方瞻部洲。
赛绒红石岩八大部，地形如西方牛货洲。
丹地部落十八万户，地形如北方俱卢洲。
玛岭木江的四大部，中岭翁本布广大部，
下岭日叉、上叉部，还有叉吾、叉肖部。
下岭四叉达尔部，达尔上下的尕、珠部，
达吾米错玛尔布部，如像八小洲在八处。
毒水自旋的奶子湖，形成犹如那大海势。①

建筑

格萨尔赛马称王后，岭国被建造得俨然如宇宙大曼荼罗之缩影，正如《松巴牦牛宗》："东部建有'女秋朝炯'青铜城堡，有三个铜铁屋顶，住着格萨尔的侄子'布白扎拉则结'；南部有'贵仓查叶'兀鹰城堡，其周围有一无法逾越的护城河；西部有'来卡'军队把护的要塞，共68层，大门用沉沉的金属闩锁住；岭国北部有'切卡'大城堡，里面是无尽的财富，世上最名贵的宝石皆藏于此处；岭国中心城堡'森珠达宗'，为一座高197层的幼狮虎城堡，有众神、那嘎人和念恶魔用五种不同的宝石施魔法后建成，此为瞻部岭格萨尔王的府邸……"《格萨尔》的《贵德分章本》中讲，格萨尔称王后，在岭国中央设立了著名的绿玉瞻大帐房，为权利之中心，有着囊括各方面力量的气势："在此帐房上部如雄狮卧踞（权势象征），下部如青龙缠绕（财富象征），中部如金刚耸立（象征勇武）。帐房的后面供着岭地三神像（指上部白梵天王、中部念神、下部龙王）。那里分三个部分，一

① 王沂暖、王兴先译：《松岭大战之部》，敦煌文艺出版社1991年11月版，第36页。

部分是大喇嘛居住的地方，一部分是英雄们练武的地方，一部分是妃子们歌舞的地方。”① 在《赛马称王》中，叫花子觉如让神医贡噶尼玛为他诊脉，神医惊奇地发现：“他脉如同须弥山，一派做大首领的气势；母脉好似无边海，一派做大才东的气象；风脉就如红绫绢，一派无往而不胜的劲头儿；他的血脉、精脉和中脉，法身、报身、化身其中……”② 由此可见，格萨尔的大帐既是王权的象征，又象征宇宙三界中的须弥山。须弥山比喻尊贵的地位和权势，“无边海”比喻丰厚的财产。

在《取宝篇》中，对格萨尔的龙宫描述道：

> 王宫下层四方玉石筑，铁梨硬木做成四大门。
> 就像须眉山王南边天，晶晶莹莹湛蓝光自闪。
> 世界各地五谷精华运，无穷无尽食物受用品。
> 如同无热湖水滚波涛，浩浩荡荡浮云无止境。
> 宫基直达无热龙宫殿，处处都有龙童游乐园。
> 三道城廓内里庭院中，八种不同花园为一圈。
> 就像金山乳海绕四周，各种草木丛生鲜花艳。
> 当中一道城墙四访边，八宗酒洲四门作庄严。
> 嘉洛九中宝物满满装，如同四周围着须眉山，
> 骡马牲畜福运都充满。外城中间四廊拐弯处，
> 有座御敌天铁坚城堡，如同马面大山四方围，
> 十万天兵吼声隆隆高。③

帽子

在《赛马篇》中，白岭勇士们的赛马已进入最激烈、最精彩的阶段。觉如扬鞭催马，也向前赶了一程。觉如超过了古如后，很快赶上了

---

① 王沂暖、华甲译：《格萨尔王传》（贵德分章本），甘肃人民出版社 1981 年版，第 36 页。

② 黄文焕编译：《赛马称王》，西藏人民出版社 1988 年版，第 92 页。

③ 王兴生主编：《取宝篇》，《格萨尔文库》（藏文版）（第一卷），甘肃民族出版社 2000 年 9 月版，第 719 页。

仓尉俄鲁（tshangs-pavi-ngo-lug）。聪明的仓尉俄鲁一面唱歌一面将“长支作为护轮的圣缘物——莲花生的小花禅帽”献给了觉如，也祈求觉如同样赐给他“一件具有加持力的护身物”。仓尉俄鲁自豪地赞颂他的帽子，这顶帽子是根据宇宙观的构想制作而成的。正如仓尉俄鲁所唱的：

这顶空性花禅帽，乃是嘉洛传家宝，
岭部长支圣缘物。这顶帽子非寻常，
它是莲师灌顶帽，今日敬献觉如你！
表示生死与涅槃，轮回三界和六道，
在它里面都具备。四根羽毛插冒顶，
表示无色处四边。上面有绸十七条，
表示色界十七天，帽上莲瓣十六片，
表示六界有六天。

这顶禅帽有四边，象征四界四大洲。
每面二角共八角，象征周边八中洲。
帽带下缀三绺穗，象征恶趣三居处。
帽子总共为六面，象征轮回有六趣。
帽子内里空而宽，象征轮回无实义。
帽色白而放光彩，象征心性无变异。
帽檐用布压边缘，表示消除二障义。
轮回事相帽中有，应乎出世涅槃理。①

在人们的心目中岭部落是至高无上的，同样象征取之不尽、用之不竭宝藏的龙宫也是极为神圣的。而佛教宇宙学说中的四大洲指：东胜身洲、南赡部洲、西牛货洲以及北俱卢洲。佛教经典中说，宇宙无边无际，众生现居世界是其中一部分，该世界有四大洲及日月星辰等。此四

① 王兴先主编：《赛马篇》，《格萨尔文库》（藏文版）（第一卷），甘肃民族出版社2000年9月版，第627—628页。

洲坐落在须弥山四周咸海中之东南西北四方。每大洲又有两小洲。所以人们每当讲到岭国、龙宫时，都将佛教宇宙观融入其中。

三 “物我合一”的自然构想

《格萨尔》中，物化现象极为普遍，无论雄狮大王格萨尔，还是魔王小卒，都常常化作植物和动物，要么是花，要么是动物，达到了物中有我、我中有物、物我合一的境界即主客体的相互融合。这种物化的观点，既具有重要的审美价值，又与现代人以万物为友、复归自然的意识流相通，与现代生态伦理学建立的人与自然之间的和谐秩序的主张相吻合。

赋予动物以人的品质

在《格萨尔》中，动物充当了重要的角色，它们既是人类的良师益友，又是人们的得力帮手。有了它们，似乎在史诗中也增添了一份情趣。

在《赛马篇》中，珠牡遵循天神的授记，欲抓住宝马神驹做格萨尔赛马时的坐骑，廓姆也默默相助（见图26）。她们“在天神、龙神和念神的协助下”来到“毛兰山口”，发现野马群漫山遍野，廓姆唱起了“河水缓流曲调”，企盼着“能听懂人的语言”的神马出现。果真，“其他野马都四处逃散了，唯独那匹神马跑到了廓姆的身边表现出一种喜悦和留恋的神情”。这时被拟人化了的马，用人的语言与人进行了沟通。神马并用“马嘶长鸣调”对廓姆唱道：

> 如若不知道这地方，这里是班奈日杂山，千匹野马的栖息地。
> 如若不认识我是谁，
> 我是天界的一使者，我是终结的念牲畜，
> 我是马类的命运神，神智赤兔是我名。[①]

---

① 王兴生主编：《赛马篇》，《格萨尔文库》（藏文版）（第一卷），甘肃民族出版社2000年9月版，第587页。

图 26 协助英雄赛马称王 丹曲摄

于是，“天神、龙神和念神”簇拥着格萨尔的“神兄”、“神弟”及“神妹”从天而降，用绳索套住了神马，交给了廓姆。

《降霍篇》中的动物故事更加感人至深。霍尔白帐王死了王妃，便派宫中御养的“能说人语的”鸽子、鹦鹉、孔雀和乌鸦，前去“上部阿里三围、中部卫藏四如、下部多康六岗，以及汉地、姜地、门域、伊犁、尼婆罗、克什米尔”等地为他寻找能做王妃的美女。怕吃苦的鹦鹉、孔雀和鸽子在途中返回霍尔国。然而黑乌鸦却不负使命，飞了许多地方，最后在岭地发现了珠牡，只见珠牡长得如花似玉，就动员珠牡：

嘉洛僧姜珠牡你，丈夫未死守活寡。
何必妙龄受孤苦，不如随我黑乌鸦，
去做霍尔王妃子，如若愿意跟我去，
那里才是幸福土。①

黑乌鸦和珠牡的一番对话，令珠牡非常生气，就驱走了乌鸦。乌鸦

① 王兴先主编：《降霍篇》，《格萨尔文库》（藏文版）（第一卷），甘肃民族出版社 2000 年 9 月版，第 932 页。

回去后把其发现的报告给了白帐王，霍尔白帐王入侵岭国，将珠牡轻而易举地抢到了霍尔国。珠牡到霍尔王宫以后，期盼格萨尔早日搭救自己。当珠牡的三只寄魂仙鹤得知后，“它们飞到母后廓姆的跟前，从她那里拿了些掺着白糖的酥油糌粑，送去给珠牡吃。晚上，三只仙鹤又展开翅膀，盖住珠牡的身体，让她取暖御寒”。天快亮时，珠牡对三只寄魂仙鹤说：“神鸟三仙鹤啊！你们给我送来吃的，又用翅膀给我暖身，对我实在太好。现在你们不要留在岭地了，赶快飞到亚尔康北方去！要在五天之内到达那里，对格萨尔大王说：‘自从去年春天起，霍尔白帐王就率领一百二十万大军入侵领地，总管王的儿子囊俄，以及斯潘、玛赖、小臣古如坚赞等五人为首的三千岭军将士惨遭屠杀，富饶茶城被摧毁，紫色茶包被抢光，珠牡主仆三人连同库中所有财宝被掠走。幸好嘉擦、达潘、尼奔等众大臣未曾遇难，正在不停地与敌人浴血奋战。就在这生死的紧要关头，格萨尔大王若不连夜赶回，尚不知能否见到本巴谢噶尔？请不要把白岭国忘了，务必要从速归！’你们带着这些话，天一亮就启程上路吧！”① 三只仙鹤历经千难万险，抵达魔国见到了格萨尔。与格萨尔一起的梅萨担心格萨尔离开她，让格萨尔喝上了“迷魂药”酒。这时的三只仙鹤只好到天空向天母贡曼嘉姆求救。它们取回了“无漏甘露洗礼”的清水，洒在了格萨尔的头和脸上，格萨尔才从噩梦中被唤醒，它们向他陈述岭国的灾难、珠牡的不幸。这些动物，凭借它们的神性，如期完成了任务。

《格萨尔·贵德分章本》记述了格萨尔的神马的故事。为搭救梅萨，格萨尔降伏了鲁赞魔王。梅萨得救之后，几次在格萨尔的酒杯中投下健忘药，使格萨尔失去记忆，整日沉湎于酒色，九年中迟迟不能回归岭国，致使外敌霍尔国入侵岭国。这时，格萨尔通人性的江达赤高神马催促他即刻回归，格萨尔还在神马前发下了誓言。梅萨本就不想和格萨尔回岭国，又怕江达赤高神马将格萨尔领走，于是把神马赶出了家门。格萨尔出去找到了自己的马。这时，江达赤高神马提出，只有经格萨尔发誓后它才回去，于是，格萨尔不得不发誓：

---

① 王兴先主编：《降霍篇》，《格萨尔文库》（藏文版）（第一卷），甘肃民族出版社 2000 年 9 月版，第 1144 页。

第一句誓言，不在魔地住；
第二句誓言，不听梅萨话；
第三句誓言，不能再下马。①

江达赤高神马虽是一个动物，但它却扮演了比人还重要的角色。通过发誓，格萨尔终于回到了阔别已久的岭国，继续他的统一大业。这匹神马跟随格萨尔同时从天界来到人间，伴随着格萨尔弛骋沙场，出生入死，屡建战功。不仅如此，它还懂得人的语言，与主人交流思想，互通信息。在格萨尔完成了统一大业后，又同主人一道回到了天国。从天国走来，又回到了天国。整个史诗中，人们的爱情与通人性的动物之情相辉映，主人与动物的手足之情交织，演绎出了一曲曲感人肺腑的不朽恋歌。

再看《降霍篇》，白帐王把珠牡抢去后，格萨尔从魔国回到岭国，得知诸多英雄包括自己的哥哥嘉擦都死于白帐王之手后，只身来到了霍尔国，途中见到一只鹞子落在了自己的弓上，这只鹞子原本是死后的嘉擦所变，不知实情的格萨尔抽出了羽箭，正要杀死鹞子，通人性的神马仍然用它的灵性保住了鹞子的性命。于是又引发了一出感人至深的故事。神马忽地打了一个蹶子，所以格萨尔的箭没有射着，那鹞子飞上天去。这时，神马说道："哎呀，没有头脑的格萨尔呀！你真是'皮肤虽白无知识，地位虽高不懂事'的人哪！你天天思念哥哥，哥哥来了你却拿箭戳它，那鹞子是奔巴嘉擦呀！"说完眼睛里不断留下了黄豆大的泪珠，表现出无限的悲哀。格萨尔大吃一惊，感叹道："啊呀，我还不如一匹马啊！"于是抬头瞭望天空，召唤哥哥飞回"好好叙叙旧情"。于是，格萨尔、鹞子兄弟俩和神马无不难过，一时间谁也说不出话来。通人性的神马忍悲说道："奔巴嘉擦啊！雄狮大王的确不知你生身作了鹞子，如果知道怎么能用箭去戳你呢？你落在我背上来，我多么想背背你呀！"于是鹞子落在了马背上，并说道："我若不变成这么一副模样，也会弄来草料给你吃的，但我现在除了鹞子，吃的是霍尔亡人投生的雀子，除此之外什么也没有，你又不吃这些污秽的东西，真是一点办法也

① 王沂暖、华甲译：《贵德分章本》，甘肃人民出版社 1981 年 3 月版，第 192 页。

没有啊！唉！谁知道竟落到了这等悲惨的地步啊！”神马说：“你给我百斗草料，也不如今天遇到你高兴。像当年你奔巴王骑着我的时候，我向众人炫耀我的步伐，你向敌人炫耀你的武艺，重量和雄狮大王差不多。但今天你在我背上这样轻，远没有羊毛鞍屉重呢，谁能想到你竟成为这个样子。”格萨尔听到后痛苦得说不出话来，只叫了一声“哥哥呀！”最后叹息道：“我虽然是拯救黎民百姓的神子，但却不能拯救自己的哥哥！”① 通过动物和动物的对话、人与动物的对白，来达到表白的目的，感人肺腑。马背是藏民族成长的摇篮，马背民族对马的爱护有时甚至超过了对人的爱护。人们对马的态度正如史诗《格萨尔》中所描述的：

古代藏人有谚语：壮士爱马胜儿子，目的是为走远路。
骏马爱的是壮士，饥寒之时胜过母。②

动物变成了人

《汉与岭传奇》记述，格萨尔去汉地降妖，需要一件防暑的宝衣，而这种宝物只有天竺国王的库房中才有。于是，格萨尔便用计找来栖息于须弥山上的香香鸟夫妇，向它们提出两个条件：一是把女儿多珍献出，二是设法把防暑宝衣弄到手。香香鸟答应了格萨尔的要求，用了7天时间孵化出多珍姑娘，献给了格萨尔。接着飞到了大海宝岛取回金沙，从天竺国王手中换来了宝衣，从而使格萨尔得以顺利地完成了在汉地降妖的使命。

在《香香药宗》中，格萨尔率军渡海，来到了香香鸟居住的海岛，寻找长生不老的妙药。香香鸟王发现有人类的兵马来到了它们的国土，便指挥鸟兵鸟将，从海、路、空三个方位发起进攻。它们有时是鸟，有时是人；忽而有形，忽而无踪，弄得岭军实在难以对付。这中间还有一段精彩的插曲，就是有七只香香鸟化成了美女，来引诱岭军将士，使他

① 王兴先主编：《降霍篇》，《格萨尔文库》（藏文版）（第一卷），甘肃民族出版社2000年9月版，第1258页。

② 同上书，第1218页。

们差一点上了当。后来，由香香鸟出身的多珍姑娘出面斡旋，取得了对方的谅解，才献出了妙药宝库。

人变成了动物

在《诞生篇》中，格萨尔诞生后，遭到了叔叔晁通的嫉妒而几度被暗算，他终于躲过了劫难。晁通先是带了一块放入“汉地剧毒”的“糖和蜂蜜做成的香甜食品与酥油块儿”，格萨尔巧妙地“将体内的毒素全部聚集一起，从手指尖上黑乎乎地排了出来”。一招不成又起一计，晁通专请象雄的苯教师阿尼贡巴惹杂（a-myi-sgom-pa-ra-dza）用魔法除掉格萨尔，反而被格萨尔消灭在吉普黑岩洞中。为了警告晁通，格萨尔变作了一只鸽子，守候在洞口，等晁通变作老鼠钻进去后，格萨尔呼唤神灵，立即杀死了晁通口中吐出的黑蛇，把灵魂超度到了净土，狠狠地教训了狠毒的晁通，格萨尔让晁通连发三次誓言，才让他恢复了原形。①

在《赛马篇》中，白度母授计格萨尔，让他变成一只雄鹰去给岭国的恶晁通传旨赛马可得王位，晁通信以为真，积极准备赛马登位，赛马正好促成了格萨尔成为岭国的国王。《霍岭大战》中，格萨尔到霍尔国以后，当格萨尔经过霍尔陀拉山口时，白帐王请恶魔陀赞前来阻路，格萨尔先是把自己的坐骑变成两只獐子，引诱陀赞爬到山崖上，然后又变成两只猛虎扑来，迫使陀赞摔下悬崖葬身魔谷。在《汉与岭传奇》中，当罗刹阿赛招来九种霹雳，准备猛击格萨尔将士时，格萨尔立即变成一只大鹏鸟，并把手下的大臣和战马变作了鸟卵，藏在翅膀的羽毛下飞走了。在《姜岭大战》中，天母在给格萨尔托梦时，告诉他要变成一金鱼和一条比目鱼去和敌人萨当王较量。当萨当王在玉镜湖中洗澡时，格萨尔果真变幻成了两条鱼去与萨当王较量。当萨当王在湖中喝水之时，鱼儿顺水钻进了萨当王的肚子里，再变成一个千辐铁轮，左右转动，碾碎了萨当王的五脏六腑，使他一命呜呼。在《大食财宗》中，大食的四位将领各率精兵一万，包围了岭军兵营。在十分危急的情况下，晁通变成了山一样大的黑野牛，嘴里吐着火焰，发出雷鸣般的吼

① 王兴先主编：《诞生篇》，《格萨尔文库》（藏文版）（第一卷），甘肃民族出版社 2000 年 9 月版，第 469 页。

声，把岭军人马保护起来。大食的军队无所适从，只好撤退而去。

另外，还有诸如战神“十三威尔玛”、灵魂寄存物（如动物）等与动物有关的故事，均结构完整，情节跌宕，内容生动，引人入胜，充满了浓厚的生活情趣，也为史诗增添了无穷的活力。

在长期的社会历史发展过程中，藏族人民逐渐形成了一种人与自然、人与生物之间的特殊关系，其中虽然掺杂了不少早期原始宗教的自然崇拜观念和神灵观念，但可以看出，人们已经慢慢认识到，人只有依靠自然，才能在变幻莫测、极为艰苦的自然中生存、繁衍和发展，这也是藏族朴素的唯物观和自然观。

第二节 对自然的哲学思辨

在《格萨尔》中，那青山绿水、鸟语花香的美好自然景象充满了字里行间，使人们领略到雪域高原的俊美和神奇。同样，在作品中也有自然环境恶化、生态失衡的描写。这时，人们不得不对大自然进行反思，总结适应环境、回归自然、遵循大自然的客观规律，以便适应生存环境。

一 生态失衡与部落迁徙

人见人爱的“通瓦贡门”

岭部落坐落在雪域高原最美丽的地方，正如《诞生篇》中所描述的：“在人间南赡部洲的北方，属于雪域藏土的多康（mdo-khams），有一块具有福运的风水宝地，它就是人们一见便仰慕的岭地通瓦贡门（mthong-ba-kun-smon）。”① 这里也是莲花生大师授记过的地方：

如若不知道这个地方，吉苏雅的岔口在这里。
两河并流哗哗永不停，两山对峙好像双箭羽，
两岸草坪坦荡如铺毡，地处青蛙似的山岩前，

① 王兴先主编：《天界篇》，《格萨尔文库》（藏文版）（第一卷），甘肃民族出版社2000年9月版，第388页。

顶宝龙王宝库在外面，是上师莲花生授记地。①

这里水草丰茂，鸟语花香，不仅是人们理想的天然牧场，而且也是动物和野兽的乐园，有时甚至无法分清是动物还是家畜。正如《取宝篇》所述："在东方天空黎明的曙光刚刚升起，下玛域大大小小、长长短短的道路上，便突然出现一群又一群的骡子，看上去就像南天卷起一团团乌云，湖面降下一阵阵暴雨，一浪推着一浪，滚滚行进；那赶骡子的脚户们，也像水面上的波浪，一层接着一层向前走着。在骡群的后面，是一群一群的牧马，一群一群的牦牛，一片一片的绵羊，一片一片的山羊，叫人分不清是假马群还是真马群，认不明是家牛群还是野牛群；看不清是牧草还是绵羊，辨不出是山羊还是羚羊。声势浩大，就像江河决口，洪水奔流，直向玛戴雅花虎滩（rma-del-yag-stag-thang）而来。让人感到山峰也在摇动，草木好像也在行走。"②

玛域的自然生态状况正如史诗中所描写的：玛戴雅花虎滩，又分为八个滩头，"内四滩就像耳环一样圆，外四滩就像展开的虎皮一样平。它的上部是兄弟勇士们聚会的地方，中部是小伙子们练武射箭的靶场，下部是姑娘、小媳妇们唱歌跳舞的场所。那上滩是广阔的草原，草原上牧草丰茂；中滩是一片片的沼泽，沼泽上百花争艳；这下滩更是风光秀丽，树木丛丛，林园处处，果实累累。滩上共有一百零八眼清泉，一股股碧绿的泉水，从泉眼咕咕上冒，团团打转；条条溪水淙淙流淌，好像流的不是泉水，而是胶奶。林间杜鹃啼叫，蜜蜂歌唱；湖边大雁挺颈长鸣，天鹅在水上盘旋，小鸭在浅滩嬉玩"。③

玛域的人文景观又是如何？"就在这样风光明媚的地方，一时间搭起了十八种不同颜色的帐房——那上面是喇嘛的法帐，僧人们正在里面讲法辩经；中间是头人们执法的大帐，里面法官们正在据理评判是非；下边是商人们的商帐，里面摆满了各种商品货物。其中那些高大的帐

---

① 王兴先主编：《天界篇》，《格萨尔文库》（藏文版）（第一卷），甘肃民族出版社 2000 年 9 月版，第 452 页。

② 同上书，第 656 页。

③ 王兴先主编：《取宝篇》，《格萨尔文库》（藏文版）（第一卷），甘肃民族出版社 2000 年 9 月版，第 656 页。

篷，叫人猛一看还以为是雪山；那些矮小的帐篷，更是多得不计其数。帐房间背水的人来来往往，就像是捣开了巢穴的蚂蚁；拾柴的人撒遍山山沟沟，就好像冰雹降落大地。就在这些帐房中间，有一顶高大威严的帐篷，显得格外光辉灿烂，引人注目，他就是岭大王觉如的神帐。”①从这些描写可以看出，岭国无论是地理环境还是人文环境都是极为殊胜的，故岭国人们常常将自己的家园称为“通瓦贡门”，有“人见人爱”的地方的意思。

霍尔国的“达拉四方大滩”

同样也是一个美丽的地方，如《降霍篇》中描写的阿钦黄霍尔的自然景观中的那样：“且说阿钦黄霍尔达拉四方大滩的下方，有个千朵莲花大草滩，下端是白帐王的草场，中部是阿俄的练兵场，上部是梅乳子的靶场。这里除了有身份的人以外，一般人谁也不敢走近一步。滩中央是一片草原，牧草上结着草籽；四边长满林木，嫩枝上开满朵朵鲜花，老枝上垂着累累果实；布谷鸟玩转啼鸣，蜜蜂儿嗡嗡飞翔，树上的枝叶轻轻挥手，草尖上的露珠闪闪烁烁，河里的清水潺潺流淌。山头上野牛徜徉盘走，原野上大鹿尽情欢跑。”

那人文景观就更令人羡慕。“这一天，在这千朵莲花草场上，出现了许多大帐篷，看上去像天生的星星，一眼望不到边。草场上部住着喇嘛们的法帐，成百上千的僧人在里面诵经说法。中间是大王们的王帐，似乎要压服四敌，扶持弱小。下部是商人们的商帐，帐前一箱箱乌龙茶，堆得几乎顶上了天，金银首饰、虎皮和豹皮箱子摞在左右两边，布匹绸缎和氆氇等类商品更是应有尽有。山头上布满了戴寿结的骏马，山腰里撒满了戴铃铛的紫骡，山下到处是拴着鼻绳的犏牛，六十条大狗守卫在帐房周围。再看那背水的人就像鸟群飞翔，拾柴的人就像冰雹降落，满滩的茶灶烈火熊熊，饮烟遮住了阳光，茶气布满了天空，打风袋的声音如像雷鸣，真是叫人触目惊心。”② 虽然这些商队和僧侣都是格萨尔的法力所变，但借助格萨尔的神奇力量来达到这种美好的境界，这

① 王兴先主编：《取宝篇》，《格萨尔文库》（藏文版）（第一卷），甘肃民族出版社2000年9月版，第656页。

② 王兴先主编：《降霍篇》，《格萨尔文库》（藏文版）（第一卷），甘肃民族出版社2000年9月版，第1339页。

也是人们所向往的。

精神家园的梦想

黄河源头，在人们的心目中永远是一片神奇的土地和美好的精神家园。《公祭篇》描述：

好像面粉堆起一高山，那是白雪皑皑玛嘉山。
好像一潭碧湖翻绿浪，那是福运黄河水流缓。
紫气升腾犹如聚宝盆，那是富饶家乡玛域川。[①]

在岭国人们的心中，那面粉堆起的白雪皑皑的高山，是阿尼玛沁雪山；那一潭翻绿浪的碧湖，是福运黄河水流缓；那紫气升腾的聚宝盆，是富饶家乡玛域川。这是古代藏族人民对可爱家乡的赞美。他们总是期盼和向往美好的生活。

《公祭篇》又写道：

山不变是世间老雪山，冰雪不化终年积山头，
白狮居住像是福运院。
湖不变是玛旁雍错湖，
似跟大海相连水不减，金眼鱼儿把它当家园。
冬族不变绒擦查根我，聪明好像黎明亮了天，
岭部勇士拥戴在身边。[②]

这就是说只要是世间雪山的冰雪终年不化，那才是白狮居住的天堂；只要是玛旁雍错湖的水不减并与大海相连，金眼鱼儿就会把它当家园；只要是岭国冬族不变，岭国的勇士就会拥戴在聪明的绒擦查根身边。

在《公祭篇》中这样写道：

---

① 王兴先主编：《降霍篇》，《格萨尔文库》（藏文版）（第一卷），甘肃民族出版社 2000 年 9 月版，第 753 页。

② 同上。

最长江河是黄河，最高山峰玛嘉山，
滚滚流水像狼跑，右旋好比坠耳环。[①]

在藏族人民的心目中，最长的江河是黄河，最高的山峰是阿尼玛沁雪山。黄河源头的人们总有一个美好的梦想，那就是壮丽的阿尼玛沁雪山和美丽的黄河永存，美好的岭国家园永住。史诗对自然景观的刻画，构成了一幅动态的自然诗画意境。从中可以领略到高原人们与自然为友、以自然为美的心理、意识、愿望、憧憬与生活方式。

生态失衡与部落迁徙

大自然是人类的朋友，如果违背了自然规律，它同样也会是葬送人类的坟墓。美丽的圣山离不开积雪的装饰，如银的雪山是水源的宝库。对牧民来讲，积雪是生命之源，也是他们最大的杀手。《格萨尔》中所描述的自然灾害频频发生，对当时牧民的牧业生产造成了极大的威胁。

在《诞生篇》中，由于觉如胡乱捕猎，滥杀无辜，母子俩遭到了部落的流放，到了黄河源头的拉隆松多地方。后来，岭部落生态急剧恶化，整个岭地被积雪覆盖，牲畜濒临灭绝。整个岭部落“大雪从十二月初一开始下起，直下得山头插上长矛只能看见枪缨；山沟插下竹箭，只能看见箭口。整个岭地，全被积雪覆盖，牛羊牲畜，濒临饥饿死亡；特别是上中下三大岭部地区，积雪更厚”。岭部落召集了部落大会，人们纷纷想方设法，战胜这场突如其来的巨大灾难。人们商议：“一定要找一个没有降雪的地方，不然，牲畜将会一个不剩，全部死光。”[②] 于是，他们就发动力量去寻找新的生存空间，找一个没有降雪的地方。派出了四位勇士，到上、中、下岭地周围察看灾情。他们所到之处，到处白雪茫茫。当他们到达黄河源头的“桑钦考巴”（seng-chen-khog-pa）、“鲁古泽热”（lu-guvi-rtse-ri）、“拉隆松多”（lha-lung-sum-mdo）以及玉隆噶达查茂（gyu-lung-ga-dar-khra-mo）地方时，惊奇地发现在这里一点雪也找不到。“山上一片青色，川里雾气升腾；山上山下，牧草丰

① 王兴先主编：《公祭篇》，《格萨尔文库》（藏文版）（第一卷），甘肃民族出版社 2000 年 9 月版，第 774 页。

② 王兴先主编：《诞生篇》，《格萨尔文库》（藏文版）（第一卷），甘肃民族出版社 2000 年 9 月版，第 491 页。

厚。估计可供六大部落的牛羊马群，吃上三年也吃不完。”岭部落派出的四位勇士，向往来的商人打听后，被告知“这地方原先是一片荒野，常有黄霍尔的土匪进行抢劫，商旅难得通行。现在这玛域拉隆松多地方，来了一个名叫觉如的大王，他不是凡人，而是神鬼的主宰，具有翻天覆地的神通和征服三界的力量。你们要借草场，可以向他去借”。[①]当岭部落得知黄河源头是理想的牧地后，嘉擦在擦香丹玛、晁通、王德玛鲁、嘉洛东巴坚赞以及噶代曲迥文那五人的陪同下，前往黄河源头觉如的牧地，向觉如求情借地移牧。当很快得到了觉如的同意后，他们返回了领地六大部落集会商议，“由总管王做出了迁居玛域河曲的决定”。一个大的部落迁徙，是很不容易的。岭部落的迁徙，在史诗中也有生动的描述，“这一天，庞大的搬迁队伍终于出发了，从嘎考山口上往玛考附近看去，就像夏日天空的雨云，浩浩荡荡涌向玛域”。[②] 就这样，整个岭部落迁移到了黄河源头。“岭部落人们迁居玛域后，在当地世间土地神的佑护下，穷者变富，弱者变强，都过上了幸福的生活。”[③]

在《降霍篇》中，“在狗年年底和猪年年初的冬春之交，霍尔地方下了一场淹没膝盖的猛烈冰雹，砸死无数牲畜；霍尔河渡口上雹子和冰块前拥后挤，冻结成一座座冰塔；七天之中，河水从河底冻干，人们连饮用的水也无法取到”。[④] 藏民族就受到了自古以来大自然最严酷的一次挑战。

二 回归自然的哲学思考

人生在世，肯定有许多或平凡或伟大的超越。然而，只有一点无法超越的，那就是人生命的终点——死亡。由生到死，这是不以人们的意志为转移的客观规律。这种客观规律，在《格萨尔》中有更奇特的反映和体现。一方面表现在《格萨尔》的整体结构上，另一方面表现在

---

① 王兴生主编：《诞生篇》，《格萨尔文库》（藏文版）（第一卷），甘肃民族出版社 2000 年 9 月版，第 491 页。

② 同上书，第 495 页。

③ 同上书，第 501 页。

④ 王兴先主编：《降霍篇》，《格萨尔文库》（藏文版）（第一卷），甘肃民族出版社 2000 年 9 月版，第 1273 页。

其具体内容上。

回归自然的叙事结构

《格萨尔》就其内容而言，涉及了天界、人间和地域三界。格萨尔以神的一面受天神的旨意来自天界，以人的一面诞生于人间，历经人间磨难，赛马夺魁，娶妻成家，建功立业，降伏妖魔。母亲、妻子死后进入地狱，他又下界救母，最终完成了其在人间生命的历程又重返天国，形成了一个完满的人生结局。这种典型的圆形叙事的结构，让人们既可以看到天上的妙境和神灵，又可以感受人间众生苦不堪言的生活，还可以体验地狱各种灵魂备受的煎熬，这是一幅天上—人间—地狱，天神—人魔—鬼卒的宏伟画卷。这幅描绘英雄的画卷，既可以用《贵德分章本》来集中表现，也可以用《仙界遣使》、《英雄诞生》、《赛马称王》、《霍岭大战》、《姜岭大战》、《门岭大战》、《松岭大战》、《梅岭大战》、《木岭大战》、《地狱救母》以及《返回天国》等分部本来单独表现。只要这个英雄的民族在，它就会像一个滚动的雪球，继续在滚动，不断在生成，艺人不断在产生，画卷一直在增多，内容不断在充实。神话与传说相交织，历史与宗教相融合，远古与未来相接续。整个故事情节扑朔而又迷离，神奇而又粗犷，极具民族特色。

生命的回归

在《格萨尔》中，也贯穿了来自本源，灭于自身，回归本源的自然回归观念。在人的生命要回归本源的过程中，基于原始宗教的灵魂不灭、灵魂游移的观念，人们坚信，人的死亡，只不过是肉体的消失，灵魂永远存在。人们认为，人生一世，重要的在于灵魂，不在于肉体。人死了以后灵魂升天，只剩下躯体了。抛弃一切尘世的东西，最后将肉体施舍给其他生灵。为了避免食肉禽兽之间的自相残杀，将自己的躯体施舍给秃鹫，也是今生今世最后一次所作的功德，以至形成了藏区沿袭至今的丧葬习俗——天葬这一习俗，在《格萨尔》中也有大量的描述。《天岭卜筮》中记述：

缠绕了一生的衣和食，死后只有空手去。
高坐在宝座上的王侯，也得要枕上一块土坯子。
穿着绫罗的王后，也要让红火烧掉她尸体。

具备着六种武艺的青年勇士，也要让鸟王鹰去撕扯。
具备六种智慧的主妇，也要让黑绳把四肢捆绑起来；
把尸体送到红色的葬场里，拿锋利的斧头劈开时，
啊呀呀后悔来不及。

无论是地位显赫的“王侯”、“王妃”，还是富有智慧的“勇士”与勤劳无悔的“主妇”，无论他们事业多么辉煌皆与普通的众生一样，离不开“土葬”、“火葬”和“天葬”的结局。在《格萨尔》中，处处都弥漫着战争的硝烟，血流成河。无论是正义者还是邪恶者，只要他们死了都要举行超度仪式，拯救灵魂，让他们死去的灵魂得到安宁。在《门岭大战》中，当格萨尔征服门国时，杀死了门国辛尺王，在安置过程中格萨尔唱道：

尕乃门国辛尺王，不要后悔好汉子。
懂了我是好喇嘛，不懂只好念嘛呢。
皇宫楼居别挂心，牲畜财宝别留恋。
不让你到地狱去，把你献给红火焰。
让你前往布达拉，这些请你记心间。

于是由格萨尔主持举行了火葬，“门王的甲盔骨肉掉到千山城正在燃烧的怒火中。格萨尔大王将燃烧的烧施火焰加持到胜乐神，把他的灵魂引升到天界布达拉”。①

遭到报应下地狱

在《格萨尔》中记述，人生在世，无论是众生还是畜生，都不能乱杀无辜。只要是生前有不可饶恕的罪孽，死后必遭百般煎熬的报应。正如《地狱救妻》中描述：

手持凶器的很多地狱吏，将那些无数的男女亡灵，
打得死去活来千百次。

① 王沂暖、余希贤译：《门岭大战之部》，甘肃人民出版社 1984 年 4 月版，第 339 页。

那是因为他们活在人间时，
野兽自由自在走野地，动刀动枪去袭击；
野禽筑巢在树枝，捉鸟掏蛋击卵石；
山间林中设圈套，捕捉麞鹿麝虎豹；
鼠兔相戏草丛间，放出猎狗捕捉还；
各色鱼蛙水中游，投毒下钩把命收。
这些恶业得报应。①

其中贯穿了佛教“因果报应”的宗教观念，这种观念无形中也成为人们生产和生活中的行为准则。这种思想观念，至今还在深入人心，形成了一整套的民风民俗。但换一个角度，剔除其宗教的成分，则暗含其中的保护自然、关爱生命的哲学思想昭然若彰。

对自然恶化的反思

在《降霍篇》中，霍尔国入侵岭国后，霍岭两国在黄河两岸对垒，岭国的环境遭到了破坏。正如岭国的大英雄嘉擦谢噶所说：

白岭神部落头人，请巴嘉擦话来听！
白帐霍尔太猖狂，肆无忌惮欺白岭。
囊俄小弟被残害，还专挑杀勇士们。
仅仅这些不为足，又在山谷扎兵营。
茵茵绿草被踩死，清清流水被弄混，
林木被砍被烧光，所有坏事都干尽。②

敌人的入侵使岭国人民付出了鲜血和生命的惨重代价，他们也进行了义无反顾的反击。于是，才生成了阿努斯潘捐躯黄河水、绒擦战死霍尔军营的诸多感人肺腑的故事。当冬天来临的时候，岭国军队只好撤出战场，而霍尔却占领了黄河两岸的岭国国土。“霍尔兵马在黄河两岸一

① 王兴先主编：《地狱救妻》（藏文本），四川甘孜手抄本，第52页。

② 王兴先主编：《降霍篇》，《格萨尔文库》（藏文版）（第一卷），甘肃民族出版社2000年9月版，第1041页。

住就是五个月，吃光了阴山的牧草，砍完了阴山的林木，撤除了玛沁奔热山上的神坛。不仅如此，还把佛塔、佛堂和路旁的寺庙全部摧毁，佛像和佛经全部抛入水中；而那些出家修行的僧人和尼姑，有的被屠杀，有的被抢走。真是做尽了坏事，丧尽了天良。”①

时至今日，《格萨尔》流传的文化基础、生成环境受到了极大的冲击，为此也引起了诸多专家学者的忧虑。正如白庚胜说：“然而，正如沙漠学的兴起并不能遏止沙漠化的加剧一样，藏族社会的急剧转型正在瓦解《格萨尔》的原存在的基础，《格萨尔》研究成果及研究人才的春笋而出，并不能挽救她从口传文学变为书面文学、从活态传承变为固态保存的命运。面对着全球经济一体化及人类文明的共享一体化的加速，一方面，我们没有理由为了保持一种民族文化的‘纯净状态’让自己的民族远离于世界文明之外；但另一方面，我们也不能为了在全球化进程中兴风弄潮而放弃了对民族传统文化的责任。”② 对我们来说，保护黄河源头的自然生态和民俗生态，是时代赋予我们的神圣职责。“生态环境得到保护，文化环境相应也会得到保护。如果生存环境破坏了，民族的文化背景也就失去了，民族的文化从何谈起？只有保护好我们的家园，才能使我们的优秀文化传统得以传承，并且日益发扬和光大，才能使藏族人民及全国各族人民共同过上美好的幸福生活。”③

三 遵循自然规律——对自然思辨的最终归宿

严禁破坏生态

古代藏族的搜山，相沿迄今已成为一种民间习俗。《格萨尔》中所描述的小规模战斗，往往是在巡哨人员和入侵者之间发生的。丹岭战争之前，丹部落判断，“岭兵即将来侵，于是每天都派出巡山骑兵七人，

---

① 王兴先主编：《降霍篇》，《格萨尔文库》（藏文版）（第一卷），甘肃民族出版社2000年9月版，第1112页。

② 白庚胜：《〈格萨尔〉及西部民族文化建设工作刍议》，《耕耘与收获——藏文〈格萨尔〉精选本出版评论集》，民族出版社2001年12月版，第67页。

③ 丹曲：《凝固在黄河源头的历史——藏民族灵魂观念的现代遗存》，中国《格萨（斯）尔》学会主办《中国〈格萨尔〉》创刊号，中国民族摄影艺术出版社2001年6月版，第24页。

侦察敌情。有一天老臣约尕久迈同臣僚等人巡查时，同岭兵相遇”①，发生冲突。木岭战争期间，岭军将领“叉东丹增扎巴和岭属霍尔的卡玛尔二人，带领自己手下的五十名骑兵去放哨、搜山”②。在《降霍篇》中，霍尔白帐王的妃子噶斯去世后，乌鸦打探到了岭国的王妃珠牡是最佳人选，但又担心岭国国富民强，无法对抗，又派了塞沃鸟前去侦察。这时，塞沃鸟到大岭国落在了岭国风水宝地的九顶大帐上面，顿时金柱破裂，宝帐东倒西歪。珠牡不知所措，就赶快派鄂洛姑娘前往向总管王汇报。这时，岭国上下，皆为恐慌。于是群英集会，总管王就专门作了加强巡逻的安排：

侄儿嘉擦谢噶啊，古人有句谚语说：
“山间放哨是难事，机灵人去就不难；
胆小之人若前去，未见敌人先叫喊。
山谷巡逻是难事，勇士前去就不难；
鲁莽汉子派他去，平白惹出人命案。”③

在巡逻过程中，人们还采用了一套行之有效的措施，这都是人们在长期的生活实践中总结出来的经验：

前去放哨与巡逻，三个秘诀不克违：
路经山冈侧旁时，敏捷要如疾风吹；
巡逻平原大滩时，勇猛要如鹞鹰追；
巡视山川湖畔时，机警要如狼觅食。
只要勇敢和机警，巡逻不难就容易。④

据有关资料表明，近代仍然有搜山的习俗。牧民每逢夏秋两季进行

① 青海民间文学研究会收集翻译：《丹玛青稞之部》，第97页。

② 王沂暖、何天慧译：《木古骡宗之部》，甘肃人民出版社1988年8月版，第409页。

③ 王兴先主编：《降霍篇》，《格萨尔文库》（藏文版）（第一卷），甘肃民族出版社2000年9月版，第946页。

④ 同上。

不定期的搜山，防止偷猎者、破坏封山禁令者、盗贼以及敌对部落的侦探等。关于搜山这一课题，著名的藏族学者南卡诺布曾在20世纪50年代在四川的杂曲卡、色达等部落进行了考察后说：“搜山是牧区地方习惯法的核心，保卫家乡安全最重要的事情就是进行搜山。”① 何峰曾撰文将这一习俗纳入了藏族传统习惯法的“军事习惯法”中，据他介绍：“青海果洛地区还将警戒的内容、措施写入习惯法条文。其中规定，与外部落发生严重纠纷，由头人宣布戒严，禁止与外部落往来，布置防线。白天巡逻设卡，夜间值更防范。发现敌情，白天由头人发出音调高而长的‘咯咿’声，夜间在山顶放火报警。”②

严禁杀生

在《格萨尔》中，有许多保护动物和生态的描述。保护草原、保护动物似乎成了部落的一种约定俗成的法律。沿袭至今，被人们称为“部落习惯法”。无论是天神之子还是部落头人，无论是王公大臣还是平民百姓，一旦触犯了这些法规，都会受到部落的惩罚。如在《格萨尔》中，格萨尔曾因滥杀无辜而遭到了部落的流放。《诞生篇》中描写到，在觉如母子俩被逐出岭部落之前，“他首先到赛偶山（se-yu-ri），杀死了黄羊妖魔三兄弟，戴上不合头的黄羊皮尖尖帽，羊蹄子还留在帽子上。晚上，他去总管的牛栏里，杀死破财的妖牛犊，穿上不合身的牛皮衣，牛尾巴还高高翘在身后面。他半夜去晁通的马棚里，偷杀了白鼻梁魔马驹，穿上了不合脚的红腰子马皮靴，靴底是用马兰草缝上的——他征服了三个妖魔，就得到了衣服和靴帽”。后来，觉如母子俩就在蛇头山上安了家，“每日，觉如都到山上捕猎取鹿茸，到滩上拿石头打黄羊，用绳子捉野马驴，打杀周围山上的野兽，然后用尸肉垒墙，拿兽头围院落，使兽血会成了海子。他还把附近山路上过往的旅人抓来关进牢房里。他饿了吃人肉，渴了喝人血；用人皮当坐垫，把人头撇山上。这情景啊，神鬼见了会寒心，罗刹目睹要厌恶，就是天龙八部发现了，也要心惊胆战的”。觉如打猎虽出于生活所迫，但按照部落的习俗，乱杀生命，就违犯了部落内部的法规，岭部落查实后召开了民众大会，总管

① 南卡诺布著，索朗希译：《川康牧区行》，四川民族出版社1988年版，第74页。

② 何峰：《〈格萨尔〉与藏族部落》，青海民族出版社1995年2月版，第90页。

王感到很遗憾，然而公法难容：

觉如是顶宝龙王的亲外孙，原想让他把王位登。
而且又是嘉擦的亲兄弟，称他好却像是敌人。
偷马的罪行早暴露，又杀死达绒打猎人。
这些事情罪过已不小，又把荒山野兽全杀尽。
抓取外沟商旅投牢房，吃了人肉还把人血饮。
这些事伤了岭神的心，占卦预言星算都不灵。
觉如已经犯了法，他在白岭难容身，
要把他逐到玛域坪，我总管王就是执法人。①

后来，他还是被逐出部落，流放到了黄河源头的玛域。流放的这一天，达绒长官、丹玛香察、曲路达尔盼三人喊着“咯”、“索”，带着公证人来到了觉如母子帐前，一阵对话后，晁通和三大支系派出的三个代表，把觉如的帐篷放倒卷了起来，次日岭地六大部落的人们把觉如母子押送启程。在一些不同的版本中还记述，驱逐时有一百个喇嘛吹螺，一百个小伙射箭，一百个妇人撒灰。撒灰对神灵不利，就又改成了炒面。

珠牡打死香獐的故事，也耐人寻味。在《赛马篇》中，珠牡受天神的授记，将赤兔神马抓住交付给觉如后，他俩在返回的路上，觉如看到对面山上有一只香獐（gla-ba），便对珠牡说：“对面山上那只獐子住在阴山，名叫彭拉绕琼（phung-gla-rog-chung），我今天非把它降伏不可。你唱一支歌，当你动听的歌声把它迷住时，我就用绳索把它逮住。”于是，觉如一下子就用绳索套住了獐子，不料獐子把觉如拖倒在地，“珠牡搬起一块石头，把獐子砸死了”。觉如从地上爬起，责备说：“哎！阿姐珠牡，应该由我降伏这只獐子魔，而你却动手把它打死了。獐子死不瞑目，觉如也降魔未成，香獐死在女人手里，它的灵魂会推向地狱的大门，于是就损坏了你阿爸嘉洛的家风，而且也出卖了岭地勇士的灵魂。还说什么公獐取它的麝香，母獐割它的肉吃，你乃是白岭赛马

---

① 王兴先主编：《诞生篇》，《格萨尔文库》（藏文版）（第一卷），甘肃民族出版社 2000 年 9 月版，第 474—484 页。

会上要争夺的瑰宝，名声很大。我要即刻把你的名声和这些贪吃好财的话同时宣扬出去。照你的话说，这也非真，那也不实，似乎连獐子也没杀死，但善恶是有个标准的。还是听听我的歌，看你的罪孽有多大吧!”后来顽皮的觉如又装死觅活。珠牡心想：“人生在世，终有一死，也没有什么可痛苦的，我还不如跳到贝日毒湖（be-ri-dug-mtsho）中去。”珠牡一气之下，“磕蹬催马，就要投湖自尽”。这则故事反映了不随意杀生是岭部落人们遵循的守则，也是牧民的“家风”（rus-smad）。人们不能随意杀生，尤其是女子。否则会“丑闻留给众人说，岭地闲话四处传，贱女人人来指责”。[①]

在现实生活中，也有许多长期以来形成的禁忌，如禁食鱼蛙虾蟹等水生动物和蛇、禁止在羊圈撒尿等。

禁止杀生是人们的一个重要习俗，尤其是禁食鱼蛙虾蟹等水生动物和蛇，因为这类水生动物是“龙神”的同宗和化身。栖息的鱼群、飞禽普遍得到人们的保护，如乌鸦、雄鹰、大鹫、仙鹤以及大雁等。乌鸦，被人们看作神的使者，它常常忠实地预告一日或一年的祸福吉凶。敦煌古藏文残卷中就有根据乌鸦的叫声来判断吉凶的记载[②]，由此可见，保护乌鸦的习俗由来已久。秃鹫，在藏区非常活跃，常常守候在各大小天葬场。人们出远门时，如果路途上遇到鹤、鹰、狼，这将预示着平安归来。黑颈鹤传说是格萨尔仆人的化身；布谷鸟、野鸭、燕子以及金银鸟等是春的使者。鸟类在家中筑巢，是家庭和睦的象征。人们禁食驴、马、骡等圆蹄类动物的肉。

青海海东农业区的人们，把羊圈看得十分贵重而加以保护，不得随意污染，更不能在羊圈撒尿，否则会被看作不吉利。在娶嫁婚事时，要把羊圈打扫干净，铺上毡条当被子，周围置放木板当席。牧民们视牛羊为命根，它们能使人们的生活得到保障，故牛羊被看作最为圣洁的动物。[③]

更值得一提的是，藏族自古就形成了一种关爱生命的情结，并设置

---

① 王兴先主编：《赛马篇》，《格萨尔文库》（藏文版）（第一卷），甘肃民族出版社 2000 年 9 月版，第 594—595 页。

② 《以乌鸦叫声来判断吉凶》（藏文卷），伯字 1045 号，现藏于巴黎图书馆。

③ 原上草：《海东地区禁忌两则》，《西藏民俗》1994 年第 4 期。

了专门的节日即“放生节”，藏语称“才塔尔”（tshe-thar）。这是一种普遍存在的民间习俗，各地区的表现形式大致相同，将生灵放归自然，任其自灭，被认为是修善积德的一种行为。

保护水源、树木和草原

万物有灵、崇拜自然的观念在藏民族的思想中根深蒂固，人们普遍认为自然神灵无处不在，无所不能，所以人们对江河湖泊、泉水以及树木的崇拜和祭祀行为乐此不疲。人们认为，“水源是龙神之所”，“树是树神之所”，均不可亵渎和玷污，于是又有了“泉水不污”、“树木不童”的传统习俗。在《降霍篇》中，霍尔国白帐王侵入岭国抢走珠牡，九年后回到岭国的格萨尔，为搭救珠牡，在霍尔国的“黄霍尔达拉四方大滩的下方”，变幻出了无数的商贾和僧侣，引起了霍尔国的警诫，颁行了一套保护生态的“禁令”：

在这美丽的草原上，
从丛青草已结籽，弄撒要拿酥油赔。
草上露珠一滴滴，踩落要拿绸子赔。
草茎根根在喷香，折断要拿金簪赔。
百花盛开颤巍巍，撞花要拿松石赔。
溪水清清起涟漪，弄浑水头用奶赔。
树枝交蔽像拉手，砍断树叶用马赔。
果实累累如垂珠，打落果子用羊赔。
石头砸破用铅粘，开辟道路用金赔。
吃草就要讨草价，饮水就要掏水税！①

在茫茫的草原上，看起来无人，实际上却有主，只要你不怀好意，马上就会有主人来劝阻。正如上面所说：弄撒结籽的青草要拿酥油赔；踩落草上露珠要拿绸子赔；折断草茎根根要拿金簪赔；百花颤巍巍，撞坏盛开的花朵要拿松石赔，等等。这不仅表达了物有所属的一个界限，

---

① 王兴先主编：《降霍篇》，《格萨尔文库》（藏文版）（第一卷），甘肃民族出版社2000年9月版，第1345页。

而且在深层上反映了人们对自然的敬畏和珍视。

藏民族为什么如此珍惜水呢？这与宗教习俗有关。人们普遍认为，“龙神”之所以称为“水神”，是因为它们大部分居住在江河湖泊，主司人类的水灾和疾病。其形象也是很模糊的，还可以是鱼、蛇、青蛙等水族或其载体。龙神在水中也与人类一样生儿育女，过着人间一样的生活。但龙神比人富有，它们拥有诸如珊瑚、珍珠、猫眼石以及绿松石等藏民族最喜爱的各种财宝，所以，龙神自古迄今一直为人们所供奉。人们认为，它们常常居住在灌木丛下的泉水中和山中的泉水中。这些地方，是极为圣洁的地方，长辈们常常告诫小孩不可随意在水中倒垃圾，更不能随意大小便，以免亵渎龙神，遭受疾病和灾祸。人们常常在这些地方将羊毛、毛线以及哈达等缠在灌木上，以表示对龙神的供养。龙神是神圣的，所以，千百年来藏民族形成了一种祭祀龙神的习俗。甘、青、藏、川以及滇等藏区都举行这种仪式。

在甘肃省甘南藏族自治州的拉卜楞地方，每年四月初五日都举行一次盛大的祭龙神的节日。每当节日来临时，人们穿着节日的盛装，来到拉卜楞寺附近大夏河畔专门祭祀龙神的地方参加这项活动，有专门的主祭人主持祭祀，祭祀完毕，将事先专门找好的罪恶替身驱赶过大夏河，这个罪孽的替身带走了地方和人们的罪孽和污秽，三年内不得回乡。人们还将各自的羊毛绳和经幡拴在河畔的树枝上，预示着五谷丰登、财源茂盛和吉祥如意。①

在云南省迪庆藏族自治州境内有一个达摩祖师洞，在转经的路上有一大石块，石块下流出圣洁的泉水，转经的人们为求得福运，将各种彩线缠在石头上，加以祭祀。

藏民族对水资源的利用和保护的观念，时时处处反映在人们的生活习俗中。无论在牧区还是农区，清晨，人们起床后，老人的第一件事就是一面念诵六字真言，一面倒掉佛龛中佛尊前的旧净水，换上新水，并且毕恭毕敬地放在佛像前。在《天界篇》中，“按照往常的习惯，总管王每日清晨早起来，先要念很多遍六字真言，诵二十一遍《忏悔经》，其次还要做回向、发愿、供水、煨桑等各种仪式。这些功课不做完，他

① 2000 年 6 月笔者在拉卜楞举行祭龙神活动时的调查。

是不会放弃跏趺静坐而起身的”。[1] 这种习俗，数百年来，似乎没有多大改变。但是各地均有自己的特点。云南藏区“农牧区举行婚礼，村邻们每家要赠送一桶纯净水，男方要在最末一只水桶横放一枚柏枝，新娘下马后，送亲人在每只木桶上献一条哈达，以示对村邻们的感谢和祝福。新娘拿起柏枝醮桶里的圣水向天空连洒三次，以示祭三宝，完后在水桶上敬一条哈达，并和送亲者围着水桶转三圈，应供喇嘛手持圣水沐浴宝瓶，念沐浴经，向新娘洒圣水，为其洗礼”。此外，在云南藏区，每逢藏历新年都举行抢“头水”的习俗。新年来临时，第一个抢到“头水”的为“金水”，第二个为“银水”。饮用这种净水或洗漱，可以祛病增福。所以，这里的人们每到年末夜一过，有的地方争抢“头水”，有的地方鸡叫头遍就去背水。尽管现在很多地方有自来水，但这一习俗仍然传承了下来，人们乐此不疲。[2]

同样，藏民族为了求得各种福泽，形成了一系列禁止乱砍滥伐树木的习俗，这一习俗似乎与宗教联系起来，将树木作为一种“神”来对待，并加以崇拜、祭祀。据钱安靖的《川西南尔苏藏族宗教习俗调查》(四川大学油印本)：“尔苏藏族崇拜‘冲巴’，即树神，不过他们认为树神归山神管辖，是山神的下属，每个堡子（寨子）附近，都有大大小小不等的一片森林，这些树木中必有一棵古老而枝叶繁茂的神树。在越西县尔苏藏族一年一度的祭山会，就是在这种神树林中举行，据说这样就可获得农牧丰收。”

川西地区也有祭祀树木的习俗，“除马桑树以外，他们崇拜一切树。祭祀树时，以完整高大的万年青树为对象，无万年青树时，其他树也可以，这些树称‘沙树坡’，意为神树。每家每户都供有一棵神树，祭祀树时，是以户为单位进行的。他们认为神树能主宰这户人家的一切，故这家人每当有小孩出生时，必须行祭，祈求树神保护孩子健康成长；家人有病也要祭树神，倘若全身发痒或某处发肿，便认为是触犯了

---

① 王兴先主编：《天界篇》，《格萨尔文库》（藏文版）（第一卷），甘肃民族出版社 2000 年 9 月版，第 390 页。

② 陈树珍：《谈藏族、纳西族水、木文化中的生态意识》，中国社会科学院民族文学研究所和云南省迪庆藏族自治州于 2001 年 10 月召开的“《格萨尔·姜岭之战》与藏、纳西文化关系暨第四次《格萨尔》精选本编纂工作学术研讨会”上的宣读论文。

树神，必须请巫师到家中来施法，并带领病人及其家属一起到山上去祭本户所供奉的树神。杀一头白绵羊或一只白公鸡作为祭品。”川西的冕宁地区，“在石棉藏区，各寨山后都有一片茂密的山林，称为舒完，不能在其中放牧，更不能砍伐，是全寨的神树林，可主全寨的祸福。每姓家族在其中选一棵最大最老的树子，作为家族的树神，每年都要杀鸡祭祀，各家添人进口也要及时向其禀告，求其保佑”。[①] 同样，在四川的白马、西藏的林芝以及云南的迪庆等藏区都有树木崇拜的习俗。

对牧民来说，保护水源和树木与保护草原一样是天经地义的。在《诞生篇》中有描述，格萨尔5岁这年，母子俩被部落驱除出境流放到了玛域地区的玛麦玉隆嘎都松多（rma-smad-gyu-lung-ga-dar-sum-mdo）地方。这里原本是“宝藏之门”，当格萨尔的母亲廓姆拿出嘉洛东巴坚赞送给她的“护地铁铲”，在帐篷四周随意一挖，“东边的蕨麻（gro-ma，人参果）有马头那么大，南边的蕨麻有公牛头那么大，西边的蕨麻有母牛头那么大，北边的蕨麻有羊头那么大”。黄河源头虽说是适宜人类居住的好地方，但有些地方还是不尽如人意。

“这下部黄河堪隆六山（rma-smad-mkhan-lung-ri-drug）地带，原来是无尾地鼠占领的草场：山头的黑土被翻遍，山腰的茅草被咬断，大滩的草根被吃掉。人要到这里，会被尘土埋葬掉；牲畜到这里，要为饥饿折磨死。”于是，觉如（格萨尔）就与地鼠展开了一场恶战。在消灭地鼠的同时，格萨尔还唱着“英雄怒吼调”：

古代藏族有谚语：毁坏田地的是老鼠，
扰乱村寨的是强盗，撒散家庭的是悍妇。
你们作害的老鼠精，干下的坏事无其数。
看你们今天的坏主意，是想消灭所有大部落。
抢去草原牧草难养畜，毁坏上供花田难敬佛。
草原牧人幸福全散失，所有坏事都是你们做。[②]

---

① 钱安靖：《川西南尔苏藏族宗教习俗调查》（四川大学宗教研究所1986年打印件），转引自周锡银、望潮《藏族原始宗教》，四川人民出版社1999年2月版，第82—83页。

② 王兴先主编：《诞生篇》，《格萨尔文库》（藏文版）（第一卷），甘肃民族出版社2000年9月版，第486—487页。

他用“猫眼石花蛇投石袋”，“装上羊腰子一般大的三块神鬼寄魂石”向地鼠打去。“只听山崩地裂一声巨响，鼠大王无尾大嘴鼠、多眼小地鼠和青耳鼠大臣同时中石而死。其他所有地老鼠，被抛石的声音震破耳朵，也在同一时间里全部死去，灵魂被引上了解脱之路。”用抛石器打死了鼠王扎瓦卡切、扎瓦米茫、地鼠大臣扎瓦那宛，所有的地鼠也纷纷死去。既保护了那里的草原，又保护了那里的树木。

此外，在历史上，藏传佛教界人士亦为保护环境、关爱自然作出了重要贡献。他们除在教义上制定了各种戒律外，更重要的是付诸实践。如11世纪著名高僧热罗多杰扎，他曾赴印度和尼泊尔学经，将大威德系列密法引进藏地的五大传承系统中，成为热系的首位传经师，得到了后来八思巴大师、布顿大师、宗喀巴大师的好评。他除了广传教法外，还向“阿里三部、卫藏四区、聂、罗、佳以及达、贡、阿各地投放大量资金，封山禁伐，保护森林和野生动物，安置猎人和渔民，使其放弃猎杀职业。出现了到处风调雨顺，水盛草茂，人畜兴旺，纠纷平息，社会安宁，人人行善戒恶，一片吉祥升平景象”。①

遵循自然规律

事物的发展变化有其自身的客观规律性，人们必须遵循这些客观规律。长期以来，藏民族在自然条件特殊的环境中，就总结了一套宝贵的农牧业生产经验，以适应自身生产发展的需要。那就是，人们只有遵循自然规律，才能繁衍和生存，社会才能发展和进步。在《格萨尔》中就有大量的表述。在《天界篇》中：

世间寒热作基础，才有夏季与冬天。
大海上面不起雾，天空不会降细雨。②

大地腹部没湿气，田间五谷不成熟。

① 热·益西森格著，多识·洛桑图丹琼排译：《大威德之光——密宗大师热罗多杰扎奇异一生》，甘肃民族出版社1999年2月版，第176页。

② 王兴先主编：《天界篇》，《格萨尔文库》（藏文版）（第一卷），甘肃民族出版社2000年9月版，第404页。

若无父母合精血，神子人体从何出？[1]

在三春不播下籽种，到三秋收不到五谷。
在三冬不是饲养奶牛，到三春挤不出牛乳。[2]

可见人们总结出了农牧业生产与季节变化、冷暖干湿有着紧密的关系，无论是从农还是放牧，都应当遵循自然规律。例如：

平川广袤大地上，肥田沃土五谷丰，
犏牛地上勤耕耘，肥沃土地方显能。[3]

三山腰部水浇地，五谷丰登六畜旺，
养活岭尕黑头人。
三山脚下清水流，鱼儿生息在水中，嬉戏漫游张金翅。[4]

这说明了哪里有肥沃的土地，哪里才能长出丰收的粮食；哪里有丰美的草原，就在哪里放牧。河谷地带，有利于发展农业。

凡事去求神，基础必坚稳；
水源连雪山，就会用不干；
依靠教言作决断，事后定无悔恨生。[5]

这就是说，只要是雪山上的雪不消融，那小溪和大江大河的水才能是永远流淌着的。

---

① 王兴先主编：《天界篇》，《格萨尔文库》（藏文版）（第一卷），甘肃民族出版社 2000 年 9 月版，第 406 页。

② 《赛马称王》，四川人民出版社 1980 年版。

③ 李朝群、顿珠译：《察瓦箭宗》，西藏人民出版社 1987 年 8 月版。

④ 甲措顿珠译：《门岭之战》，西藏人民出版社 1984 年 12 月版，第 60 页。

⑤ 王兴先主编：《天界篇》，《格萨尔文库》（藏文版）（第一卷），甘肃民族出版社 2000 年 9 月版，第 388 页。

只要大山不倒下，大鹿总要成群结队；
只要雪峰化不完，河水就永远流不干。
只要是有的财宝，可尽量满足他的要求；
没有的财产，他自然拿不到。[①]

雪山是万水之源，也是蓄存河水的水库，只要雪山上有积雪，那么河水永远也流不完，淌不尽；反过来讲，只要山口溪水常流，那么就证明雪山上的积雪就没有融化完。只要大山还存在，大鹿总要成群结队在山上吃草。这就为人们提出了一个自然界的自然规律和人生格言。

在《格萨尔》中的谚语讲：

天高搭梯子，地低挖坑道，
石坚凿子凿，水深造船渡。[②]

这就是说，尽管天高，搭上梯子可以登天；尽管地深，挖道可达；坚石用凿子可以凿开，深水建船可达彼岸。说明人们在遵循自然规律的同时，也可以在适应自然规律的基础上与自然和谐相处。

在《诞生篇》中，讲到了一年四季季节的转换规律：

太阳月亮运行在天空，太阳送给四大洲温暖，
月亮专司驱逐夜黑暗，这是自然分工要这般。
石山草山屹立大地上，草山夏季葱茏秋枯黄，
石山四季如旧不变色，这是自然分工不一样。[③]

《丹玛篇》中写到，觉如母子俩在黄河源头玛多草原上流浪的日子里，董族的伯父总管王前去看望时，觉如唱道：

---

① 王兴先主编《天界篇》，《格萨尔文库》（藏文版）（第一卷），甘肃民族出版社 2000 年 9 月版，第 420 页。

② 同上书，第 421 页。

③ 同上书，第 424 页。

玛麦地鼠沟地方，大地好像八瓣莲，
天空好像八辐轮，四周是吉祥岩石山。
中间有一间小帐房，我觉如母子住里边。
我人小具有佛智慧，将来称王把大事管。
伯父百岁老寿星，莫要眼光太短浅！
只要雪山不消融，白雪雄狮兽中王，
头上蓬松绿玉发，也就不会有损伤。
只要檀树不被砍，林中红虎百兽王，
身上美丽花毛纹，也就不会有损伤。
只要河水不干枯，金眼鱼儿游水王，
身上游泳鱼翅膀，也就不会有损伤。

诸如此类，在《格萨尔》中均有大量的篇幅描述。

但说到底，自然规律还是不可抗拒的、不可逆转的，如《降霍篇》中有句藏族谚语：

三件事情难逃避：一是日出要天亮，
二是日落黑暗罩，三是人老必死亡，
千条江河归大海，决不逆流把头调。①

这就是说，人的一生中有三件事情是不可避免的，那就是日出、日落和死亡。如同江河入海，不可逆回。

与大自然和谐相处

《格萨尔》以大量的篇幅描述了人与自然、人与环境的关系。在《公祭篇》中，格萨尔在一段唱词中唱道：

我从天界降升人间时，曾说野鸭不弃小湖水，

---

① 王兴先主编：《降霍篇》，《格萨尔文库》（藏文版）（第一卷），甘肃民族出版社 2000 年 9 月版，第 965 页。

碧湖清水不忘野鸭子，夏季来临互相有联系；
曾说大鹿不把石山离，青石山岭不把鹿忘记，
花草茂盛跟它有联系；
白岭大王不停唤天神，天神永远保护不忘记，这与郑重誓言有关系。①

湖和野鸭、石山和大鹿、天神和格萨尔大王，形成了自然和动物，人与天神和谐相处的自然关系。每当夏季来临，成群的野鸭子在小湖中游荡嬉戏，那是因为小湖在养育着它们；大鹿之所以在青石山岭自由栖息，那是因为青石山岭上茂盛的花草在饲养着它们。格萨尔大王之所以降妖伏魔，那是因为天神在保护他。

在《霍岭大战》中，有这样的描述：

天鹅展翅飞北方，是去碧湖把家安。
如果湖水不干枯，天鹅自会落湖边。
绵羊奔向高山冈，是把青青花草馋。
花草若未遭霜杀，绵羊自会上草山。
杜鹃飞向森林里，是因果多食新鲜。
果实若未遭雹打，杜鹃自会来林间。
达萨离家去岭地，是为成亲寻夫君，
如果囊俄他在家，达萨自会留白岭。②

这里表明了人与自然互相依存的关系。天鹅远飞北方，是因为在碧湖旁安家，如果湖水不干枯，天鹅不会远走；绵羊奔向山冈，是为了吃青草，如果花草未被霜杀，绵羊自会奔向山冈；杜鹃飞向森林里，是因果多食新鲜，如果果实未遭雹打，杜鹃自会来林间；达萨离家去岭地，是为了寻夫君，如果囊俄他在家，达萨自会留在岭国。

① 王兴先主编：《公祭篇》，《格萨尔文库》（藏文版）（第一卷），甘肃民族出版社2000年9月版，第751页。

② 王兴先主编：《降霍篇》，《格萨尔文库》（藏文版）（第一卷），甘肃民族出版社2000年9月版，第1005页。

在《霍岭大战》中描述：

地气升腾形成云，天空雨水降大地，
雷电雾霭从此生，这叫天地相调和。
夏水冬季结成冰，天空雨水降大地，
冷热相间植物生，这叫冬夏相调和。
善业净化罪孽果，怕下地狱修善业，
善恶之间识前途，这叫善恶相调和。
霍尔好比红清茶，岭国就像白酥油，
酥油调茶喷鼻香，两家不合没理由。①

在这些“天地调和”、“冬夏调和”、“善恶调和”以及家国关系的“调和”之中，充分地反映了古代藏族的自然观念，亦即从顺应自然、敬畏自然到融于自然的强烈意识。在这些意识中，带有朴素的辩证法思想，是唯物的，而不是唯心的，是古代藏族人民从大量的自然现象和社会现象观察中得出来的，是以客观事物的辩证法为依据的。人们的这种辩证法思想，尽管不是理性的，而是感性的，但它反映了古代藏民族社会实践发展的水平，也反映了这个古老民族当时对客观世界的认识水平。这种辩证法思想，既是《格萨尔》说理的有力依据，又是古代藏民族指导、观察和处理人与自然、人与人关系的世界观和方法论，对指导古代藏民族的社会实践活动发挥了积极作用。事实上，千百年来，我们中华民族所追求的就是一条人与自然、人与环境协调发展的道路。也正是通过这条正确道路的追求和选择，才使中华民族虽历经曲折，仍能繁衍不息。

我们在读过许多《格萨尔》中关于人与大自然相和谐的篇章之后，发现汉民族的农耕文明与藏民族的游牧文明在寻求生存发展过程中所产生的自然是有差别的，农耕文明，虽然是更为先进的经济方式，但它的发展趋势是人为地对自然资源的侵蚀。而在藏族的与自然环境协调发展

① 王兴先主编：《降霍篇》，《格萨尔文库》（藏文版）（第一卷），甘肃民族出版社 2000 年 9 月版，第 1194 页。

的过程中，所产生的自然观中，却蕴含着可持续发展的宝贵萌芽，那个时候的古人，尽管没有提出今天这样科学而又准确的“可持续发展”的概念，但追求人类幸福、社会繁荣的愿望，却是一致的。为达到人与自然的和谐统一，先贤们也主张发挥人的主观能动性，积极地利用、改造和保护自然，来达到人类社会永恒进步的目的。

正是从“天人合一”、“天人相分”的认识出发，中国古代思想家提出了许多调整人类行为，保护资源，保护生态平衡，实现对自然永续利用的主张。如春秋时期的庄子说：“民食刍豢，麋鹿食荐，虫即蛆甘带，鸱鸦嗜鼠，四者孰知正味?”（《庄子·齐物论》）又说：“当是时也，山无蹊隧，泽无舟梁；万物群生，连属其乡；禽兽成群，草木遂长。”（《庄子·马蹄》）这些都说明庄子有万物相连，群生群长的整体观念。春秋齐国的宰相管仲，他将齐国治理得富裕强大，主张“山泽林薮积草天财之所出”（《管子·立政》），即山林湖泊茂草都是国家财富的来源。管仲还提出：“山林虽近，草木虽美，宫室必有度，禁发必有时。”（《管子·八观》）这是中国古人关于人类要调整自己的行为，保护和永续利用生物资源，维持生态平衡思想的确切概括。由此可见，藏族人民形成的独具特色的保护自然、人与自然和谐相处的思想理念，与中华民族儒家文化中“天人合一”的观念是合拍的。

第三节　宗教神学意义上的圣山圣湖崇拜与自然观

藏民族对圣山圣湖的崇拜，不仅讲究深层的文化理念，而且注重虔诚的信仰行为。对山湖的祭祀具有多种形式，这些祭祀形式有着悠久的文化渊源和古老的历史传统。据有关藏文文献记载，在苯教兴盛时期，圣山圣湖崇拜就极为普遍。因为苯教崇奉的就是形形色色的自然精灵，特别是神灵的崇奉，神灵在苯教中的地位更高，因为山往往被作为联系天地“宇宙中心”的最重要的意象。在西藏境内（内蒙古亦然），山隘路口迄今仍然可见大大小小的石堆，过往行人，则添石以祭山灵。

自佛教传入吐蕃后，藏传佛教在逐步形成的过程中，吸收了大量苯教的祭祀方法和仪轨，特别是对山川的崇信和祭祀，其程度更甚，圣山圣湖的地位更受到重视。从此，也就形成了迄今为止的藏民族独特的神灵祭祀献供方法和仪轨。

人们通过同超自然的力量进行对话、沟通，求得人与神灵之间的和平共处，以及神对人的保佑，或凭借神来实现自己的愿望。在《格萨尔》中，有大量的祭祀山神湖神的实例，如战前呼唤神灵、煨桑祭祀等。有时为了消灭敌方，偷祭对方的山神，以赢得战争的胜利。探讨祭祀的历史渊源，研究祭祀的仪式和仪轨，对理解藏族先民的思维活动，解读《格萨尔》的宗教问题都有着重要的意义。

一 《格萨尔》中的圣山圣湖祭祀

喜庆时对山神的祭祀

在《格萨尔》中，煨桑仪式比比皆是，举行各种庆典时要煨桑，出征前的誓师要煨桑，在行军途中也要煨桑。如格萨尔将要降生岭国，是岭部落的头等大事，全部落汇聚于玛底雅达塘，煨桑祭祀，气氛热烈，场面壮观：

仲夏月初这一天，岭尕部落的大众们，
在玛底雅达塘来聚齐，礼赞威尔玛，煨桑祭战神。
直叫得日月不敢头上跑，直叫得高山峻岭不安宁，
直吓得斯境仇敌胆战心又惊，直乐得六亲九眷皆沸腾。①

在《赛马篇》中，当众英雄开始赛马时，岭部落的嘉洛·珠牡、鄂洛·乃琼、卓洛·贝噶拉孜、玉珍、孜珍、赛错、晁茂错七美女，身着丽服，美若天仙，她们相聚在一起到拉迪山（lha-devu-mgo）煨桑，然后又去鲁迪山（klu-devu-mgo）上与人们一起观看赛马。与此同时，岭地的祭司们（gling-gi-las-sgrub-mkhan-rnams）在古热山（gu-ri-rdza）的十三个煨桑台上煨桑，并设起祭祀的神坛，一时之间香烟缭绕，布满天空。人们扬起风幡，吹奏海螺，祈求天神保护，颂扬战神威德。②

---

① 王兴先主编：《天界篇》，刘立千译，西藏人民出版社 1986 年版。

② 王兴先主编：《诞生篇》，《格萨尔文库》（藏文版）（第一卷），甘肃民族出版社 2000 年 9 月版，第 611 页。

征战前召唤神灵助战对山神的祭祀

在《诞生篇》中，当奔巴·嘉擦协嘎“待到长大成人后，东方旱地的皇帝把自己的三个外甥——萨当姜地的王子聂赤嘎钦、阿庆霍尔的王子拉布雷波和董族的奔巴·嘉擦协嘎，一同召集到汉地去”赏赐他们。就在嘉擦协嘎到汉地后，果岭发生恶战，岭国死伤了不少将领。嘉擦协嘎返归后，决意复仇。进攻之前，他们煨桑。“于是，大家都去寻找煨桑的香料。不一会儿，便捡来树枝、小叶杜鹃、香柏、沙柳、凤尾草等原料一百驮，堆在一起燃起了桑烟，不一会儿，烟雾就布满了整个天空。”[①] 煨桑场顿时发出“咯嗦”的欢呼声（见图27）。

图27 呼唤战神 孙明光摄

《世界公桑之部》记载，自格萨尔赛马称王后，为了让各路神灵在南征北战中佑助，于藏历木鼠年五月十一日世界烟祭节这一天，岭国举国上下，由格萨尔率领到黄河畔的阿尼玛沁雪山举行煨桑祭祀山神仪式：

五月十一日这一天，等到大家都来齐，

① 王兴先主编：《诞生篇》，《格萨尔文库》（藏文版）（第一卷），甘肃民族出版社2000年9月版，第441页。

对着西藏雪地从神灵，要煨一个大桑烟供给神。

岭国的煨桑人都聚集在玛古惹神山的琼孜峰的顶上，煨起了桑。在众多的丰富无量的供品中，有五色的绸鬘，有悦耳的音乐，有细软的天衣，还有五妙歌的享受物品。只见那桑烟起处，天上张开了青云华盖，半空矗立着五彩云柱，大地上落满缤纷的花雨，到处都呈现着一片前所未有的祥光瑞气。这时，那三十三天神和具誓护法，四方的天神与土主，都面带着欢喜微笑的面孔，说着悦耳动听的话语，都应允愿意当岭国的救护者和益友。[①] 岭国人们高歌庆祝，高悬起鲜艳的旗幡，吹起美妙的吉祥海螺，敲击着黄金大鼓，发出"咯嗦"、"咯嗦"的欢呼声。

征战中为取得胜利对山神的祭祀

格萨尔将出兵讨伐北雅尔康魔（兑）国时，描写道：

阿琼吉和里琼吉，你俩不要贪睡快快起，
放开最快的脚步去，去右边的山顶采艾蒿，
从左边的山顶采柏枝，艾蒿柏枝杂一起，
好好去煨一个桑。

煨大桑要像大帐房，煨小桑要像小帐房，
给格萨尔的战神、保护神煨一个桑，给岭国的天、龙、山神煨一个桑，
给天姆官阴捷姆煨一个桑，给长寿白度母煨一个桑，
给管走路的道路神煨一个桑，让这些神灵都护佑在我身旁。[②]

此外，在《征服雪山水晶国》中，格萨尔在出征拉达克雪山水晶国时，也举行了煨桑祭祀仪式。"为了降伏那些帮助拉达克的魔类，明日我要到洞曲莫山顶去煨桑祭神，祈求佑助。"[③]

---

① 官乔才旦整理，王沂暖译：《世界公桑之部》，甘肃人民出版社 1983 年 3 月版。

② 同上。

③ 《征服雪山水晶国》，意西泽珠等译，四川民族出版社 1988 年版。

越界偷祭山神引发的战争

在《格萨尔》中，阿尼玛沁山神是岭部落的主要山神，其他部落和敌对势力也十分崇敬它。霍岭战争前期，霍岭两国军队在黄河两岸对峙。霍尔三大王和辛巴大臣们在一起共商对策。大家一致认为："东方的玛沁奔热山的山神神威显赫，霍尔大军要在这里长期驻扎下去，说不准就会引起山神发怒。因此，必须去煨桑供奉这座大山神。这样商定以后，便指派白帐部落的司拉托杰将军带队，再从十二部落的军队中各抽调十名骑士，赶着一百匹战马，携带盔甲、经幡各一百副，每名骑士各带一支彩箭、一条哈达、一铜盘炒面，前去供赞山神，祈求他的保佑。"于是，大将军司拉托杰率六百名士兵前往祭祀。岭国的将士们还以为是向他们进攻来了，一时之间"摸不着头脑"，后来，仔细一看"那些人走上了通往玛沁山顶的一条高山小路，才知道是祭祀山神去了"。

岭部落他们认为：

东方玛沁奔热山，圣地山神最灵验，
除了嘉擦协噶我，
谁敢上去瞻金面。
东方玛沁奔热山，它是全藏保护神，
也是白岭大山神，霍尔乌头腾毒雾。
没有理由去接近。①

霍尔人却回答：

东方玛沁奔热山，是南赡部洲地方神，
也是苯教的护法神，前山为岭国作战神，
后山是霍尔威尔玛，霍岭两家应共供奉，
你岭国未曾拿钱买，也没有卖给霍尔人。

---

① 王兴先主编：《降霍篇》，《格萨尔文库》（藏文版）（第一卷），甘肃民族出版社2000年9月版，第1031页。

这座古老的大雪山，是世界天然一庄严，
不能把别人排在外，而独有一方去霸占。[①]

在《降魔篇》中，当格萨尔再修行之际，魔王鲁赞将他的爱妃梅萨奔吉抢走，于是引发了魔岭大战。格萨尔夺回梅萨奔吉时，命令侍女玛蕾瑰瑰爬到白水晶山顶上，煨起很大一堆桑烟，高声呼唤，通知人们前来集会，召唤神灵……[②]岭国曾经在举行煨桑祭祀仪式时，桑烟的味道引来了魔王寄魂的红铜角野牛，引出了岭国英雄射杀野牛及降伏霍尔抢马人的一段神奇故事。

触怒山神引发的灾难

山神可以护佑人们，要经常祭祀，不要亵渎山神，它会给人们带来幸福；倘若对它不恭，它也会惩罚人们。在拉达克与岭国交战中，晁通率领属部开往前线，放狗行猎，“平静的草原顿时一片喧闹声，吵得山神也不得安宁。一怒之下，山神施展出神变法力。霎时，山坳上部，狼的嗥叫声此起彼伏，不绝于耳，一大群凶恶的狼一边嗥叫一边狂奔乱跳。山坳中部，成群的豹子狺狺咆哮，又扑又跳。山坳下部，大群豺狗对天嚎叫，好似阵阵干裂的狂笑，成群的黄鼠狼颠颠窜窜”。[③] 最后把达绒部落的将士们团团围住，即将要吃掉他们，幸好格萨尔及时赶来营救，方幸免于难。

二 祭祀仪式的古老渊源与圣山圣湖的祭祀形式

据藏族史料《概述苯教的历史及教义》记载，苯教的宗教仪式数量、种类繁多。所有的宗教仪式都集中在《九乘》（theg-po-dgu）的前四乘——即恰辛乘（phyva-gshen-theg-po）、朗辛乘（snang-gshen-theg-po）、什辛乘（srid-gshen-theg-po）和楚辛乘（phrul-gshen- theg-po）里，第一乘又分为四部分即占星（mo）、星相（rtsis）、仪礼（gto）和诊断（dpyad）。日常的仪礼有许多种，最常见的是结婚、长寿、聚财、招

---

① 王兴先主编：《降霍篇》，《格萨尔文库》（藏文版）（第一卷），甘肃民族出版社 2000 年 9 月版，第 1033 页。

② 同上书，第 872 页。

③ 《雪山水晶国》（藏文本），四川民族出版社 1982 年 8 月版，第 72 页。

福、避灾、期盼丰收和亡魂超度等仪式。举行每种仪式的时候，都要依据第一乘的四个步骤。[①] 所有的仪式都是以净化作为开始，有三个步骤，去毒、洒水净化和焚香。

去毒

苯教经典解释，人世间存在神和恶魔两种势力，神的一边称作“叶”（ye），恶魔的一边叫作“岸”（ngam），这两个字分别取自叶杰默巴（ye-rje-smon-po）和岸杰卓巴（ngam-rje-rtsol-po）的字头。毒物的起源也源自叶安两国的交战当中。据《秘密格廓大猛威成就法》记载：

> 嘿，这种毒物源于何方？他出自“岸”国，
> “岸”国之主卓波的胆汁，喷洒在“岸”国的大地上。
> 毒海不停地流淌，“岸”的黑人岸米那波护卫着大海，
> 毒物从“岸”海里迅速生长，因此，所有的毒种都来自“岸”国，
> 种子又分生出九种毒种。[②]

洒水净化

据史料记载，格科（ge-khod）的母亲是女妖，父亲是一个神，女妖和神结合为夫妇生下了格科，格科杀死了自己的母亲，这是一件很严重的事。格科的行动对叶国造成了极大的污染。为此，需要对这种污染和毒海产生的毒物进行净化，需要大量的药用植物，住在银河和纳木错秀摩的女神南木吉贡杰（ngam-phyi-gung-rgyal）提供了这些东西。

> 在世界之巅的上方有三个世界，甘露之母南木吉贡杰，
> 手捧一个装满甘露的花瓶，他身披芳香四溢的披肩，
> 团团甘露云聚集在她的头顶，甘露从她的口中喷出，

① 〔英〕桑木旦·G. 噶尔梅：《概述苯教的历史及教义》，《国外藏学译文集》（第11集），西藏人民出版社1994年4月版，第104页。

② 同上书，第105页。

撒向世界各地。她以甘露的精髓为生，

她吸氲着甘露中的汁液……为了治愈人类的疾病，

为了使科格神和神的主宰（人）聚集在一起，她向大地吐出一口芳香的唾液，

她祈祷着："愿这能成为医用甘露。"

……

"参"（tshan）的物质出现了，樟脑是雪变成的药，

海泡石是水变成的药，黄色的藏红花是草变成的药，

白色明矾是石头变成的药，

褐色沥青是岩石变成的药。

冈底斯山的雪，玛旁湖的水，

混合成医用甘露，他们被倾倒在一柄银勺中，

但"参"既没有舌头也没有马。①

文中还讲到了一种称为"众神圣洁的小鸟"——白松鸡，长着红色花纹的羽毛，此羽毛是专门来蘸撒"参"的。如果找不到这种羽毛，可用柏枝来代替。"参"可以清除"叶"和"岸"之战带来的污秽。一个人遭到了污秽和得了疾病，仍然能用"参"来清除。②

焚香（煨桑）

这种方法也就是我们日常宗教生活中的"煨桑"。"煨桑"一词，是汉语和藏语的结合体，"煨"汉语，"桑"（bsang）为藏语。"桑"通常被译作"神香"、"焚香"、"烟祭"以及"煨桑"等。在藏族传统的习俗中，依"煨桑"地点的不同，有"日桑"（ri-bsang）和"鲁桑"（klu-bsang）之别③，可分别译为"山桑"和"川桑"。完整意义上的"桑"，被称为"吉桑"（spyi-bsang），可译作"公桑"。"公桑"又分

---

① 《赛米》（《大藏经》K5 函）Cha 品第 28 章《教祖娶妻经》（德里，1665 年），转引自［英］桑木旦·G. 噶尔梅《概述苯教的历史及教义》，《国外藏学译文集》（第 11 集），西藏人民出版社 1994 年 4 月版，第 108 页。

② ［英］桑木旦·G. 噶尔梅：《概述苯教的历史及教义》，《国外藏学译文集》（第 11 集），西藏人民出版社 1994 年 4 月版，第 110 页。

③ 张怡荪主编：《藏汉大词典》（下），民族出版社 1993 年 12 月版，第 3036 页。

为“日桑”、“曲桑”（chu-bsang）、“鲁桑”、“拉桑”（lha-bsang）。“曲桑”可译作“水桑”，“拉桑”可译作“神桑”。最初“煨桑”的功用锁定在一种什么场所？由于年代久远，我们不得而知。现在“煨桑”的用途，一般用于迎接高僧喇嘛、结婚、长寿、聚财、招福、避灾、期盼丰收和亡魂超度等庄重的仪式中（见图28）。

图28 查朗寺（传说中的岭国寺院）的煨桑活动 丹曲摄

关于“煨桑”的渊源，有着悠久的历史。土登尼玛认为：“这种祭祀仪式产生于藏族的远古时代，最初是古代藏族的男子，在出征或狩猎回来，族（或部落）中的族长、老年人和妇女儿童，在寨子外面的郊野，烧上一堆柏树枝叶以及香草等，并不断地往出征、狩猎归来的人身上洒水，以期用烟火和水来驱除掉那些因战争或其他原因，而沾染上的各种污秽之气味。这种仪式，与汉区的‘洗尘’的原始形态极为相似。”① 煨桑时，一般使用柏树和野蒿，尤其多用柏树。柏树是苯教四种永恒的标志之一，“人们认为焚烧植物，特别是焚烧柏枝所产生的烟雾能净化人所遭受的各种污秽。去病免灾有两种方式，‘参’可以免除病痛，而祸灾要用烟雾（煨桑）加以净化。净化仪式焚烧柏枝所产生的香气是专门敬给山神的一种最普通的贡品。但供奉所使用

① 土登尼玛、周望潮：《释〈世界公桑〉》，《格萨尔学集成》（第三卷），甘肃民族出版社1990年版，第1531页。

的词‘桑’（bsang）与净化仪式使用的词是相同的。‘煨桑’是净化之意”。①

大多数人认为，祭神煨桑的习俗最初源于苯教，《金光明经》（gser-vod-dam-pa）记载，佛为了供养金光明多戴昂维王（gser-vod-dam-pa-mdo-sdevil-dbang-po-rgyal-po），熏烟（bdug-pas-bdugspa）、燃了各种香、熏了各种圣柳。顷刻之间，在四大天王的宫殿之上的天空中，充满了香和各种圣柳之伞。这就是今天藏族地区人们在房顶上“煨桑”的来由。此外，在《金光明经》中还有用香、安息香（gu-gul）、檀香（tsan-dan）、冰片（ga-bur）、安春香（du-ru-ka）、沉香（a-ka-ru）、白香（pog-dkar-po）等合成的香供养、念诵迎请多闻子（rgyal-po-chen-po-rnam-thos-kyi-bu）。

扎窘巴噶拉的《毗奈耶诵》记载：

桑吉圆寂后，遵令要迎灵，
黎明送灵时，十字路口旁，
充满了鲜花，美丽又壮观。
檀香、沉香和冰片，熏香满大地。②

这段记述，是佛圆寂后，人们悼念的情景。这时就出现了用各种香料熏燃来净化环境的记录。由此看来，“煨桑”的历史非常悠久。而具体实践却经历了极为漫长的历史过程，时至今日，在人们的日常生活中，伴随着“煨桑”的祭祀活动非常普遍。

祭祀仪式在藏传佛教的活动中，更是琳琅满目，多姿多彩。尽管苯教的祭祀活动我们很少能看到，在藏区藏传佛教的祭祀仪式可以说是随处可见。大家通过对圣山圣湖神的祭祀活动的了解，可以略见一斑。

---

① ［英］桑木旦·G. 噶尔梅：《概述苯教的历史及教义》，《国外藏学译文集》（第11集），西藏人民出版社 1994 年 4 月版，第 110 页。

② 恰日·嘎藏陀美编著：《藏传佛教僧侣与寺院文化》，甘肃民族出版社 2001 年 11 月版，第 284—285 页。

三　传统习俗中的圣山圣湖祭祀

绕转的最佳时机

不知是古老经文中写了些什么，还是盘腿修行的高僧悟道后说了些什么，或者有个性的“山神”托梦给人什么，对于普通人来说，马年转山、羊年转湖已经成为亘古不变的习俗。此俗是如何形成的，形成于何时？虽然笔者无法拿出确凿的历史证据证实这一习俗的源头及其来由，但是，从一些神话和历史传说中依然可以获得这一习俗演变的文化信息。

传说，马年是佛祖释迦牟尼诞生和成道之年。两万年前，佛祖还在人间，在一个马年里，守护十万之神、诸菩萨、天神、人、阿修罗和天界乐师等，都云集在冈仁宝且周围，马年便成为冈仁宝且的本位年。从此，冈仁宝且也越加神圣起来。相传，1042 年，孟加拉高僧阿底峡从尼泊尔来到阿里朝拜了冈仁宝且，当到达圣山脚下时，天空碧蓝如洗，神山如一座银塔直插苍穹。突然，山顶涌起五彩流云，云端不时显露出佛的真相，冈仁宝且的神圣无比在马年再一次得到了证实。在藏历中六十年才轮为一次的铁马年，绕转冈仁宝且等山的习俗，在民间得到了极大的信仰。此后，在藏传佛教噶举派高僧米拉日巴在冈底斯圣山修法和传教时，又给冈仁宝且增添了许多神奇的色彩。这位苦行僧得到了恩师即噶举派祖师马尔巴的点化后来到了玛旁雍错湖畔，一修就是八年，在铁马年与苯教大师那若本琼斗法的故事，更是家喻户晓。

绕转的功能意向

绕转冈仁宝且一周，长达五十二公里。按照一般人的体力，十五个小时才能绕转一圈。相传，在冈仁宝且山顶转的是五百罗汉，山腰转的是空行勇母，山脚转的是芸芸众生。在民间有这样的说法，绕转神山一圈者，可洗尽一生罪孽；转十圈者，在五百轮回中可免受下地狱之苦；转百圈者，可成佛升天。在马年转一圈等于常年转十三圈。[①] 圣湖的水是由圣山的冰雪融化而来的，不但绕转圣山圣湖有造化，而且饮用此水可洗涤人的贪、嗔、痴三毒。每当人们绕转玛旁雍错时，人们会随时喝

---

① 益西加措：《神山圣湖马年大法会巡礼》，《中国西藏》1991 年第 1 期，第 23 页。

着圣湖的甘露，消除疲劳，以治百病。当人们离开这个圣地时，以最大限度地负载圣湖之水，带给家人和朋友，同样也让他们得到福运。此湖之水，正如藏文史料记载：从金刚座向北翻越九重黑山，有雪山之王底斯山。底斯山的北面有积香山。底斯雪山的北面与冈底斯山积香山的南面之间有无热恼大湖，四方形，长宽各五十由旬，因注满八功德水，而名无热恼。湖中住有龙王，名无热恼。此湖形状绝，观之极美，注满八功德水。所谓八功德水，即《律经》所云：

干净轻软水纯净，清澈清凉无污垢，
饮时对腹无损害，亦能益于人之喉，
此等是为八功德。

无热恼湖处，无神通者，难以到达。此湖中充满枝如牛轭、叶如牛皮而盛开的莲花，湖中水禽嬉戏，鸣声悦耳。此雪山下，有金崖窠，上有五百罗汉居住的洞窟。有五百水池作为无热恼湖的眷属而围绕。帝释天王的大象善住和象奴五百等以天神形体，住于此地而为其享用。①

关于绕转冈仁宝且的作用，《藏传佛教与民俗信仰》介绍："就佛教而言，佛经上每每提到凡瞻礼赞叹佛像、佛塔、佛经等物，将会得到福报。冈底斯山作为胜乐佛的圣地，又有众多的佛教大师的圣迹，而且被视为我们这个世界上的一个奇异地方，朝礼这样的圣地自然会有各种功德，会增福报。而最为流行的一种说法是：绕转圣山一圈，可洗尽一生罪孽，转十圈，可在五百次轮回中免受地狱之苦。显然，朝礼圣地是为来世做准备，这也是大多数普通朝圣者的信念。如果从正统的佛教观念来看，这种说法并不全面，尤其是'转百圈便可成佛升天'之类。在转山活动中，最为重要的是使内在的信念纯正、专注，精神得以升华，有所感悟，而非是外在的形式。就此看来，转山是一种修行，是一种积福德资粮的行为，依此止恶行善，超越

① 隆钦热降巴：《如意藏论》，德格藏文木刻本。

自我。"[①]

绕转圣山圣湖

圣山圣湖的祭祀，是通过煨桑、绕转、叩头和祈祷等项活动来完成的。生活在圣山脚下和圣湖岸边的少数人们是极为自豪和骄傲的，而更多的人们是远离这些圣山圣湖的（见图 29）。

图 29 绕转冈底斯山的信徒 丹曲摄

如冈仁宝且在藏族人民心目中的地位是至高无上的，对它的祭祀也形成了一种千古不变的格式。当蛇年的余尾尚未消失时，人们就择日起程，祭祀圣山圣湖之行就像一次"小搬家"，行程往往是几十里，甚至上百里。马上骑着老人、小孩，牦牛背上驮着简易帐篷、被褥、锅、壶以及炒面和祭神的用品等，来到了圣山脚下或圣湖湖畔驻扎下来。当迎来铁马年[②]的第一天，转山的人们络绎不绝。人群中有的是单身，有的是结伴而行，也有的是扶老携幼全家出动。绕转一周快则六七天，慢则十来天，而磕长头绕转的人们要经过五六十天才能完成。冈仁宝且是联系人们思想感情的纽带，越是走近雪山，人与人之间的距离也就越近。绕转圣山圣湖的起点有一个煨桑台，当人们不约而同地集中起来煨桑，经幡猎猎，香烟冲天。放飞的"风马"随风而起，随着"拉加罗"（神

---

① 才让：《藏传佛教与民俗信仰》，民族出版社 1999 年 1 月版，第 79 页。

② 藏历，称铁马年。

胜利了之意）的高呼飘向远方（见图30）。人们绕煨桑台三周便开始转山。沿途的任何岩石、冰洞或石洞、泉水、溪流、树木、草地都会成为转山者心灵深处的圣物，圣地的每一处“特殊”地方都有虔诚跪拜、磕头的转山者。在转山的路上，身体有病的人毫无退却的念头，年迈体弱的老人坚定地走着。没有一个人喊苦，没有一个人悲观。成千上万的转山者同在一条山路，路上的树木花草无人去损坏，路过的山泉、小溪没有人去污染。质朴的环保意识令人肃然起敬。

图30 “风马”飘飞 丹曲摄

祭祀阿尼玛沁山神的形式也是多种多样的，不仅在民间有，而且在寺院也有。黄河源地区，有五十座藏传佛教寺院，人们也都虔诚地信仰藏传佛教。在他们的诵经、祈祷活动中，崇拜阿尼玛沁山神是其中必不可少的内容之一。据史料记载，这种祭祀的方法一般是：在某吉祥的日子，将绘有山神的唐卡挂在墙上，在画的前面铺一块白毡，在白毡的上方铺一块白布的占卜坛，在白布上画许多小山峰围绕的雪山和八瓣莲花，白布上堆五谷，在谷堆顶上放上一件珍器，里面供有用酥油制成的象征着太阳和月亮的圆形供品。放置两盆净水，供奉五种令人喜爱的珍物、八吉祥、七政宝，供奉一幅绘有阿尼玛沁山神的袖珍“孜各利”（tsakali）画，插一支拴有绿松石和镜子的羽毛神箭，还供有各种食物、兵器、丝绢和糌粑制成的佛像。安排好以上礼仪供物之后，再把山神从其居处请来。这样，占卜堂的安排和供品的装饰样式意味着占卜堂向下深入地心，其高侵入太阳和月亮，被云雨轻拂。人们设想山神居住在占卜坛群山的山峰之上，三百六十个小山峰将山神围绕。①

每年的藏历新年和五月初四，是祭祀阿尼玛沁山神的日子。黄河源头的人们都要到玛沁雪山脚下桑多地方参加祭祀活动。桑多地方，有一个用石头砌起的大煨桑台，旁边竖立着 13 个大的嘛呢堆，一字排开，十分壮观。人们坚信，那里曾经是格萨尔大王煨桑的地方。牧民群众骑着马，带着拴有嘛呢经旗的箭杆，带着柏枝、牛粪以及神食，从四面八方赶来。日出时主祭师念诵祭文，人们将煨桑物如柏枝、哈达等物放在祭师旁边，以便得到加持和净化。当主祭人一声“拉加罗”（呼唤词，战无不胜之意），浓烟弥漫桑台，人们欢呼着阿尼玛沁山神的名字，然后掏出“隆达”（rlung-rta，即“风马”），抛向天空，犹如漫天的雪花。风马撒向天国，报于神知，表达藏族人民对山神的崇仰，乞求吉祥降临。然后人们将哈达挂在长箭上，双手举起拴有经幡的箭杆，绕转桑台一圈，再绕转箭垛三转，将箭杆插入垛内。接着，人们顺时针绕转桑台，边走边向空中抛撒风马，口中呼喊着“拉加罗”的口号，响彻云霄，有马的骑马环台狂奔，有枪的对天而鸣，没马没枪的呐喊助威（见图 31）。每逢朝拜的季节，香客络绎不绝，尤其是藏历马年，香客多达几十万人，他们携带简单的行装、灶具、食物，风餐露宿，以顽强的毅力绕山一周，才算尽了膜拜之心意，达到消除罪孽，升化灵魂的目的。徒步绕山一周要走七八天时间，磕长头行走，需要六十多天。人们总是期盼着时来运转，来年人畜兴旺，永远得到神灵的护佑。黄河源头的人们，除了节日前来阿尼玛沁雪山脚下祭祀山神外，每年夏天还有不少香客前来绕转神山，以求吉祥。阿尼玛沁主峰脚下，尽管山陡路险，绕转主峰一圈约需一周的时间，还是有不少虔诚的信徒前来绕转。

---

① ［奥地利］勒内·内贝斯基·沃杰科维茨著，谢继胜译：《西藏的神灵和鬼怪》，西藏人民出版社 1993 年 5 月版，第 244 页。

图 31 祭祀山神 丹曲摄

念诵祭文

在藏族的习俗中，不同的宗教祭祀场所、不同的山神湖神，有不同的祭文。祭文在藏语中称为“桑宜合”（bsang），被译为“祭文”。宁玛派的掘藏大师郭吉丹赤坚所掘藏的《献供焚香祭》（rgyags-rngan-lh-bsang）[①] 是藏传佛教中的著名祭文，其中阐释了祭祀的深刻含义。在祭文中，几乎提及了佛教和宁玛等派所特有的诸神、藏传佛教与各路神灵之间的关系以及密宗上师的崇高无比，可以让人们认知人与神灵之间的微妙关系和献祭的含义。佛教认为，无论是属于天道，还是属于非天类的神鬼，并未处在更高的境界中，同样需守持佛法来求得解脱。向“生灵”布道是佛教大师们的神圣职责，对于那些强大凶暴的地方神灵，甚至采用“本尊的傲慢之态”和“咒力”来教化和调伏他们。因而在藏传佛教的祭礼活动中，主祭者往往由一些成就者或密咒师担任，他们被认为是一个介于神灵和人之间的特殊角色，对世间神灵并未特别敬畏、屈服、依赖和奉承，而是调动、驱使诸神灵完成各种事业，通过

---

① 《献供焚香祭》，《神祇词汇编》，青海民族出版社。此祭文是宁玛派的掘藏大师郭吉丹赤坚所掘藏的，1366 年问世。据说这部文稿是莲花生大师所写，是此类祭文中奠基之作，后世祭祀仪轨均受其影响。至今，在民间的一些宗教活动中仍广泛使用。《献供焚香祭》译文见附录。

祭祀仪轨向神灵宣示佛法。

阿尼玛沁山神也有专门的祭文，在祭文中写道：

你，伟大的神之凯念，教法之卫士。
请您和您的伴神一起来吧，来分享供品！
你骑的是一匹白云般疾驰的魔马，
举着缚旗的长矛，搭箭带弓，并持有绳套。
山神，您有丰茂的贵体，光芒照人，一身洁白。
您有英雄的象征。
请把这里作为您的居地来完成白业。
这内供、外供、密供三者，如云般聚集；
可饮的甘露，如海浪翻涌，
如须弥山一般高，他们是用血肉之酱做成的供品。
你，玛卿伯姆热，岩赞、战神之王！
请来享用这些供物。
这上千种芬芳的香料，在烟火里焚烧，
它的烟云，使天空布满了蓝色的迷雾。
您，土地之神，伟大的凯念，
带着您的随从，请来享用这些供物吧。
由于你的精诚，在佛陀释迦牟尼的时代，你就是十列神之一。
现在您住在一个叫玛卿伯姆热的幽静的地方。
我能向您祈求，维护我佛教法轮的运行。①

在这段文献中，记述了阿尼玛沁山神既是凯念、岩赞、土地之神和教法卫士，也是战神之王，是英雄的象征。该神在释迦牟尼的时代里就属于十列神之一，故具有相当重要的地位。章嘉绕贝多吉也写有《玛沁奔热祈供法》（rma-chen-spom-raviI-gsol-mchod-bzhugs-so），贡唐丹贝卓美也写有《玛杰奔热祈福圆满九欲游戏海》（rma-rgyal-spom-raviI-gy-

① ［奥地利］勒内·内贝斯基·沃杰科维茨著，谢继胜译：《西藏的神灵和鬼怪》，西藏人民出版社 1993 年 5 月版，第 243 页。

ang-vbod-phun-tshogs-vdod-dgu-rol-mtsho-zhes-bya-ba-dang-rgyal-gsol-mjug-tu-sbyar-rgyuvil-gyang-vbod-bcas-bzhugs-so）。甚至苯教也有《玛念奔热桑供》（rma-gnyan-spom-ravil-bsangs-mchod），“苯教徒也把玛卿伯姆热作为自己的神灵，称为玛念伯姆热，认为他是苯教保护神，是雍仲苯教教义的维护神。苯教徒把他描绘成挥舞长矛，骑一头绿松石鬃毛的狮子或马的白人”。[①] 这就表明阿尼玛沁山神的古老性。

四 圣山圣湖的崇拜与格萨尔说唱艺人

关于圣山圣湖崇拜与格萨尔说唱艺人的关系这一论题，早就引起了国内外学者的关注，他们虽未作过专题研究，但针对这种文化现象提出了精辟的论述。降边嘉措先生在《格萨尔论》一书中指出：

“青藏高原的每一座大的山脉，每一条大的河流，每一个大的湖泊，几乎都伴随着一个美丽的神话与传说。由此产生了无数个神山神湖。对神山神湖的崇拜，是藏族先民自然崇拜的一个重要方面。”[②] 当然这些神话与传说的内容也包括了天地的形成和人类的起源。“这些神话传说，这种灵魂观念和自然崇拜，以及由此产生的对神山神湖的信奉和膜拜，是产生《格萨尔》的肥沃土壤，为藏族先民，尤其是那些杰出的艺人，提供了丰富的素材；《格萨尔》的产生和发展，又使藏族先民们的自然崇拜和灵魂观念更加具体化、系统化，也更容易广泛传播，流传久远。”[③] 杨恩洪先生在《民间诗神——格萨尔艺人研究》一书中也认为：

“山神崇拜是藏民族原始崇拜中的重要观念之一，这一观念无论对于创作史诗《格萨尔王传》的先人抑或其后人均有很大的影响。在史诗中以及现实生活中，神山比比皆是。这其中有两座山与《格萨尔王传》有密切的联系。一座是玛沁雪山，另一座是冈底斯山。果洛人认为玛沁雪山是穆波栋族的守护神，当地人亲切地称其为‘阿尼玛沁奔拉’，意为神山玛沁爷爷。每年都有人转山朝拜，尤其是到了马年，这

---

① ［奥地利］勒内·内贝斯基·沃杰科维茨著，谢继胜译：《西藏的神灵和鬼怪》，西藏人民出版社 1993 年 5 月版，第 245 页。

② 降边嘉措：《格萨尔论》，内蒙古大学出版社 1999 年 8 月版，第 67 页。

③ 同上书，第 75 页。

里热闹非凡，人们认为这一年四处山神都聚会与此，所以在这一年转山最吉祥、最圆满，次年是羊年，人们则主要去青海湖朝拜。”许多格萨尔说唱艺人都曾朝拜过圣山圣湖，如“格萨尔说唱艺人中，扎巴、桑珠、玉珠、才让旺堆等人均转过冈仁波且。尤其是才让旺堆与这座山更有着特殊的缘分。他为了超度父母的亡灵，磕着长头绕神山和神湖 13 圈，历时一年零两个月，然后做梦 7 天 7 夜后，便开始了《格萨尔》说唱，足见这神山神湖与格萨尔的不解之缘了”。①

很多的调查报告表明，格萨尔艺人打小就与圣山圣湖结下了不解之缘。圣山圣湖既陶冶了他们的高尚情操，同时也启迪了他们的创作灵感。于是，他们终于得到了所谓的“天神的点化”而“梦到了格萨尔大王”。从此，他们对《格萨尔》的说唱一发不可收拾，有的说唱数十部，更有多达百余部者。下面举一二例有关这方面的格萨尔说唱艺人：

说唱艺人玉梅

1957 年出生在昌都地区索县的一户牧民家里。1983 年一个偶然的机会，她来到拉萨，谁也不相信这位来自藏北山沟、目不识丁的姑娘，却可以说唱几十部《格萨尔》，经过有关方面组织测试，被自治区《格萨尔》抢救办公室正式认定为一名专职格萨尔说唱艺人。而这位“托梦神授”型艺人认为，能够成为说唱艺人完全是“神授”的结果，而“神授”是始自一次与圣湖有着密切联系的梦中。

据她讲：她 16 岁那年的春天，一日，阳光明媚，她与女伴才让吉在她家山背后牧场地上放牦牛，她躺在草地上睡着了。她做了一个奇怪的梦，梦见了两个大湖，一个黑水湖，一个白水湖。突然从黑水湖中跳出一个红脸妖怪，把她使劲地往湖里拖，她害怕极了，边哭边喊，正在挣扎时，从白水湖中走出来一位仙女，用黑布缠住她的胳膊，与红脸妖怪争夺她。仙女说道：“她是格萨尔大王的人，我要让她讲格萨尔的英雄业绩，传播给高原雪域的黑头藏民。”黑水湖的妖怪只好钻入了湖中。这时她若隐若现地看到，从白水湖中又走来一位穿白衣服的少年。他们共同给她沐浴后，并赠给她宝石和九根白马的鬃毛，说道：“你以

① 杨恩洪：《民间诗神——格萨尔艺人研究》，中国藏学出版社 1995 年 6 月版，第 118 页。

后就是我们的人了，现在你可以回家了。”仙女和白衣少年就飘然而去。这时又飞来了一只神鹰把她拖到一个很大的天葬场，啄下她肩膀的一块肉，正在疼痛时她就惊醒了。她回到家中，结果就患了一场大病，在病床上躺了一个多月。病重期间，她口吐白沫，满口胡说，两眼发直。眼前一直显现出格萨尔四处征战的场面。家人很担忧，她阿爸去热布丹寺将永贡活佛请回了家中，经过活佛诵经祈祷，四五天过后，她的病就逐步好转起来了。此后，她就能完整地说唱《格萨尔》了。其实，女艺人玉梅家的山背后，真的有两个湖，一个叫“错噶”，意为白水湖；另一个叫“错纳”，意为黑水湖。玉梅打小就经常在湖畔放牧（见图 32）。①

图 32 《格萨尔》说唱艺人玉梅 丹曲摄

说唱艺人才让旺堆

出生在西藏那曲安多县的多堆地方，此地的北面与新疆维吾尔自治区哈萨克族的草场接壤，他八岁那年，因藏哈两族发生草山纠纷，父亲和哥哥在械斗中死去，其他兄弟姐妹四处逃散，老母和他相依为命，不久老母也离开了人世。才让旺堆为超度亡灵离开家乡，开始了他终生难

① 2000 年 11 月 18 日笔者在拉萨对玉梅的采访。

忘的朝佛生活。他从安多出发，一边讨饭一边赶路，在路上遇到了三个去拉萨朝佛的大姐，四人结伴而行，不久来到拉萨。他们先后朝拜了色拉、哲蚌、甘丹、大昭等寺。当他们结束了在拉萨的朝佛后，三个姐姐要到后藏去朝佛，在才让旺堆的再三请求下，三个姐姐又带他先后朝拜了日喀则的扎什伦布寺、江孜、普莫雍错、羊卓雍湖、桑耶寺后，听到安多的牧民们说马年是转冈仁宝且的最好时机，而此年恰巧是马年，四人又决议朝拜冈仁宝且。他们经过长时间的跋涉，终于来到了冈仁宝且山脚下。才让旺堆听姐姐们说，如果有决心为家人超度亡灵，磕长头绕转神山 13 圈就再也好不过了。年幼的才让旺堆看着那巍峨高大的冈仁宝且心灰意懒，经姐姐们再三劝说，他终于下定了决心。山路崎岖不平，没过两天，就被石头划破了手。经过一年零两个月的苦苦挣扎，他终于转完了 13 圈。

后来，四人踏上了归途。途中来到了念青唐古拉和纳木错。听牧民们说，转过冈底斯山，再转念青唐古拉和纳木错，那样才算功德圆满，于是他们用两个月的时间，徒步转了这圣山和圣湖 13 圈，终于完成了夙愿。有一天，他们来到纳木错畔的一块岩石边休息。这是块巨大的岩石，人称“纳木错赤锅”，据说这是格萨尔大王的战马“江噶佩布”的头。他们四人就在这岩石旁烧火煮茶。傍晚，才让旺堆朦胧中看到一个高大的汉子骑着紫色的马从湖那边走来，围着“纳木错赤锅”转了 3 圈，此人头戴钢盔，身着闪闪发光的铠甲，手持长矛，不知不觉中才让旺堆就睡着了。这一睡就是七天。他做了无数的梦，他梦见自己得到了许多财宝和牲畜，统统都分给了老百姓；最后，他梦见了许多次人们之间互相残杀的情景。这其实就是断断续续地在说唱格萨尔的故事。七个日夜过去了，他终于醒了过来。几个姐姐询问怎么回事时，他把梦中所见到的一一说了出来。

自在纳木错湖畔岩石旁大睡七天以后，才让旺堆几乎每晚入睡后都在不停地做梦。梦中所见的内容全部是格萨尔的故事。有时连续做梦，有时连续做几个月的梦，甚至有连续一年多的梦。而在睡梦中，他就像听故事一样，一段接一段地听下去，醒来以后，梦中的情节就如同放电影一样，展现在眼前，格萨尔的故事也就从嘴里自然地流泻而出。后来，他成为一个名副其实的格萨尔说唱艺人（见图33）。[①]

图33 说唱艺人才让旺堆 丹曲摄

任何一种文化都有民间文化的成分，因为这种文化总是由一个特定的地域、一组特定的人群共同创造、共同繁荣起来的。这种文化也并不是随着这个地区人群的出现就出现，而是经过这个地区的人的实践而逐步出现、发展、繁荣。人，在这里依然是最活跃的因素，人的活动实践是民间文化存在发展的根基。雪域高原藏族文化也不例外，特定的自然环境——巍峨的山、圣洁的湖、广袤无垠的绿草地、变换无定的自然气象，仿佛无形中构成了神灵活动的场所；这样的环境，在长期的历史发展过程中，也孕育了勤劳勇敢的藏族人民，造就了他们独特的风俗习惯和传统文化。大自然造就了山川、海洋、丘陵、江河、泽薮、谷泉等山山水水，它们在古代藏族先民的心目中都是崇拜的神灵，尤其是山川湖泊，一直是人们祭祀的重要神祇。与圣山圣湖相生相伴的藏族人民，自然也就形成了山水崇拜的思想观念。

---

① 2000年9月14日笔者在青海西宁对才让旺堆的采访。

第四节 藏族自然观的内涵、特点以及对周边地区的影响

一 山水为喻的审美价值观念

山和水，是自然界最具魅力的，因而也最能代表藏族人物的个性。并且把人物的特性赋予山与水的寓意，两者相得益彰，体现着鲜明的审美价值取向。在《格萨尔》中，老总管是“岭地三十名英雄”、“三十名头目”和“三十名有权势者”的总首领。他德高望重，智慧超人。在《天界篇》中形容道：“这位总管王，他平日行动迟缓，就像是大象迈步；说话缓慢，就像那大江的流水；性情温和，犹如春天的太阳；处事稳重，犹如须弥山峰；胸怀宽广，如同无垠的大地。”[①] 从这可以看出，“大象迈步”是稳重的象征；“大江的流水”是做事有条不紊的象征；“春天的太阳”是性情温和的象征；“须弥山峰”是做事稳重的象征；“无垠的大地”是宽广胸怀的象征。

在《天界篇》中描述：“人寿长久愿如金刚岩，社稷稳固愿如须弥山，气运兴旺愿像如意树，命运坚牢愿同大地般！”[②] 这就将“如金刚岩”比作能长命百岁的“人寿”；将国家的社稷比作稳固的“须弥山”；把人的“气运兴旺”比作“如意树”，希望人的“命运”像“大地般”一样“坚牢”。

此外，在《天界篇》中，当天神之子就要诞生在岭国时，总管王做了美梦后，便首先召集岭国的要员开会，在给弥钦·杰尉伦珠和嘉洛·东巴坚赞的信中，开头一句中便以“纯洁善业的海洋”、“纯洁善业的乳海”作了修饰性的赞美。当弥钦·杰尉伦珠接到总管王的信时，同样以传统的谚语作了对答：“世间有句谚语说：伟人、大山与大海，坚固不动稳坐好；大政事业忙乱首领迷方向，大山动摇频繁村民遭劫

---

① 王兴先主编：《天界篇》，《格萨尔文库》（藏文版）（第一卷），甘肃民族出版社 2000 年 9 月版，第 389 页。

② 同上书，第 391 页。

难，大海向上泛滥土地会被淹。"[①] 这就将"大山"、"大海"与"伟人"联系在一起，置于同等的地位。格萨尔是人们心中的伟人，同样具有"大山"般的气质，"大海"般的风范。这座大山始终没有动摇，并且扫除了人间的妖魔鬼怪，人民过上了幸福美满的生活；这个大海永远也不向上泛滥，广阔的大地成为人们安居乐业的美好家园。

在《赛马篇》中，"在英雄的岭部落里，上至年迈的叔伯，下至幼稚的少年；贵自有权势的达绒晁通，贱到没有地位的古如，一个个求娶珠牡的愿望，比起得到王位和财宝来还要强烈"。晁通在家中摆上了宴席。在宴会上，以山水为喻对参加宴会的贵宾作了赞美。"在宴会上，首座的上师，犹如天空的日月；稳重的叔伯，如同须弥大山；贤惠的姑娘，宛如湖面的白冰；威武的英雄，犹如支支神箭；漂亮的姑娘，恰似夏日的花朵，大家汇聚一堂，看上去真像山口飘来的雪花，山谷腾起的浓雾。""上师"作为宗教喇嘛和大智者被形容为"天空的日月"，总管王理当被形容为"须弥大山"，"贤惠的姑娘"自然如"湖面的白冰"，在形容高朋满座时将其比作"山口飘来的雪花"和"山谷腾起的浓雾"，贴切地描绘了岭国生动的人物形象。在这次宴会上，将丰盛的宴席形容得更加淋漓尽致。"一时间，奶酪、酥油等三百食品，如像海潮汹涌；瓜果等三甜食物，好似蜜雨倾注；熟肉酥油等食物，犹如大山塌崩；香茶和美酒，如同河水流淌，纷纷端了上来。"[②] "蜜雨"、"海潮"对"瓜果"、"奶酪"，"河水流淌"对"香茶和美酒"，极为贴切。

在《降霍篇》中，将须弥山看作幸福美满的父母的象征，海中的珠宝、羡慕的酥油比作福态的形象，甘露是安乐的象征。

古时藏人谚语说：儿孙俱全的父母，
幸福美满像须弥，福态就像海中珠，

---

① 王兴先主编：《天界篇》，《格萨尔文库》（藏文版）（第一卷），甘肃民族出版社 2000 年 9 月版，第 391—393 页。

② 王兴先主编：《赛马篇》，《格萨尔文库》（藏文版）（第一卷），甘肃民族出版社 2000 年 9 月版，第 560—562 页。

被人羡慕似酥油，自己安乐如甘露。[1]

在《降霍篇》中，为了降伏霍尔白帐王，格萨尔只身来到霍尔国，装扮成一个卦师（mo-ma），用石子给珠牡算卦，其中也用山和水来作比喻，当然这种比喻往往是罪大恶极的象征。当算到第五颗石子的时候，珠牡问霍尔王的命运时，格萨尔扮成的卦师回答："这卦象显示，霍尔王的脖颈比牛的还硬，傲气比山还高，色欲比麻雀还旺；事端比大山还重，自己以前造成的纠葛，最后比江河还要长。若不是这样，他的洪福就很大。"[2] 这就是说，霍尔王的脾气比牛还倔强；傲气赛过山；为了夺得美女，不惜任何代价；挑起的事端，比大山还重；造成的罪孽，比江河还要长。

此外，圣山圣水，它还作为权力、勇猛、人丁兴旺的象征。正如《公祭篇》中：

若不知道这地方，这是僧珠达孜大王宫，

是天神胜利的无量宫，眼见城堡不堕恶趣中。

像座水晶宝塔大雪山，那是玛嘉神山貌威严，它象征大王你地位尊。

那座彩虹格卓红石山，好像红虎面部笑纹满，象征大臣勇士都勇猛。

碧水缓缓流淌那黄河，水深如湖鱼儿在畅游，象征部落人多权势重。[3]

这些都是以水和湖作比喻的。从这林林总总的比喻中可以看到，藏民族的审美情趣和价值取向乃是围绕山和水这样一个主题，从更广阔的背景上展示了古代藏民族的自然观和审美观。其审美取向和价值取向融

① 王兴先主编：《降霍篇》，《格萨尔文库》（藏文版）（第一卷），甘肃民族出版社 2000 年 9 月版，第 1094 页。

② 同上书，第 1315 页。

③ 王兴先主编：《公祭篇》，《格萨尔文库》（藏文版）（第一卷），甘肃民族出版社 2000 年 9 月版，第 760 页。

于自然观之中，是以自然观为基础的。

二 古代藏族自然观的内涵、特点

只有人类才有人类的文明，而大自然才是人类诞生和成长的摇篮。而“史诗所反映的，是古代人民的生活和斗争、理想和愿望”。它保留着这个民族与自然界、与邻近部落斗争的历史。[①]

藏族先民认为，自然界各种生命是彼此折射辉映、相生相长、共生共荣的；蓝天白云、青山绿水、鸟语花香的自然环境，才是人间的真正乐园；爱护自然，关爱生命，天人和谐共处，顺应自然规律，是人类的天性。大自然不仅为藏民族提供了衣食住行等必需品，也让人们体验了自然界恶劣艰苦的一面，同时它也是人类灵魂的归宿。

在《格萨尔》中，以大量的篇章记载了人与自然、人与人的关系以及人类自身生命的现象。其中无论是“天人合一”还是“天人相分”，也无论是“万物有灵”还是“灵魂外寄”，如果抛弃谬误成分，人们看到的是古代藏族先民关于与自然和谐相处的不懈的哲学思考。这些思考旨在求得人与天地相参，与天地同理同气，达到赞天地之化育的境界，求得“天时、地利、人和”。

自然观的形成，是藏族先民在认识自然的过程中逐步形成的集体心理经验。千百年来，这种一脉相承的自然崇拜、万物有灵包括灵魂寄存等自然理念，在历史发展的长河中以特定的行为方式世代传承，一直延伸到人们生活的各个层面，成为藏族传统文化的一个重要组成部分。这种传统习俗，迄今为止仍然在广大人民群众中流传。其中虽或多或少地带有一些原始宗教观念，但暗含了人类只有依靠自然才能生存、繁衍和发展的这样一种对真理的认知，客观上它对雪域高原的自然环境和民俗文化的保护发挥了重要的作用。

藏民族自然观的形成与发展是基于其漫长的历史活动之中的，是与自然界较量过程中的经验与教训的积累与总结。从严酷的自然条件、自然状况的突变，到被迫迁徙，最终感悟到对自然的敬畏、赋予自然以神性、对自然的顺应和协调等多层面内涵。前者表现出浓厚的宗教神话色

---

① 钟敬文：《民间文学概论》，上海文艺出版社 1980 年版，第 284 页。

彩，后者则显示着人与自然相统一这一永恒而真实的主题。从中不难发现，这种宗教倾向就其实质而言是为人类永恒而真实的主题——同自然相协调——来服务的，是对人类进行自律的一种努力。因此，寄魂山湖的观念是藏民族自然观的具体化过程，是主观对客观现实的认知和回应。而藏民族的自然观就其理论意义而言，乃是一种整体观，它强调：第一，人与自然的不可分割性，是一个互为存在的整体；第二，人对自然的有限性和无限性赋予自然某种神性或灵性，人只有归属于这种神性——即整体，才能获得存在的前提，进而达到无限性。

人与自然是一个永恒的话题。人类曾经像动物一样，完全依赖自然的给予来维持自己的基本生存，但文明的进步给我们带来诸多便利的同时，也使人们和自然的环境和生活目的越来越远，特别是由于利益的冲突，导致了地区间、民族间、国家间的战争。此外，人类无节制地开采资源，制造污染，引发了各种自然灾害，破坏了生态平衡，给人类的生存带来了隐患。为此，人类不得不深思如何去面对困境。因此，继承和发扬本民族的优秀传统文化，汲取精华，去其糟粕，无疑具有重要的现实主义。

综上所论，笔者认为古代藏民族自然观的内涵与特点表现为：

第一，“天—地—人”相互统合的整体意识。以天、地、山、川、水、木、草所表现的自然环境与有着七情六欲并且呈现组织化的人类社会（包括早期的部落社会）之间，不是处于“分离”或“分裂”状况，而是共同归属于“大自然”。从哲学意义上说，这种自然观的整体意识反映了藏族先民们的一个突出特点：主观世界与客观世界的高度统一。

第二，万物有灵的宗教意识。藏族先民对自然界的一切赋予了神性和灵性，并通过个体内心的感应与之相融合。这种认知和感应使自然万物具有神秘性和神圣性。这即是宗教产生的前提，也是宗教产生的一个原因。所不同的是藏族先民的宗教意识与其自然观有着更为紧密的关系，以致人们在考察这种自然观时，突出地感受到一种浓厚的宗教色彩。

第三，明显的生态平衡意识。“生态平衡”虽是一个现代术语，然而其内涵却不是现代人所创造的。藏族先民对生态的极度关爱和强烈的生态忧患感，更进一步展现了其生态变化，尤其是生态演进的趋势。这种生态意识既根植于早期藏族先民的生活经历之中，又是对尊重客观自然规律的一种自觉过程。《格萨尔》史诗中的许多内容就是明证。可见，藏民族自然观中包含了极为丰富的生态平衡意识等内容。

三 古代藏族自然观对周边地区的影响

圣山圣湖的祭祀，是藏族各地区的一种民间习俗，这种习俗久而久之对周边地区的各民族亦产生重要的影响，尤其是在清代，它不仅被蒙古民族所接受，而且也成为满族宗教活动的重要内容，并得到了中央政府的关注。如对阿尼玛沁山神和青海湖的祭祀活动，就逐步变成了一种声势浩大的政府行为。

据史料记载，藏传佛教大国师章嘉若必多杰不仅写有阿尼玛沁山神的祭文，十分遵信阿尼玛沁山神，还曾建议清朝政府祭祀阿尼玛沁山神。在《清实录》中载：

> 乾隆四十七年二月丁亥
>
> 谕军机大臣等：本日据章嘉呼图克图奏称："河神素来灵应，从前康熙、雍正年间曾因堵筑工程差官至西宁虔申气吁，得以蒇工"等语。现在北岸要工屡有变动，朕斋心默祷，以期天佑神助，并经传谕阿桂等不可稍存怨尤之念。但念阿桂连日在工，不免昼夜焦急，故特遣伊子阿弥达驰往西宁，同留保住并章嘉呼图克图弟吹卜藏呼图克图恭诣河源致祭，仰祈神佑，庶得迅奏成功，合龙喜音当即在日夕也。[1]

在《安多政教史》中对此事也有记载：

> 水虎年（1782 年，乾隆四十七年），黄河水涨，下游遭受严重灾害。黄地颁旨，让吹卜藏呼图克图祭玛沁山神，嘱托事业，可能有所裨益。于是前赴星宿海，祭祀后出现了稀奇预兆。

---

① 《清实录》，乾隆四十七年二月丁亥条。

图 34 青海湖 丹曲摄

又如青海湖（见图 34），早在唐代就被封为“广润公”，而宋代再次封为“通圣广润公”。在元代出现了“遥祭”的记载。正规的祭海，始于清代。罗卜藏丹津反清时，此处“涌泉济军”，清军小题大做，清廷借题发挥，祭海得到了高度重视。遂后将青海蒙古划分为二十九旗，由管理蒙藏事物的大臣负责监督主持一年一度的祭海与会盟。此项活动，已不是单一的宗教活动了，明显地“兼有政治、宗教、民事及文艺等内容。”① 到乾隆二十八年（1763 年），这一习俗改为三年一次。乾隆三十八年，西宁办事大臣伍弥奏：“因祀典缺，然奏请照名山大川例，岁修祭事，敕下礼部，撰文须行，令办事使者，于每年秋间致祭，于是四渎典礼始全。”（《西宁府续志》卷九）早期多在初春祭海的习俗，又改在了秋季，相沿成习，并要求蒙古王公大臣必须参加，无故不到者，罚俸三年。民国年间，国民政府先后派马鹤天、陈进修、宋子文、邵元冲等大员来青海，主持祭海。从祭海的程序来讲，清代祭祀西海的程序：一、全体起立；二、主祭官就位；三、奏乐迎神；四、唱歌称颂；五、向皇帝牌位行跪拜之礼；六、宣读圣旨；七、祭致：（1）进香。（2）敬帛。（3）敬祭文。（4）读祭文。（5）全体相还神位行跪拜之礼。（6）望潦。八、鸣炮，最后礼成。民国年间，祭堂上取消皇

① 韩官却加：《简述青海之祭海与会盟》，《青海民族研究》第 2 辑，第 94—106 页。

帝牌位、免跪拜之礼和宣读圣旨，增设中华民国“万岁牌”，以后又悬置国民党党旗和孙中山先生遗像，行三鞠躬礼，宣读孙中山先生遗嘱。①

青海蒙藏民族自古以来，以游牧为主，居住分散。祭祀圣湖的目的，一方面，通过举行祭海这样的民族大聚会，开展各种各样的民间文艺活动，草原上的蒙藏优秀民间艺人，包括格萨尔说唱艺人，也来到这里进行演唱，成为他们互相交流、互相学习的场所。另一方面，通过祭海会盟，减少了蒙藏民族间的草山纠纷，增进了蒙藏民族的相互交往和了解，有利于青海牧业经济的稳定发展，促进了民族经济文化的交流。

① 韩官却加：《简述青海之祭海与会盟》，《青海民族研究》第2辑，第94—106页。

第五章　古代藏族灵魂寄存观与自然观的整合

藏民族是一个被大山环绕的民族，在人们的传统观念中，人世间有许多神灵，它们分别居住在群山众湖之中。充满高山峻岭和江河湖泊的藏区，也就成为神灵的世界。人们认为，神灵不仅有善恶之明，还有好坏之分。是谁使雪山滋润了良田牧场，才使人们耕种庄稼、放牧牛羊，过上美好的日子？那是寄住在气候温和、人口稠密、物产丰富的河谷或水草丰美的牧场附近的圣山之上的善神；是谁带来了冰雪灾害，使人们背井离乡？那是居住在人迹罕至、气候恶劣的蛮荒之地的恶神。出于对善神的感恩和对恶神的畏惧，人们无论走到哪里，都要见山朝拜，逢湖祭祀。为求得长寿永驻，人们还将自己的灵魂寄托在圣山圣湖等自然物体之上。久而久之，人们对充满神灵的自然界的圣山圣湖产生了永恒的信仰。诸如阿里地区的冈底斯山和玛旁雍错，青海黄河源头的阿尼玛沁雪山和扎陵湖、鄂陵湖和卓陵湖，念青唐古拉圣山和纳木错，再如云南的梅里雪山和泸沽湖等，都被认为是人间圣地。由此也产生了深厚的民间文化传统，在这一文化传统的深层结构中，记录了藏民族留下来的远古的一切文化信息。于是，山湖作为神圣崇拜物的历史几乎与当地部落山民的历史同龄。这些文化传统，直接地反映了古代藏族朴素的自然观。

第一节　藏族宇宙观中对圣山圣湖的阐释

一　古代藏族文化中对“宇宙山”和“轮回海”的阐释

苯教经典《十万经龙》载：世界源于龙母，它的头上部变成天空，右眼变成月亮，左眼变成太阳，四颗上门牙变成四颗星星；当龙母睁开眼睛时，出现白天，闭上眼睛时黑夜降临，它的声音形成雷，舌头形成闪电，呼出之气为云，眼泪为雨，鼻孔生风，血化成宇宙大洋，血管化成河流，肉体形成大地，骨骼变成山脉。这则故事十分类似于汉族的《盘古神话》，在《五运历年纪》中载："首生盘古，垂死化生，气成风云，身为雷霆；左眼为日，右眼为月，四指五体为四极五岳，血液为江河，筋脉为地理，肌肉为田土，发髻为星辰，皮毛为草木，齿骨为金玉，精髓为珠石，汗流为雨泽；身之诸虫，因风所感，化为黍氓。"（徐整:《五运历年纪》）藏族的"龙母"和汉族的"盘古"都是原始社会氏族部落的首领，他们受到氏族部落后代的崇拜，并成为原始神话中的主角，进而又演变成后世民间文学创作的母体"龙母"呈现出女性化的色彩，则表明这则神话背景是人类早期母系氏族社会对母亲的崇拜，"龙母化生"万物的内容本身也与藏族上古龙对应的生殖和丰产观念相吻合。再则，"龙母"和"盘古"神话中又关涉世界的本源，具有人类的创造意义，说明藏汉先民在思考宇宙起源问题时，已经开始涉及人类自我的主体力量。

苯教经典中，将宇宙分为天界（nam-mkhav）、人界（bar-snang）、地下（sa-vog）三个世界。天为神界（lha），中空为"赞"界（bt-san），地下为龙界（klu）。宇宙又分为三大层，天界为七层，称为七层天；中界为人界；下界为鬼魂所居，分为六层、三层或七层。苯教徒认为苯教最初起源于一个叫魏摩隆仁（ol-mo-lung-ring）的地方，据说那是西部大食，它构成了现实世界的一部分。当这个世界最后毁于大火之时，它升到了天上，与天国里的另一个苯教圣地合二为一，被称为什巴叶桑（srid-pa-ye-sangs）。魏摩隆仁占据现实世界三分之一的面积，呈八瓣莲花的形状，与之对应，天空也呈现出八幅轮形。魏摩隆仁的中央为九迭形雍仲山[①]，为世界至高点。"九"字在苯教中与地界、天界和教义有关。地界被认为从里到外共有九层（九重地）。天界最初有九层（九重天），后来扩展为十三层。苯教的教义也划分为不同的九乘（九乘经论）。九迭雍仲山，据说它的九层代表着苯教的九乘。山顶呈一块水晶巨石的形状，山脚下四条河流分别向四个方向流去。东边的恒河从

① 雍仲为苯教教徽，相当于佛教中的金刚，是"永生"的标志。

狮形岩口流出（狮嘴河）；北边的缚刍河从马形岩口流出（马嘴河）；西边的悉达河从孔雀形的岩口流出（孔雀河）；南边的印度河从象形岩口中流出（象嘴河）。九迭雍仲山和四个中心形成了魏摩隆仁的内地洲（nang-gling），随后又出现了十二座城市的中地洲（bar-gling）和边地洲（mthavi-gling）。三大洲被河流和湖泊所分割，整个大地被著名的轮回海（mu-khyud-bdal-bavirgramtsho）所环绕。环绕魏摩隆仁的海洋又被雪山环抱，该山被称作“陡峭积雪的雪山之墙”（dbal-so-gangs-kyi-ra-ba）。[①] 山顶上住着辛绕等苯教神灵，而山底居住着恶魔。据研究表明，在14世纪苯教著作《根本论日光明灯》（rtsa-rgyud-nyi-zer-sgron-me）中就将魏摩隆仁确定为冈底斯山[②]，“河流从冈底斯山脚下流过，而这可能就是九迭雍仲山区”。[③] 藏区有许许多多的山，除了冈底斯山以外，念青唐古拉、阿尼玛沁、雅拉香波等山，都是苯教宇宙观念中的宇宙山。

就世界的中心这一问题，据有关专家研究表明，桑额世界中有一根“中心轴”联系在一起。中心轴或中心柱由于位于世界的中心，故又被称为“世界柱”、“宇宙柱”、“天柱”、“地钉”、“地脐”等。传说中的神灵、英雄以及萨满巫师都是通过这个“中心柱”或上天，或下凡，或入地。在北极带的爱斯基摩人、中亚的贝尔雅特人（Buryat）和索约人（Syot），中国东北的满族以及北美的印第安人，甚至非洲哈姆族的加拉人（Hamitic Galla）和海地亚人（Hadia）等许多游牧部落和渔猎民族中，“天柱”常常以帐篷前或村子中央竖立着的杆子来象征。欧亚草原上的游牧部落甚至将它们所居住的帐篷也按照这种宇宙模式加以设想：帐篷顶部为天幕，支撑帐篷的中心柱被称为“天柱”，而帐篷顶部走烟的开口，被认为是“通天的中心孔”，奥斯蒂亚人、蒙古人、藏族人等莫不如是。[④]

---

① ［英］桑木旦·G. 噶尔梅：《概述苯教的历史及教义》，《国外藏学译文集》（第11集），西藏人民出版社1994年4月版，第64页。

② 汤惠生：《神话中之昆仑山考述——昆仑山神话与萨满教宇宙观》，《中国社会科学》1996年第5期，第176页。

③ R. A. Stein, *Tibetan Civilization*, California 1972, pp. 203—204.

④ 汤惠生：《神话中之昆仑山考述——昆仑山神话与萨满教宇宙观》，《中国社会科学》1996年第5期，第174页。

在萨满教的宇宙观中，山作为联系天地“宇宙中心”的最重要的意象，被称为“宇宙山”或“世界山”。法国萨满教研究专家艾利亚德曾对萨满教的宇宙山或世界山作过详尽的研究，根据这些资料，我国学界的学者研究，归纳除了宇宙山所具有的特征：

第一，是上天、人间、地域三界的联系之处，为方形。

第二，位于“宇宙之中心”。这个中心为“洲地”。

第三，四面环水。

第四，起山顶正对着北极星，也为日月出没之处。

第五，山顶上有一棵树（可分为三—十三层不等），为“世界树”或“宇宙树”。树顶上住着天帝（常以鹰或双头鸟出现）；以下居住着各种神灵。越往下，住着的神灵的地位越低，甚至某些死人的灵魂也在树枝上像鸟一样栖息着，等待着萨满将他们带回人间转世。树下拴着马或其他动物，为神灵们的坐骑。由于该树位于“世界之中心”，故此树无影。该树根一直扎到宇宙山的底部魔鬼所居住的地狱。

第六，宇宙山上居住着天帝和各种神灵，为天堂（其形象特征为枝上有鸟的树，或两边各有一动物的树，或山上一树等）。天堂可以分为 3 层、7 层、9 层、13 层、17 层、33 层等，地狱也复如是。

第七，宇宙山多产异兽、珍奇草木以及金银铜铁玉等。故有些民族萨满教中的宇宙观有“铁山”、“金山”之称。

第八，宇宙山高耸入云，与天连，故有时与“天”、“太阳”、“雷电”、“光明”、“焰火”等有诸多联系，或以其命名。[①] 这里有“洲”、“山”和“树”三个概念。洲和山可以理解为一者，“洲”即可为“海中之山”，也可为“四面环水中间为山的一块陆地”。

二 藏传佛教的宇宙观对“须弥山”和“七游戏海”的阐释

佛教宇宙观[②]认为，所有的世界在成、住、坏、灭中周而复始，无有边际，世界存在于运动之中，消灭于运动之中。在“三千大千世界”

---

① 汤惠生：《神话中之昆仑山考述——昆仑山神话与萨满教宇宙观》，《中国社会科学》1996 年第 5 期，第 174 页。

② 佛教的宇宙观除在佛陀的教言《时轮本续》的第一章中有专门的论述外，世亲论师《俱舍本论》的第三章中也有论述。两者观点有别，在此采用后者之说。

中，以须弥山为中心可分为欲界、色界和无色界。人类居住在欲界中，而欲界可分为欲界六天和四大部洲八小洲。其中四大部洲八小洲是人类的具体驻地。四大部洲的南赡部洲是人类真正的家园。它形如肩胛骨，地理特征与人的相貌类同，蔚蓝色的天空，其中心是摩揭陀的金刚座。而冈底斯山和玛旁雍错，在南赡部洲中又具特别神圣的位置。

佛教传入藏区，传统的宇宙起源说又受到了佛教宇宙观的影响。据《柱间史》载："在茫茫宇宙空间，先是形成了一个坚不可摧的巨大风轮，在风轮之上又形成了一个由各种物质聚集而成的云层，云层中降下大象阳具般的滂沱大雨，形成了一个蓝灰色的巨大水轮，水轮在疾风劲吹下形成了牛皮般金黄色的土轮；土轮之上飘着宝云，宝云降下宝雨又汇成宝海；在疾风鼓荡之下，白海中渐渐又形成了须弥山（ri-bo-mchog-rab）和围绕在它四周的七重金山（gser-gyi-ri-bdun）、七游戏海（rol-bavi-mtsho-bdun）、铁轮围山（ljags-ri-mu-khyud）和外海以及四大八小洲。与此同时，又陆续出现了'四大色法之王'，即山王须弥山、石王阿尔瑁丽伽（aar-mo-le-shing）木王如意宝树和海王玛旁雍错（mt-sho-chen-ma-dros-pa）。继而又出现了'四种心智法之王'（rig-pa-jan-gyi-rgyal-bo-bzhi），即飞禽之王鲲鹏、百兽之王雄狮、旁生之王大象以及殊胜成就人类之王众敬王。"①

《红史》中这样描述宇宙的起源："最初，三千世界形成之时，世界为一大海，海面上有被风吹起的沉渣凝结，状如新鲜酥油，由此形成大陆。此后，有一些极光净天的神祇死后转生此处为人，他们身具光明，能够空行，依靠静定喜乐之食生活，能够无限长寿。此时，星辰、季节、男女俱无分别。其后，有一人发现醍醐滋味甚美，渐次众人皆取食之，由此身体变重，光明消失，星辰、季节、昼夜等产生。"② 在佛教的宇宙观中，日、月、五星等十曜都被视为有生命的，日、月是天神，五星是仙人。

藏族的宇宙结构学说接受了佛教的思想，即认为地轮的中心是须弥

---

① 觉沃阿底峡发掘：《柱间史》（藏文版），甘肃民族出版社 1989 年 9 月版，第 60 页。

② 察巴·贡嘎多吉：《红史》（藏文版），民族出版社 1981 年 10 月版，第 1 页。

山。这一学说的核心是以须弥山的中心为圆心，取五万由旬[①]为半径画圆，再取二万五千由旬画圆。这两个圆之间的整个环形地区叫作大赡部洲，它按东、南、西、北分为四个象限，每一象限为一洲，称为东洲、南洲、西洲和北洲。每个洲再均分为西、中、东三区。以须弥山为中心的宇宙结构学说在藏区许多壁画上都能看到。最为突出的是，桑耶寺的建筑思想完好地糅进了这一学说。该寺建于8世纪，是在藏王赤松德赞的倡导下，由莲花生和希瓦措等佛学大师将印度、中国汉地、中国西藏的建筑风格融为一体所建的。主殿代表须弥山，周围有代表四大洲、八小洲及日、月的小殿。

在藏民族的思想观念当中，山是连接天地的阶梯、天绳或彩虹，吐蕃的赞普如同天上的神灵，当他们入主人间时，就是沿着这些天梯下凡的（见图35）。如位居东方的大山神雅拉香波就坐落在雅隆河谷，雅隆文明发祥地的吐蕃第一位赞普就住在这座神山脚下，据说这位赞普由此山而下，另外的“天赤七王”也是从七座不同的山峰下凡的。雅拉香波是居住在雅隆河谷境内所有本地神和土地神的首领（见图36）。[②] 藏区的圣山被认为是“神山”、“天柱”、“地钉”或“地脐”。吐蕃赞普的庙宇、宫殿以及王陵大多建在了山麓，这也预示它是处在通向神界的自然天梯脚下，与神界保持着最为密切的联系。在藏区，玛呢堆随处可见，其渊源也与佛教宇宙观中的“宇宙山”和“须弥山”有关，即玛呢堆在藏族神话和传说中与创世有关。尽管玛呢堆演化成对战神和山神的祭祀，但就其最初的意向和含义来讲，仍是对天帝和神灵战无不胜的特性的颂扬。许多玛呢石堆上插有树枝，以象征宇宙树。正是因为玛呢堆是宇宙山，象征着天上、人间、地下三界，所以又被认为是“三界石”或“境界石”，有些石堆由白（代表天）、红（人间）、黑（地狱）三种颜色的石头堆成。[③] 这与蒙古族的鄂博的功用是一致的。

---

① 由旬，古印度长度单位。一由旬等于四千丈，约合二十六市里许。

② ［奥地利］勒内·内贝斯基·沃杰科维茨著，谢继胜译：《西藏的神灵和鬼怪》，西藏人民出版社1993年5月版，第234页。

③ R. A. Stein, *Tibetan Civilization*, California 1972, pp. 203—204.

图 35　拉萨河畔人们在山顶岩石上绘制的“天梯”　丹曲摄

图 36　土地神

摘自久美吉多杰编著的《藏传佛教神名大全》，青海人民出版社 2001 年版。

由此可以看出，圣山圣湖在藏族传统文化中不仅具有深刻的宗教意蕴，而且它深深根植在藏族的民间文化传统中，从而也就形成了广泛的圣山圣湖崇拜信仰的基础和魂寄山湖的深层渊源。

第二节　圣山圣湖崇拜及其文化意蕴

一　雪域著名的圣山和圣湖

据藏文文献记载，用奇异的宝石镶成的宫殿一般都坐落在美丽而巍峨陡峭的雪峰之上。斯巴神（srid-pavi-lha-rgan）沃德巩杰（vo-de-gung-rgyal），头戴着丝巾，身披丝斗篷，戴大绿松石的手镯。他挥舞缚有旗帜的长矛、藤枝，骑着品质纯优的好马，一大群由祖宗所传的神灵，如马桑神（ma-sangs）和战神围绕在他的周围。据隆多喇嘛所说，沃德巩杰、雅隆之地的雅拉香波（war-lha-sham-po）（见图 37）、北方的念青唐古拉（见图 22）、上部觉娃觉卿（jo-ba-rgyogs-chen）、东方的玛沁奔热（阿尼玛沁山）、觉沃月杰（jo-bo-gyul-rgyal）、库拉日杰（sku-la-mkhavi-ri）[①]、吉雪旬拉居保（skyid-shod-zhog-lha-phyug-po）、诺吉康娃桑布九位山神中，沃德巩杰是父亲，合起来称作“形成世界的九神山”（srid-pa-chags-pavil-lha-dgu）。[②] 这表明，整个藏区，最为神圣和庄严的也就是“形成世界的九神山”了。在《格萨尔》中则为“十三山神”（mgur-lha-bcu-gsum）之说，传说岭国是“世界的中心”；“玛域”即“玛曲”（黄河）的源头，又是岭国的中心。黄河源头的扎陵、鄂陵和卓陵三个圣湖的周围环绕着“十三山神”。“十三山神”的其中就囊括了“形成世界的九神山”，再加觉吾奇拉（jo-bo-mchim-lha）、觉吾纳松（jo-wo-nag-sum）、觉吾雅邦（jo-wo-gyal-srang）和觉吾拉居（jo-wo-lhu-bcus）四大神山，总计“十三山神”。

图 37　雅拉香波圣山　张超音摄

---

① 库拉日杰，也称为“库拉卡日”、“库拉哈日”（ku-la-ha-ri）或“普拉哈日”（pu-la-ha-ri），它是山南一座山的化身，还被认为是格萨尔大王的精魂，在他的名字前常常冠以“玛桑”（ma-sang）。据勒内·内贝斯基·沃杰科维茨先生考证，佛教传入藏区之前藏区有许多土著神，其数量较多的是“玛桑”神。

② ［奥地利］勒内·内贝斯基·沃杰科维茨著，谢继胜译：《西藏的神灵和鬼怪》，西藏人民出版社 1993 年 5 月版，第 240 页。

藏区每一地方都有一座圣山，各有一神持之。这与佛教宇宙观中须弥山的四大王天一样，都有各自的辖地。据记载说，康娃桑布山神统领着后藏地区所有的土地神，雅拉香波统领着雅隆山谷所有的土地神，念青唐古拉山神是所有居住在卫（dbus）地区的土地神的首领，沃德巩杰是娘布（myang-po）地区土地神的首领，工布苯日神山（sgom-po-dpal-ri）是达布（dwags）地区土地神的首领，贡宗岱姆女神（kong-bt-sun-de-mo）是工布（gong-po）地区土地神的首领，卡夏努日山神（kha-sha-snyu-ri）是门域地区土地神的首领，绒拉坚赞（rol-lhargyal-mtshan）是绒地（rol）土地神的首领，穷脱日神山（khyung-tho-ri）是包沃（spo-bo）地方土地神的首领，玛奔查兑旺秋（dmag-dpn-dgra-vdul-dbang-phyug）是擦瓦岗（tsha-ba-sgang）地方土地神的首领，米孔嘎保（mim-gon-dkar-po）是玛尔康（mar-khams）地方土地神的首领，居住在五台山的山神是汉地所有土地神的首领，焦拉蔡载山神（jog-la-tshal-rtse）是蒙古地区土地神的首领，姜日木包山神（vjang-ri-smag-po）是姜（南诏 vjang）地方土地神的首领。①

如果按照藏族地区传统的地域观念划分的话，就又出现了“统治六岗的十二地神”②。奥地利的勒内·内贝斯基·沃杰科维茨专门对山神作了精细的研究，他从藏传佛教的《烟祭》和苯教的《烟祭》中分别罗列了包括藏族地区的32个和31个地区的山神名称③，我们依据这个资料分析，各地区的山神在数量上，佛教的山神总计85个，而苯教的山神有31个。从地域的广度上来讲，藏传佛教仅将境外的大食、汉地等列入，而苯教还将印度、乌仗那、尼泊尔、汉地等地区的山神囊括了进来，后者的地域就更为辽阔。

藏区虽山神众多，但均有严格属性之分。据记载，山神的属性一般

---

① ［奥地利］勒内·内贝斯基·沃杰科维茨著，谢继胜译：《西藏的神灵和鬼怪》，西藏人民出版社1993年5月版，第254页。

② “统治六岗的十二地神”，在译文中被译为“统治六岭的十二地神”。译为“岗”可能意思更为贴切，在日常生活中都称“岗周”（sgang-drug）即“六岗”，分别为夏达岗、乘达岗、洛达岗、达冒岗、翁达岗、擦布岗。

③ ［奥地利］勒内·内贝斯基·沃杰科维茨著，谢继胜译：《西藏的神灵和鬼怪》，西藏人民出版社1993年5月版，第258页。

不外乎拉（lha）、念（gnyan）、龙（glu）或赞（btsan）四种类型。如以上所说的“十三山神”在藏文文献中就属于念神。如象琼旺姆多吉玉珍玛（zhing-sgyong-dbang-mo-rdo-rje-gyu-sgron-ma）、咋鲁都多吉（rt-se-glu-bdud-rdo-rje）、吉加玛保（cig-car-dmar-po）、盖念闹卡（dge-bsnyen-synong-ka）等神，皆属于龙之性形。①

山神和湖神在民间的传统文化中一般有特殊的指向。往往大山代表雄性、男子、丈夫和父亲；湖泊代表雌性、女子、妻子和母亲。藏族先民把湖泊和女性紧紧地联系在一起，形成了藏民族色彩纷呈的圣湖母体崇拜。人们认为这圣山圣湖是绝对不能亵渎的。这是原始自然崇拜的重要表现形式，在人们的精神生活中占有极其重要的地位。诸如著名的四大圣湖玛旁雍错、羊卓雍错、拉姆纳木错和雍错赤雪嘉姆（青海湖）等与其他湖泊一样，都与神女、仙女、姑娘、妇人有关。圣湖中同样也栖息着诸多的神灵，如著名的“七湖勉女神”、“湖勉五姊妹”和“九湖勉”等女神就居住在这些湖中。雪域高原最为著名的有“拉曼才让五女神”（lha-sman-tshe-ring-mched-lnga）和“十二丹玛女神”（bstan-ma-bju-gnyis），合称为“长寿五姊妹丹玛女神群”。据说她们以前都是被莲花生大师所击败、征服的藏族古代苯教神灵，尔后她们立誓护法，成为藏传佛教的护法神。②

拉曼才让五女神，格鲁派僧人认为，她们已经是居住在尘世之外的虚空女神了。这五位女神都是山神，据说她们居住在珠穆雪山或拉几康雪山。在雪山的脚下有五个冰雪湖，每个湖都有不同的颜色，并与五位女神联系在一起，她们的居住地据说位于尼泊尔和中国西藏的交界地方。五位女神也极具女性特色，正如藏文经卷《宝生佛》中记载，五位女神的首领是扎西次仁玛（bkra-zhis-she-ring-ma），身白色，呈笑貌，骑一头白狮；婷格希桑玛（mthing-gi-shal-bzang-ma），身绿色，骑一头野驴；米玉洛桑玛（mi-gyo-blo-ma），身黄色，骑黄虎；觉班珍桑玛（jod-ban-mgrin-bzang-ma），身红色，骑红雌鹿；达嘎卓桑玛（gtad-

① ［奥地利］勒内·内贝斯基·沃杰科维茨著，谢继胜译：《西藏的神灵和鬼怪》，西藏人民出版社 1993 年 5 月版，第 256—258 页。

② 同上书，第 201 页。

dkar-vgro-bzang-ma），身绿色，骑玉龙。五位女神穿有不同的丝衣，戴有金、松耳石、珍珠做的饰物。

十二丹玛女神，是长寿五姊妹女神的从属神，她们分为“大魔女”、“大夜叉女”、“大勉姆女”三组，她们大致以相貌区分为：四大魔女是长着丑脸的黑姑娘；四大夜叉女是满脸怒气的红姑娘；四大勉姆女是洁白美丽俊俏的处女。她们又分别为黑女神化身罗刹，红女神化身夜叉，白女神化身美女，绿女神化身轻幻飘动之躯体。其中的达尼钦姆住纳木错秋姆、戳钦廓都住羊卓错钦、色钦康顶住羌多玛错。

据记载，勉系女神即“勉姆”（sman-mo）[①]，又分为勉神女主、勉神女王和幼勉三种，其居住地除了天空、草地和密林外，还有“平静的大湖”。居住在湖中的“勉姆”（sman-mo）被称为“湖勉”，如“七湖勉女神”和“湖勉五姊妹”（mtsho-sman-phyug-mo-spun-lnga）、“九湖勉”。湖勉分为具光湖勉、厉鬼湖勉、使者湖勉、业力湖勉四大类。湖勉五姊妹统治藏地五座大湖：即帕日黑湖（bo-ri-mtsho-nag）、查乌衣擦木错嘎保（dravuvi-tsham-mtsho-dkar-po）、尺肖杰梅错（khri-zhog-rgyal-movi-mtsho）、顿日黑湖（stong-ri-mtsho-nag）、藏卡玉错翁姆（gtsang-kha-gyu-mtsho-sngon-mo）。[②]

还有一种说法，帝释天的女儿纳却勉住在藏北的纳木错。而锡金人也相信他们的湖泊中有四种湖勉，分别居住在东方的上白奶湖、南方的大宝火光宝贝湖、西方的寂静莲花湖、北方的玉湖木来婷吉湖四大湖中。

这些神灵有着自身的特性，正如挪威的学者克瓦尔内所言：“这些鬼神们的狂怒可以导致有益的结局，少数作为主人的妖魔鬼怪遍布西藏积雪覆盖的群山、飓风横扫的平原、奔腾的河流与宽阔的山谷。它们很容易被入侵者激怒，并能很快引起疾病和其他灾难。除非以适当的手段使他们息怒，才能免遭其害。这是一个死亡可以转为游动复仇的神灵，而且神附身于人，将超自然的力量灌输给人类，并驱使他们说出预言的

---

① 据有关史料记载，“勉姆”是经常用来称呼神半偶的名词。“勉”（sman）为藏语，是指“医药”和“妇女”，在藏文典籍中，“勉”或“勉姆”、“勉玛”（sman-ma）是指藏族古代神灵的专用名称。

② ［奥地利］勒内·内贝斯基·沃杰科维茨著，谢继胜译：《西藏的神灵和鬼怪》，西藏人民出版社1993年5月版，第229—230页。

世界；是一个只能表现为种种征兆却空无意境的世界。它是一个看得见却不完整的影幕，或者是一个超越现实的半透明的罩子。只有用宗教信仰的眼光才能看得到；只有采取静默、强制的准则和复杂的宗教礼仪等手段才能控制它。”①

在藏族地区，那些圣贤大德们，除了抵达著名的寺院去修法外，就是前往圣山圣湖了。圣山圣湖都是信徒们神往的地方。这些圣地往往都是历史上诸多圣贤大德修得正果的地方。久而久之，它们被罩上了神秘的宗教面纱，自然受到人们的重视和崇拜。

二　圣山圣湖崇拜的宗教学内涵

山川河流的形成，在《斯巴宰牛歌》里是这样唱的：

> 问：“斯巴宰杀小牛时，砍下牛头放哪里？
> 我不知道问歌手；
> 斯巴宰杀小牛时，割下牛尾放哪里？
> 我不知道问歌手；
> 斯巴宰杀小牛时，剥下牛皮放哪里？
> 我不知道问歌手。”
> 答：“斯巴宰杀小牛时，砍下牛头放高处，
> 所以山峰高耸耸；割下牛尾栽山阴，
> 所以森林浓郁郁；斯巴宰杀小牛时，
> 剥下牛皮铺平处，所以大地平坦坦。”②

这是藏族神话与传说中关于山川产生的想象，在早期人们的意识中，山川是宇宙神创造的。这也是圣山圣湖在原始文化中的基本定位。

关于圣山圣湖崇拜在宗教学上的内涵，在前面第四章“宗教神学意义上的圣山圣湖崇拜与自然观”一节中已多有涉及。这里，笔者仅

---

①　［奥地利］勒内·内贝斯基·沃杰科维茨著，谢继胜译：《西藏的神灵和鬼怪》，西藏人民出版社 1993 年 5 月版，再版导言，第 1 页。

②　佟锦华主编：《藏族文学史》，四川民族出版社 1985 年版，第 10—12 页。

就《格萨尔》中多有提及的冈底斯山与玛旁雍错、念青唐拉与纳木错圣湖、阿尼玛沁圣山和三湖以及喜马拉雅山、青海湖等圣山圣湖在人们心目中的地位和宗教学内涵分别加以考述。笔者之所以要把雪域这些最著名的圣山圣湖请出来，探讨有关它们的神话与传说，它们在原始宗教、苯教和藏传佛教神灵系统中的演变，是因为笔者发现，《格萨尔》在雪域流传颇为广泛，《格萨尔》的说唱艺人在青藏高原分布也极广，而不同地方的说唱艺人说唱出来的《格萨尔》虽然有时空上的差异，但《格萨尔》系统的完整性却并未由于流传地域的不同，故事发生地地名的不同而受到影响。例如，笔者在 2000 年到果洛地区专门采访“写不完的《格萨尔》艺人”格日坚赞，据他讲，他正在撰写《香香药宗》，部分书稿已被果洛藏族自治州藏医院院长东杰阅读。东杰介绍，《香香药宗》中部分地名、人名、药名涉及古象雄语。① 另外，第四章第三节中笔者采访过的艺人玉梅，她出生在昌都地区索县，在她的梦境中所提到的黑水湖和白水湖，恰好与她家住地山背后的“错噶”和“错纳”同名。这里面的深层原因，就在于圣山圣湖崇拜的历史宗教文化背景的一致性。

由于阿尼玛沁圣山和三圣湖前文多有论述，这里不再赘述。

冈底斯山与玛旁雍错

《霍岭大战》中赞美冈底斯山和玛旁雍错道：

> 白浪滔滔玛旁错，深深湖水常年绿；
> 山峦叠叠冈底斯，绵绵雪峰顶天立。②

历史上宗教虽然几经变化，各种教派之间甚至大动干戈，但唯独可以在冈底斯山神面前和睦相处。无论是苯教、印度教，还是藏传佛教，都以不同的方式将冈底斯山崇拜归到自己的文化系统中，种族、国度、

---

① 笔者于 2000 年 11 月 10 日到果洛地区采访了格萨尔说唱艺人格日坚赞，唱本中的内容除文中已提及的信息之外，还涉及分布在果洛地区的八个草药山以及生长的 4000 多种草药等内容。

② 王兴先主编：《降霍篇》，《格萨尔文库》（藏文版）（第一卷），甘肃民族出版社 2000 年 9 月版，第 993 页。

宗教信仰并没有阻绝他们对冈底斯山的崇拜，或顶礼和转山，或转湖和苦修的方式，来表达他们的敬仰之情。

冈底斯山位于喜马拉雅山脉之北，又名“盖拉夏嘉布”（ke-la-sh-vi-rgyal-po）、“冈噶雅布”（gang-gvvi-yab）、“冈日布”（gangs-ri'I-bu）、“伊格黛瓦”（dbyig-gi-lte-ba）[①] 等，主峰冈仁宝且，坐落在阿里地区的普兰县境内，海拔 6714 米（见图 38）。与此山一起被朝圣者朝拜的还有附近的玛旁雍错，二者相距 260 公里。“冈底斯山”（gangs-te-se）是藏、梵、汉三种文字的混合，“冈”为藏语“雪”的意思；“底斯”为梵语，意思是清凉之义，“山”为汉语，合成后就是“清凉的雪山”之义。由于终年有积雪封顶，藏文文献中常将其比喻成水晶塔，尊称为“冈仁宝且”（gangs-rin-po-che），“冈”加上藏人的尊称“仁宝且”（宝贝）则表现了人们对它的敬仰之情。从其别名“伊格黛瓦”来看，即是“冈仁宝且”的名称，又是“遍入天”（khyab-vjug）[②] 的别名。传说，“冈仁宝且”又是“大自在天”（lha-dbang-phyug-chen-po）居住的圣地。他的尊贵不仅因为是“神山之王”，更主要的是它在各种宗教徒心目中的地位。

图 38　冈仁宝且圣山　张超音摄

---

① 张怡荪主编：《藏汉大词典》（上），民族出版社 1993 年 12 月版，第 345 页。

② “遍入天”是古代印度婆罗门教徒崇奉的造物主。遍满一切器世间和情世间，故名为“遍”；以十种方式入世济人，故名为“入”。

对冈底斯神山崇拜的起源可以追溯到原始苯教的鼻祖辛绕米吾以前的年代。苯教的三界宇宙观认为，冈底斯山位于人间的中心，外形如水晶石似的冈底斯的根就像十字形金刚杵，它下伸到鲁界，其山峰直刺神界之域，是贯通宇宙三界的神山（见图39）。

图39 冈底斯山脉 张超音摄

藏文文献记载，冈底斯大赞神就住在冈底斯雪山。冈底斯山山顶神灵统治二十八星宿，这些都是莲花生大师收服的，他们皆立誓护法。传说，冈底斯是佛教传入吐蕃前的吐蕃土著十三神的居地。冈底斯山也像一个功率很强的发射塔，向它的周围频频发送原始苯教信仰的电波。几千年以后，就形成了一个以冈底斯山为中心、以象雄的原始苯教为核心内容的、以朝拜和上山苦修为形式的强烈的文化积淀——冈底斯神山崇拜。

据记载，辛绕在追踪他的宿敌、盗马贼恰巴拉让时，路过冈底斯山并给一些象雄的苯教徒传授了密法。此外，后世许多有名的苯教师都在冈底斯山上苦修，甚至在苯教史上传为佳话。因为他们认为，在冈底斯山上修炼，将得到神灵的佑助，必成正果。山上至今留有无数的洞迹，如“三十七处相聚之地”、“二十七个圣地”、“八大天葬场”等，据传均为历史上苯教徒留下来的宗教活动遗迹。苯教经典《世间总堆》中记载，辛绕米保的王宫就在冈底斯山和玛旁雍错湖边的俄摩之地，卡尔麦·桑旦坚赞等学者也认为苯教受到了波斯火袄教二元论的影响。这一点在苯教文献中不难找到，不仅在苯教早期神话中充斥着白与黑、善与恶、神与魔等二元结构，而且在晚期作品中仍可以找到这种痕迹，将冈底斯山和玛旁雍错湖二者描写成阳性和阴性的二重性结构。①

赤松德赞时期，藏族医药大师宇妥·元丹贡布专程去朝拜了冈底斯山，临行前宇妥对弟子们说“我将去访问一个叫冈底斯的大山”。弟子们想劝阻他，但没有成功。大弟子索南泽摩福顶说：“中国西藏并没有冈底斯山，那时我们曾经去过的假冈底斯，因此请您别去了”。宇妥说：“中国西藏有冈底斯山。实际上冈底斯山是在印度，中国西藏的则是假冈底斯山。但如果你去访问，你将会积下无量功德。在许多佛经中曾提到过它。的确，当我见到药王时，他曾提道：‘你要去访问中国西藏的冈底斯山，还有湖边的另外三座山。因此，我必须前往。’”后来他就去朝拜了冈底斯山和玛纳萨如瓦湖，又从南拉堆到尼泊尔，朝拜了帕巴辛贡山和帕巴，为许多病人治病，挽救了不少生命，特别是在那儿，创立、撰写了许多医学学说和著作。②

造访过冈底斯山的高僧大德不计其数，除上述者外，还有藏传佛教著名高僧杰尊·达孜瓦曾对冈仁宝且进行赞美，冈仁宝且山顶有像天上无量宫的宫殿。无上密宗本尊肆鲁迦之宫——胜乐轮宫，为人类洒下潺潺甘泉——马、狮、象、孔雀四大河流。8世纪初的藏王赤德祖丹时期，著名的印度佛学大师桑杰桑巴曾到冈底斯山苦修得道。传说，11世纪阿底峡进入中国西藏传法途径冈底斯山时，听到山上阵阵钟鼓妙音，他告诉随从说这是五百罗汉进斋的钟声，于是他们也在山脚下吃饭。

噶举派的米拉日巴大师和苯教师斗法的故事更是家喻户晓。据载，米拉日巴按照其上师玛尔巴大译师的预言前往冈底斯山苦修，路遇苯教师那若本琼兄妹，苯教师认为冈底斯山是苯教神山，除非米拉日巴修行苯教，否则他不能在冈底斯山修炼。而米拉日巴则认为冈底斯山是佛祖预言过的神山，除非那若本琼改修佛教，否则他不让那若本琼上山苦修。两人商议：以斗法论胜负，胜者上山修炼，败者弃山离开。二位法

① 才让太：《冈底斯神山崇拜及其周边的古代文化》，《中国藏学》1996年第1期。

② 日琼仁颇且·甲拜衮桑编著，蔡景峰译：《西藏医学》，西藏人民出版社1986年10月版，第363页。

师经过跨湖、搬山岩等几个回合，米拉日巴始终占有上风，最终那若本琼提出依法力比上山，他按苯教传统的法力骑鼓而上，但米拉日巴还是以他高超的法力捷足先登。米拉日巴之后，嘉热巴益西多杰在冈底斯山苦修，他继承噶举派主修冈底斯山的传统，为该派在冈底斯山的修习和发展作出了贡献。其弟子郭仓哇·贡布多杰在冈底斯山苦修，是他开辟了冈底斯山的转山路。

12 世纪下半叶，止贡噶举派的创始人止贡·玖丹贡布派遣三批弟子去冈底斯山、拉齐和杂日三大神山苦修，并严格规定在没有获得证悟境界之前不得返回。以格西·阿普巴为首的第一批 80 人，第二批以格西聂钦布和噶尔巴羌为首的 2700 人分别去三大神山修炼，第三次遣修的人更多，这就是噶举派历史上著名的三次遣修。他们在冈底斯山均为弘扬噶举派教法作出了贡献。

达玛坚赞时期，冈底斯山有上千个修行者，阿里上部的山洞中均有修行者。每年都有许许多多的朝圣者，其中有藏族人，也有来自域外的印度、尼泊尔人。有佛教徒、苯教徒、印度教徒，也有耆那教徒。人们普遍的信念是，转圣山一圈，可洗尽一生的罪孽；转圣山十圈，可在五百次轮回中免受下地狱之苦。人们转山显然是为来世做准备。由此看来，转山是一种修行，一种积福德资粮的行为，一种止恶行善、超越自我的努力。转山人尤为看中藏历马年，因为藏传佛教认为释迦牟尼是在藏历马年正觉成佛的，马年朝圣是修行的最佳时机。

玛旁雍错，在阿里地区普兰县中部，海拔 4588 米（见图 40）。在我国藏民族及印度、尼泊尔等地的佛教徒心目中，该湖是神圣不可侵犯的“圣湖”。在《取宝篇》中，有这样的文字：

上部玛旁雍错湖，四方四条河流出，
大海海水故溢满，遂满水源不干枯，
河水还会更丰富，这是神仙真谛力，
顶宝龙王愿所致。[①]

---

① 王兴先主编：《取宝篇》，《格萨尔文库》（藏文版）（第一卷），甘肃民族出版社 2000 年 9 月版，第 720 页。

藏文史料记载，传说玛旁雍错是世界上的“圣湖”之王。玛旁雍错最早名叫“玛垂措”，是湖中广财龙王的名字。到了11世纪，藏传佛教噶举派在与苯教的斗争中，佛教噶举派取得了胜利，佛教信徒便将“玛垂错”改称为“玛旁雍错”（ma-pham-gyu-mtsho），即“不败之湖”，以此来纪念外来的佛教与当地的苯教在佛苯大战中佛教取得的决定性胜利。佛教徒认为，该圣湖是胜乐大尊赐给人类的甘露，以湖水洗身，不仅能清除肌肤的污垢，还可以清除人们心灵上的烦恼业障；而饮用湖水，不仅可以健身，还可以消除百病。湖的四面有四个洗浴门，其名称东为莲花浴门，西为去垢浴门，北为信仰浴门，南为香甜浴门。朝圣者如能绕湖一周，便能消除各种罪过，得到不同的福德。玛旁雍错湖还是马泉河、孔雀河、象泉河、狮泉河的源头，从东、南、西、北四个方向流向不同的地方。向南流去之水到印度称为恒河，不能亲自到圣湖朝拜的佛教徒认为以此水沐浴也能起到消除烦恼、强健身体的作用。玛旁雍错在藏族人民心目中是世界上的“圣湖”之王。

图40　玛旁雍错　张超音摄

念青唐拉与纳木错

该山位于我国西藏自治区那曲地区班戈县境内，是“形成世界的九神山”之一——北方的大神，是藏族地区几乎妇孺皆知的神灵。该神也称“唐拉雅秀”（thang-lha-yar-shur）、“唐拉耶秀”（thang-lha-eas-shur）或“雅秀念之神”（yar-shur-gnyin-gyi-lha），是大念青唐古拉山脉的统治神（见图41）。念青唐拉山神还被看作建有布达拉宫的红山的保护神，也被看作财宝护神。传说，念青唐拉（gnyan-chen-thang-lha）被认为是早期苯教的一尊大念神。据土观活佛的《宗教源流史》记载，赤松德赞时期，迎请寂护大师。大师说十善法与十八界法，传入八关斋戒，因此引起地方的恶神厉鬼等不悦，念青唐拉山神雷击红山宫，雅拉香波山神水淹雅隆旁塘（yar-glung-phang-thang），十二丹玛女神（stan-ma-bju-gnyis）① 对人畜施放瘟疫。大师说“且先迎请莲花生大师，降伏藏地诸毒天龙”。王依教派人往应，大师以神通预知，早由印度来藏，与使者在途中相遇。来藏后先后收服恶毒天魔。② 其中就包括念青唐拉山神。莲花生大师遂封他为佛教护法神。自此，念青唐拉成为赤松德赞的护法神，后来相继被诸多高僧大德，尤其是历代班禅大师所供奉。五世达赖喇嘛时期，念青唐拉又成为噶丹颇章的护法，迄今称作“红黑二护法”中的红护法。③

图 41　念青唐拉

John Vincent Bellezza, Divine Dyads Ancient Civilization in Tibet, New Delhi 1997.

① 十二丹玛女神，又可以译作“十二女护法”或“十二地母”，《论藏族文化的起源形成与周边民族的关系》一书将之译为“十二地方神”似不准确。

② 图官·洛桑却吉尼玛：《宗教源流史》（藏文版），甘肃民族出版社 1984 年 4 月版，第 58 页。

③ 恰日·嘎藏陀美编著：《藏传佛教僧侣与寺院文化》，甘肃民族出版社 2001 年 11 月版，第 249 页。

据藏文文献记载，念青唐拉山神有自己的谱系，山神的父亲是沃德贡嘉，母亲是芸恰秀吉，妻子是纳木错，为天王（brgya-byin）之女。还有随从360位念神，以及众多的魔、赞、女神等，山神的居住地是达姆秀纳姆。念青唐拉山神有360个随从，分布在念青唐拉山脉的360个山峰。山神为阳，湖神为阴。这是普遍的说法。念青唐拉山神至少有三种另外的身像，当他为了免除对教法的威胁，他匆匆行进于世界八方时，他称平常身像；当人们叫他“斯巴拉钦念之主”（srid-pavi-lha-chen-gnyan-gyigtso）之时，山神常常化身为身穿白衣，头戴白巾的白人，右手持马鞭，左手持一端剑，骑一匹白马；如果山神要扮演怒像神的角色，他便戴有“白沃”（dpv-bo）图案，面容严谨深沉，身穿精玉做成的铠甲，缠上黑熊皮。头上也带有精玉做成的头盔，佩戴铁剑和弓箭；山神的第四种身像是戴一头盔和一件水晶护胸甲，挥舞一支白水晶长矛。[①]

念青唐拉山神，成为佛教护法后，积善行德，可与阿尼玛沁山神所媲美，传说其上师是著名的热译师多杰扎。这位11世纪的热译师，精通佛学，毕生弘传大威德密法，做过许许多多利乐众生之事，常以密法杀死恶人，将其灵魂抛向净土。据载，他也与世间的守护神广结法缘，其中就有念青唐拉山神。据《热译师传》记载，一次，热译师来到念青唐拉雪山前时，念青唐拉山神亲率眷属前来迎接，并请求热译师前往神宫。热译师在山神的引导下来到了雪山，进入大门，有阶梯直通上面，最上面是三层水晶宝宫，镶五种珍宝，上有金顶。宫殿下甘露海翻滚，虹光交错，上空甘雨淋淋，边上有花园围绕。热译师被迎进宫殿后，山神敬献宝座和美肴。热译师住了三天，向山神传授了大威德密法。热译师返回时，山神还敬献了七升黄金、黄色天马鹅百匹、绿色水马三百匹、天牦牛千头、龙羊万只等。民间传说中的念青唐拉山神，活泼可爱，具有牧人的气质。

念青唐拉圣山北面的纳木错，位于西藏当雄西北，汉语意为“天湖”，蒙语称“腾格里海”。该湖与羊卓雍错、玛旁雍错一起，成为西藏的“三大圣湖”。湖中有三个岛屿，东南又有石灰岩构成的半岛，藏

① ［奥地利］勒内·内贝斯基·沃杰科维茨著，谢继胜译：《西藏的神灵和鬼怪》，西藏人民出版社1993年5月版，第238页。

语称“扎西多”，半岛上有石柱、天生桥、溶洞等自然奇观。传说他的水源是天宫御厨里的琼浆玉液，因此，还被天宫神女当作一面绝妙的宝镜。伸入湖心的扎西多半岛上的扎西多寺，香火旺盛。每当藏历羊年，成千上万的信徒前来朝圣，使这里成为著名的佛教圣地之一。站在半岛上向南望去，念青唐拉像一条玉龙，卧在湖畔。相传，古代有许多高僧在半岛的溶洞内传授密法，潜心修法，终成正果。于是，大批佛家弟子，背着行囊，远道而来，或转湖，或修法，忍饥挨饿，苦度寒秋，净化灵魂，以求正法。大批朝圣者也蜂拥而至，或为死去的亡灵超度，或为自己的来世搭桥，纳木错终年接受着善男信女的朝拜。

喜马拉雅山

喜马拉雅山（hi-ma-la-ya）为梵语，藏语称为“日吾刚坚”（ri-bo-gangs-jan），为世界最大山系，分布在我国西藏和巴基斯坦、印度、尼泊尔、锡金、不丹境内。东西长2450公里，南北宽200—350公里。主峰珠穆朗玛（jo-mo-glang-ma）海拔8848.13米，为世界第一高峰（见图42）。“珠穆”是“女神”或“仙女”之意，而“朗玛”则是藏族女孩的昵称。传说该峰是长寿五仙女（tshe-ring-mched-lnga）所居宫室，为此，《五仙女》的神话自古以来就流传在珠穆朗玛南北两侧的藏族（包括夏尔巴和门巴）广大地区。围绕珠峰的四位女神姐妹，都是高大的雪峰。五姐妹分别为大姐珠穆泽仁玛，二姐珠穆丁吉沙玛、三姐珠穆朗玛、四妹珠穆觉木朗桑玛、五妹珠穆德格日卓桑玛。

图42　绒布寺与珠穆朗玛　张超音摄

藏传佛教噶举派大师米拉日巴在45岁那年，他遵照上师马尔巴的教命，在吉隆、聂拉木雪山中，穿着最单薄的衣服，以野草为食，潜心苦修秘密真言达九年之久，获得了所谓的“即身成佛”之正果，成为噶举派一代宗师。

在印度神话故事中，印度人认为，喜马拉雅山脉中最巍峨的山峰是梅卢，山顶上负载着梵天的天国。它起着三界中轴的作用，所有天体都围绕它运转。[①] 喜马拉雅山脚下的各民族包括藏族中也都流传着有关此山的诸多神话和传说，并得到了各种宗教、各个教派包括藏传佛教信徒敬仰。如在印度史诗《魔诃婆罗多》的《森林篇》中，就有斯蒂投胎到喜马拉雅山山神的描述。[②]

喜马拉雅山周边地区也广泛流传着英雄史诗《格萨尔》，那里丰富的民俗学资源得到了世界学术界关注。印度英迪拉·甘地研究中心提出了“喜马拉雅山多民族文化圈”的概念，喜马拉雅地区的宗教、语言、民间文化和流传在这一地区的《格萨尔》等内容，一直是人们关注和讨论的内容。此后，降边嘉措先生写了题为《关于重视和加强喜马拉雅南部地区和跨界民族情况调查研究的建议》文章，指出了加强对喜马拉雅南部地区的和跨界民族的调查研究，保护好那里的资源（包括地上的和地下的、文化资源和经济资源）、非物质文化遗产《格萨尔》和民俗生态的重要性。[③]

青海湖

该湖藏语全称“雍措赤雪嘉姆”（gyu-mtsho-khri-shog-rgya-mo），“雍措”有“碧玉湖”之意，“赤雪”有“千户”之意，“嘉姆”有“夫人”之意。藏语简称“错奥布”（mtsho-sngon-po），蒙古语称“库库诺尔”，其意均为“青色的海”，汉语俗称“青海湖”、“西海”等。该湖位于青海省东北部的大坂山、日月山和青海南山之间，面积为

---

① 〔英〕韦罗尼卡·艾恩斯著，孙士梅、王镛译：《印度神话》，经济日报出版社2001年1月版，第142页。

② 刘安武：《印度两大史诗研究》，北京大学出版社2001年5月版，第270页。

③ 降边嘉措：《关于重视和加强喜马拉雅南部地区和跨界民族情况调查研究的建议》，1997年召开的第二届全国藏学学术讨论会的宣读论文，第4页。

4538 平方公里，湖面海拔 3195 米，最深达 32.8 米，湖中有“海心山”小岛。这是坐落在青海境内我国最大的咸水湖。

有许多关于青海湖的传说：“相传此地源自一泉，有龙王之供其旁，藏民万家汲饮。居民汲水后，以石掩之，则不更溢。有活女鬼夜汲，不掩其石，以挑怒龙王。泉涌泛滥，掩没万家，以成大海，而水溢不止，势且淹没南赡部洲。”[①] 自此后，就形成了青海湖。《安多政教史》中记载，青海的仙密寺高僧阿琼贡噶喜宁（a-khyung-bla-ma-kun-dgav-bshes-gnyen），曾住在青海湖修行获得成就，降伏湖主嘉摩（rgyamo）等八部众，给玛沁授金刚乘罐顶，役使玛索玛（dmag-zor-ma）如仆役，所化甚众。[②] 该湖不仅得到了居住在青海湖周围地区广大藏蒙民族的普遍信仰，而且得到了历代中央政府的高度重视，祭湖逐步带有官方的政治色彩。关于历代的祭湖活动，前章已有记述，此不赘述。

除前面论述的几对圣山圣湖外，雪域被奉为圣山圣湖的山湖还有多处，限于篇幅，这里不再一一加以介绍。从雪域山湖的神圣化过程，大家不难总结圣山圣湖崇拜的宗教学内涵。

自然形态的山和湖，随着藏族社会的向前发展，其原始宗教信仰也逐渐向人为宗教过渡，成为神的形态，与此同时，神的形态也在发生着变化，即由动物形态变成人形神，并与其人形化相适应，神也有了家族。如山神也有妻子儿女。到后来，山神更有了“武”形象和“文”形象（格萨尔也有“武格萨尔”和“文格萨尔”之分）。这些都是与山神作为一地域的保护神有关，一直到山神成为苯教及藏传佛教神祇，这种保护神的职能仍无大的变化。在神灵系统当中，湖神居于山神的从属地位，且往往与龙神的传说难分彼此。在《格萨尔》中，山神和龙神分别构成格萨尔父系家族和母系家族及嫔妃的来源。

---

① 谢国安：《西藏四大湖》，《康藏研究月刊》第 2 期。

② 智贡巴·贡去乎丹巴绕布杰：《安多政教史》（藏文版），甘肃民族出版社 1982 年 3 月版，第 151 页。

第三节　关于灵魂寄存观念及古代藏族自然观的哲学思考

藏民族的灵魂寄存观念，其根本实质就是使生命得到延续，这本身就包含了古代藏族的自然观念。藏民族在繁衍和生息的历史长河中，自始至终没有停止对宇宙的起源、大自然中生命的起源、祖先的来历和崇拜、英雄的希望等文化现象的苦苦思考，在这种思考的过程中，始终贯穿了古代藏族自然观和哲学观。实际上，灵魂寄存观与自然观既是统一的，又是和谐的，最终的归宿还是合二为一的。灵魂寄存观念实际上就是自然观和灵魂观相结合的产物，通过二者的统一，成为人们实现自我超越提供了一种外在行为方式。

宇宙观和生命起源都是自然观的组成部分，而祖先和英雄崇拜又是灵魂观念的不同转化形式。笔者在此就这几个哲学命题和宗教命题分别加以探讨，并试图从中梳理出灵魂寄存观与自然观归一的轨迹，阐明这种观念中所体现出的藏民族的和谐统一的民族精神。

一　关于宇宙和生命的起源

在早期原始崇拜中，山神、水（湖）神，以及其它的神，诸如火神、风神、石神、木神等，几乎都是宇宙中最早生成的神，因此它们被认为是超越一般神性的初始力量和最大力量。这种神圣力量，表明了神灵的能力限度，即各种自然力像母亲一样都是生育之源，是生命力永不衰竭的永恒母体，有着永不枯竭的力量源泉；同时，也规定了自然界的限度和它的神秘统一性，即自然神或用某种神秘能量或利用某种物质生成世界，这一切构成了宇宙的基原。宇宙的原始基础在这里被称为各种山神、湖神等自然神，自然的起源变成了诸神的降生，而神灵降生的过程也就成了宇宙起源的过程。

这种对宇宙起源的探寻与解释，是人类对自身起源问题探寻之后的又一重要内容，并成为一个关键的神话母题。它不仅是人类各民族早期宇宙观的具体表现，而且还表明了特定民族起源时期的生存状态与智慧水平。包含宇宙起源母题的藏族神话主要有《世界形成歌》、《斯巴宰牛歌》、《珠穆朗玛女神》、《开天辟地》以及《朗氏家族史》[①] 等。其中源于苯教的“卵生说”在藏区流传很广。

如前章所述，“卵生说”否定了神的意志和作用，将世界的形成归结为纯粹的自然物质的变化，具有进步意义，是藏民族朴素的唯物主义的意识，是在纯朴的自然观的基础上衍生出来的，因此，藏族先民的自然观从原始文化的一开始，便贯穿于思想意识之中了。

在传统习俗中，山湖都有特殊的象征性。正如上面笔者所说的大山代表雄性、男子、丈夫和父亲；湖泊代表雌性、女子、妻子和母亲。山表示阳性，湖表示阴性。阴阳交合，繁衍生息产生生命。男女结合，繁衍生命，这是一条千古不破的自然规律。尽管这种传说和记载是建立在神话的基础之上，但就藏民族灵魂寄存观念和山湖自然崇拜现象，也暗藏了崇尚生命的文化意蕴。正如费尔巴哈所指出的，神话和原始宗教断然否定死亡的真实可能性。

如在史诗中，格萨尔的母亲廓姆梦见与一个黄色人交合，后来就生下了格萨尔。《天界篇》中，当天神之子格萨尔即将诞生之际，绒擦查根梦见阿尼玛沁山顶升起了太阳，阳光照亮藏区，太阳的中间出现一柄金刚杵，降落到岭地；梦见门朗山头升起了月亮；梦见格卓山与彩虹相连，玛旁湖上光芒四射等，都是一种生命诞生的意向。正如石泰安所说：“形成整个地区之特点的因素一般都是一对山脉（阳性）和湖泊（阴性）夫妇。它们的婚合产生了居住在这个地区的人类集团的祖先。”[②] 这个例子反过来又说明，在崇尚生命的文化意蕴当中，又包含了灵魂观念的延伸。因为格萨尔虽然是以生命的形式诞生的，但这个生命已经不是普通意义上的生命了，从他诞生的那一刻起，他已经被赋予了神的属性，从英雄的身份而直接升格为神的身份了。可见，在人类早期，生命已经被赋予了神圣性，生命崇拜已经出现进一步走向祖先崇拜和英雄崇拜的趋势。

---

① 这些神话故事在佟锦华的《藏族传统文化概述》（中国藏学出版社 1990 年版）、中央民族学院《藏族文学史》编写组编的《藏族文学史》（四川民族出版社 1985 年版）、佟锦华的《藏族民间文学》（西藏人民出版社 1991 年版）等著作中都有专门的评述。

② 〔法〕石泰安著，耿昇译，陈庆英校订：《西藏史诗与说唱艺人的研究》，西藏人民出版社 1993 年 10 月版，第 647 页。

苯教经典中亦有若干生命起源的例证。如“龙母”化“世界”，其中的“龙母”出现的背景是人类早期社会对母亲的崇拜，故常呈现出女性化的色彩，“龙母化生”万物的内容本身也与藏族上古龙对应的生殖和丰产观念相吻合。又如苯教寺院中所供的九头鸟护法神，与龙神是同一类，被称作世界的皇后、最优秀的母亲。龙神大多为女性，它们也生儿育女，形成庞大的龙的家族。再如，苯教祖师辛饶弥沃与龙女结合生一女儿，自此，“拥宗宝洲”的所有龙女从事行善而不害人，藏族地区平安无危，风调雨顺，连年丰收。

另据藏文史料和敦煌古藏文文献记载，第一代藏王拉托托日宁赛之前，皆与神女和龙女结婚，繁衍藏人。自此王起，才与臣民通婚。第二十九代藏王没卢念德若，也娶龙女为王后。这时的龙神显然已抹去了不断害人的精怪习性，成了善神。在《格萨尔》中，格萨尔的父亲是“念”的后裔，母亲是龙的后裔。

由于龙得到了人们的崇拜，所以人们也喜欢用龙来命名，《格萨尔》中的珠牡，据说诞生时碧空中苍龙发出隆隆声，故取名为珠牡，意为龙女。可见，龙神与生命诞生的紧密结合，也是早期原始崇拜中关于生命起源的一个主要内容，这也是后来龙神在宗教神灵系统中定位为女性象征和财富象征双重属性的基础。

关于人类生命的起源，除了笔者在本书当中着重探讨的之外，还多见于其他口头文学之中。另外不少藏文文献《玛尼全集》、《西藏王统记》、《贤者喜宴》、《西藏王臣记》中也多有记载，可资参考。

二　关于祖先和英雄的崇拜

图腾是人类第一次试图对生命来源作出的解释，也是人类历史上最早的文化现象。就图腾的起源问题，世界上许多知名学者提出了“名目论”、“经济论”、“灵魂论”、“妊娠论”、“象征论”、“恋母情结说”、“转嫁论”、“控制论”、“对立说”以及“神话祖先说”等各种不同的观点。[①] 其中大多数观点的阐释都与“祖先的崇拜”和“氏族的象征”有着密不可分的关系。史诗“所记叙的民族历史事件，常常被认

① 何星亮：《图腾的起源》，《中国社会科学》1989 年第 5 期。

为是宗族的历史和祖先的遗教。”[①] 藏民族对圣山圣湖的崇拜，既映射出藏民族原始崇拜的影子，又有着祖先崇拜的文化内涵。

在远古时期，藏族先民将自然力抽象化为神时，人与自然的关系也就随之演变为人与代表自然的神之间的关系。人们顶礼膜拜在图腾和神灵鬼怪的脚下，力图以超自然的力量，以求得自身的解脱和安慰，这也是人类在迫不得已的情况下的一种选择。如前面笔者讲的苯教保护神祇鼓基芒盖最具代表性，他下凡时一束光芒射下并消失在冈底斯山上，然后以一个白色野牦牛的形象出现在冈底斯山背面的贝钦下凡山。诸如此类，在藏民族的传统习俗中，圣山湖圣都有特殊的象征性。通常，山表示“阳性”，湖表示“阴性”。人们将山脉和湖泊比作夫妇，山湖二者的结合繁衍了这一地区的人们，是人们共同的祖先。阿尼玛沁神山就是一个典型的例子，传说果洛人的女祖先就是一位女神，情人是西藏的一座神山。这位女神因这座神山射出了一支箭而受孕，从而生下了他们的祖先。[②]

在阿尼玛沁山神的故事中，苯教师与阿尼玛沁山神的女儿所生的孩子，即阿尼玛沁山神的外孙，也是扎氏的祖先。[③] 这进一步证实了笔者认为神山是父神的象征，神湖是母神的象征的说法，父神和母神结合产生黄河源头人们的祖先，也表达了阿尼玛沁雪山脚下人们对自己祖先崇拜的愿望。同时也反映了阿尼玛沁父神和圣湖母神形象的成熟，也是藏族自然观和祖先崇拜结合的产物。正如杨恩洪教授指出的：神山崇拜与祖先崇拜相联系，是前佛教时期普遍存在的古老的观念。神山、祖先崇拜是藏族原始信仰与崇拜的一个组成部分。[④]

在祖先崇拜的基础上，英雄崇拜成为人类历史生活的又一重要内容，并对祖先崇拜加以补充。

首先，从社会背景来看，正如大文豪高尔基论神话说：“神和神话的产生，必然有它社会历史的基础。”藏民族的神话同样如此，是以一

---

① 钟敬文：《民间文学概论》，上海文艺出版社 1980 年版，第 285 页。

② 〔法〕石泰安著，耿昇译，陈庆英校订：《西藏史诗与说唱艺人的研究》，西藏人民出版社 1993 年 10 月版，第 648 页。

③ 才让：《藏传佛教民俗与信仰》，民族出版社 1999 年 1 月版，第 88 页。

④ 杨恩洪：《果洛的山神与〈格萨尔王传〉》，《中国藏学》1998 年第 2 期，第 118 页。

定历史条件下的生产、生活方式作为现实的依据；反映的思想观念也是由历史社会生活所决定的。圣山圣湖周围的神话与传说，都是以当地的牧民生活中的人物为对象的，通过对祖先、英雄人物的描述，来阐释他们对生活的理解。英雄为民除害，造福百姓，龙宫取保……表达了人们对出现英雄的渴望，对美好生活的向往。人民心目中的这一位“天神”便是格萨尔大王。他是一个赋有神力的理想典型，是代表人民意志与愿望的神话英雄。人民群众在现实生活中受苦受难，以他们的社会生活为依据，充分发挥艺术的想象，形象化地塑造了这样一个神奇的英雄典型；超人的神力，使他能够战胜邪恶，让人民过上美好的生活。

其次，从社会生活来看，生活在高山之中的藏民族，在历史长河中，人们对于山水自然、生命意蕴的感悟，不仅促使说唱艺人创作了富有神话色彩的《格萨尔》，而且产生朴实的哲学思想体系。在这种思想体系中，“伟人、大山与大海”常常联系在一起，构成了藏民族具有高山般的志向，具有大海般的胸怀的审美情趣。为此，崇尚英雄，刻画英雄，成为古代藏族社会发展某一特定历史阶段中一个重要特征。格萨尔成为藏民族陶铸的民族之神。正如降边嘉措先生所言：“格萨尔既是人格化了的神，又是神化了的人，但更多地表现了人的历史属性。因此，格萨尔是历史的人，文化的人，是雪域文化铸造的民族之神。”① 人们对英雄倍加尊崇，他们崇尚为国为民献身的精神，培养了一种勇往直前的民族精神，正如藏族谚语中所说：与其像狐狸夹尾逃深山，不如像猛虎斗死在人前；与其厚颜老死埋坟场，不如英勇战死赴九泉。《格萨尔》正是歌颂为民除害的英雄，通过民间艺人对战争场面的描绘，对英雄行为的刻画，使人们体验到一种悲壮的恋歌，在人们的心灵中产生共鸣。塑造阿尼玛沁山神的过程中，同时也塑造了英雄的格萨尔。

最后，从社会发展的历史阶段来看，埃及人曾将自己的发展史划分神的时代、英雄的时代和人的时代三个时代。似乎世界各民族的发展史也是按照这三个时代的划分和迈进的。藏民族当然也不例外，曼苛将西藏的历史划分为神的时代（聂赤赞布之前的时代）、人的时代（聂赤赞布到松赞干布之间的时代）和发达阶段（松赞干布之后）三个时代。

---

① 降边嘉措：《走进格萨尔》，四川民族出版社 2003 年 8 月版，第 100 页。

在这里人的时代即是埃及人所划分的“英雄时代”。文学的发展与时代的进化同步，《格萨尔》便是藏民族进入“英雄时代”的产物。世界上所有的史诗，均塑造一个超越家族系统的民族神话英雄作为史诗的中心人物，这个英雄通过战争的有效手段，率领属民向外征战，统一四方，由此来激发整个民族的热情。格萨尔正是这样的英雄。他是民族的精英、民族的灵魂，他的身上寄托着整个藏民族的希望和美好向往。人们希望他长生而不死，所以给他戴上神佛之子、菩萨化身的桂冠，将他的灵魂寄存在阿尼玛沁雪山之上，寄存在扎陵湖、鄂陵湖、卓陵湖三湖之中，他与高山同在，他与大海并存。

三　灵魂寄存观与自然观的归一

原始宗教可以说是我们在人类文化中可以看到的最坚定、最有力的对生命的肯定。灵魂观念在生与死之间的界限是模糊的，但是它开启了原始心灵通向生命永恒的理想大门，给死亡带来的恐惧心理以一种情感慰藉的虚幻的满足。这种通向生命永恒的理想大门的途径反映在藏族先民的自然观中，就是将生命的起源神圣化，以山神和湖神所象征的父神和母神来替代生命的孕育体，以强化生命的顽强性，以其被赋予的神圣性来抵消生命在自然界中的脆弱无助，并进而借助灵魂这种人们宁信其有不信其无的神秘力量，实现生命的永恒。在这里，藏族的自然观、灵魂观、灵魂寄存观完美地糅合在了一起，并相继被纳入苯教、藏传佛教的思想体系之中，更进一步地植根于藏民族的意识深处，不仅在各种宗教典籍中反复印证，最主要的是，其在民间文学作品中也成为创作的主意识流，正如笔者在前面几章大量援引的《格萨尔》的章节中所反映的那样。

重点解读了古代藏文文献和《格萨尔》中关于灵魂寄存观和自然观的深层表征之后，笔者确信这两种观念在《格萨尔》创作过程中不可替代的作用，同时也引发了笔者对灵魂寄存观与自然观二者之间关系的理性思考。笔者发现，在自然观的基础上，山、湖神圣化，演变成父神、母神的形象，这可以说是天上神灵系统发展的一条主线中的重要环节。与之相对应，在人间也有一条主线，那就是人们祈望灵魂不灭，并为实现灵魂不灭的目标，寻找到一条灵魂寄存的办法。这两条主线不谋而合地归结到了一处——魂寄山湖（当然还包括许多其他寄魂物，但本书所讨论的范围只集中在山湖寄魂观上），这可以说是原始自然观与原始宗教在融合过程中的归一，是自然观与灵魂观的归一，最终在形式上表现为自然观与灵魂寄存观的归一。

大家还可以换个角度看这个问题，人的自然观中对生命的重视，延续生命的渴望，这种对生命产生的由衷的生命自然观，从灵魂寄存方式里找到解决问题的途径。灵魂寄存观念就是在人们对生命现象的思考过程中自然而然地产生的。所以说，灵魂寄存观是伴随着自然观，特别是对生命延续的自然观的产生而产生的，二者从源头上是相合的，从人类童蒙时期开始探索生命之谜的时候起，就已经是相伴相生的了。

藏民族灵魂寄存的观念，反映了藏族人民对自身的生命延续的愿望。无论是岭部落的灵魂寄存系统还是其他部落的灵魂寄存系统，都讲究各自的生命得到长存。生命延续的这种形式，表现了古代藏族借助自然万物而获得永生和长存的朴素的自然观念。因此，藏族的灵魂寄存观和自然观既是统一的，又是和谐的。这种统一与和谐，在历经原始宗教中的山神水神崇拜、苯教自然神灵崇拜与藏传佛教的圣山圣湖崇拜等一系列过程后，地位不断上升和巩固，超过了普通意义上的统一，而在宗教理论上也达到了统一。

人生在世，生生死死，这种自然规律，在《格萨尔》中有着奇特的反映，内容涉及了天界、人间和地域三界。格萨尔以神的一面受天神的旨意来自天界，以人的一面诞生于人间，历经人间磨难，赛马夺魁，娶妻成家，建功立业，降伏妖魔。母亲、妻子进入地狱后，他又下界救母，最终完成了生命的历程回到了天国，形成了一个完满的人生结局，这是一个关于天神—人魔—鬼卒、天上—人间—地狱的生命灵魂不灭的无始无终的轮回，并且在这一层面上，绘制了英雄的宏伟画卷，如《仙界遣使》、《英雄诞生》、《赛马称王》、《霍岭大战》、《姜岭大战》、《门岭大战》、《松岭大战》、《梅岭大战》、《木岭大战》、《地狱救母》以及《返回天国》等。神话与传说相交织，历史与宗教相融合，远古与未来相随。

整个史诗中，贯穿了来自本源，灭于自身，回归本源的自然观念。在人的生命要回归本源的过程中，基于佛教的灵魂不灭、灵魂游移的观念，人们坚信，人的死亡，只不过是肉体的消失，灵魂永远存在。人们认为，人生一世，重要的在于灵魂，不在于肉体。人死了以后灵魂升天，只剩下躯体了。抛弃一切尘世的东西，最后将肉体也施舍给其他生灵，实现“世间与涅槃，无有少分别”的理想境界。

总之，藏民族的自然观在其灵魂寄存观念中得到了奇妙的安排：通过把灵魂寄存于万物之中，不仅实现了对自我的超越，而且将自我彻底融于自然之中，达到完整归一。从灵魂寄存观与自然观相协调的过程中，我们透析出藏民族质朴而伟大的生存智慧、丰富而执着的生存理念，即通过归一于自然而生生不息、富足强大！

四 “和谐统一”的民族精神

不管是灵魂寄存于山水间的灵魂观念，还是对圣山圣湖的宗教崇拜，归结起来，其中都贯穿了一个“和谐统一”和“四平八稳”的思想。在藏民族的审美意识中，人与自然、人与社会，都是和谐统一的。藏民族的这种“和谐统一”的思想，在史诗《格萨尔》集中得到了反映。

在《天界篇》中，有如下描述：

比如星星虽多，驱逐黑暗还得靠月亮；
山谷虽然宽广，路人还得从桥上过；
人心神心虽一样，定事还要靠神心；
百马需要步调齐，百人定要志向同。[①]

这与中国传统文化的“和故百物不失”、“和故百物皆化”（《乐记》）思想是一致的。自然万物的发展变化，都必须依靠“和”。“和”是一种遍布时空，并充溢万物、人体、社会的普遍和谐关系，因此，“中和之美”是中国人所崇尚的最高审美原则。审美活动中，讲究与自然万物保持一种和谐统一的关系，在心灵上与物融为一体，方能体悟到

---

① 王兴先主编：《天界篇》，《格萨尔文库》（藏文版）（第一卷），甘肃民族出版社2000年9月版，第401页。

自然中的生命意味。长而久之，这种审美观念潜入中国人的深层意识之中，并进一步转变，积淀为中国人传统审美心理结构的有机组成部分，并最终影响到圣山圣水的崇拜观念。表现在《格萨尔》的创作意趣中，为心领神会，熟参妙语；在作品的审美意趣中，则显现为不着一字，言语道断；在对作品的审美鉴赏中，又体现为只可意会，不可言传。

史诗《格萨尔》中“物我合一”，则体现了人与群体连为一体的观念，这种观念注重人的道德价值，注重群体的整体利益，增加了人与人之间的互助友爱和协调，造就了以他人为重、以集体为怀的高尚情趣。从历史上看，正是这种注重群体的心理，强化了民族和国家的凝聚力，促进了中国人修身、齐家、治国、平天下的社会责任感，爱国主义思想得以生根。

从藏族自然观念中，集中反映了藏民族卓越、质朴、深沉、强健的生命精神，凝练了藏族顽强的民族品格。

综上所述，在雪域这一特殊的自然环境中，藏民族自古就懂得了如何与大自然和谐相处的自然观念，表现了寻求安居乐业的精神境界。人们对圣山非常笃信，同样，对待圣湖也情有独钟。在人们看来，有太阳就有月亮，有白天就有黑夜；有天空就有陆地，有圣山必有圣湖。给崇山峻岭寄予生命，给湖泊海子寄予灵气。圣山圣湖弥漫着宗教的桑烟，笼罩着神秘的面纱，折射出富有强大生命力的光环。圣山圣湖既是藏民族包括格萨尔说唱艺人成长的摇篮，更是藏族文化包括英雄史诗《格萨尔》产生的土壤和说唱艺人浪迹和求艺的重要场所。在藏民族的传统文化中，始终贯穿了朴素的唯物观和自然观的文化内涵，由此也构成了藏民族文化传统中最有价值又丰富多彩的核心成分。

附　录

《献供焚香祭》（rgyags-rngan-lh-bsang）①

历代根本传承上师，
三世佛，
三怙主等一切菩萨，
布达四十二尊，
饮血五十八尊，
莲花语之众神，
大胜功德之众神，
甘露药之众神，
上师持明众神，
猛厉诅咒众神，
满于天空的天神，
满于大地的龙神，
非天，
吉祥黑天女，
世间十二地母，
持明传承护法，

一切本尊神，
遍照如来等五佛，
导师佛陀等三宝，
愤怒极胜，
文殊身之众神，
真实意之众神，
金刚橛事业之众神，
女鬼差遣诸神，
世间供赞众神，
祥怙主七十二尊，
满于半空的念神，
八部，
天军千万亿，
天女千万眷属，
密咒内外护法，
阿阇黎传承之护法，

---

① 《献供焚香祭》，是宁玛派的掘藏大师郭吉丹赤坚所掘藏，1366 年问世。据说这部文稿是莲花生大师所写，是此类祭文中奠基之作，后世祭祀仪轨均受其影响。至今，在民间的一些宗教活动中仍广泛使用。

祖先传承之护法，
且阿盖盖之护法，
太阳等八曜，
“无际”等八龙神，
“寻香”等护方天神，
称“没有有”战神，
“大种形成”之战神，
愿望类十八医生，
“先天有”之战神，
“难于战胜”三昆仲，
世代传之战神，
“木热”传之战神，
矮人六氏之战神，
父神雅拉达珠，
女尊德莫布盖，
世间形成之战神，
凶猛赞神燃烧七昆仲，
玛系三百六十，
龙神眷属三百六十，
眷属三百六十，
赞神眷属三百六十，
“胡须昆仲”和“姊妹护法”，
沃德贡甲神，
“阳神”拉乌羊盖，
三界龙神、地神、阳神、战神，
住于村庄之地神，
久由江色念波，
住于道之路神，
草木森林之众神，
对面山之右面住之神，
位于阳阴面之神，

寂静修行地的念类护法，
梵天等八神，
南斗六星等行星，
瞻拉等财神，
内外秘密护法，
“形成于空”的战神，
世间拉隆盖波，
“未成而空”之战神，
“所欲形成”之战神，
祖先传之战神，
后世传之战神，
“祖热”传之战神，
莫贝孜隆却哇，
母尊嘉莫唐格，
王之十三古拉神，
玛桑多吉列巴，
东方玛钦博拉神，
南方小赡部洲，
西方念青唐拉神，
北方拉尊布列神，
东南西北各方之凶暴战神，
雅拉香波神，
“凶暴生神”吉尔钻，
拉念措拉古日，
凶暴地方神，
住于城堡之“顶神”，
住于灶之灶神，
外器世间众神，
内精有情众神，
此面山之左面住之神，
“且热”所传守护神，

"木热"所传守护神，
董氏董拉莫曲神，
珠氏珠莫川川神，
权神战神查斗，
友守舍之战神，
获得强盛之战神，
"心意纯净"三百六十位，
畏尔玛战神一百八十位，
世间神拉隆盖波，
身口意之战神，
"母后获得之女尊"，
历世相传的地祇，
"祖热"相传的地祇，
吐蕃十三古拉神，
天之帝释白色，
半空帝释花色，
神殿凶猛赞神及眷属。
兄弟、眷属三百六十五，
位于金山的地神，
"阿里三围"的地方神，
"多康六岗"的地方神，
浦珠乃贝的地方神，
住于低地之神，
地之神女丹玛，
十二属相众神，
地神龙神念神千围绕，
阴神莫孜田地神，
指示灵异之神，
萨卡杰贝显吉神，
克扎三百六十，
牧童三百六十，

"祖热"所传守护神，
札氏札莫热查神，
噶氏噶莫列列神，
"自己有"之战神，
杀敌能成之战神
且尊莫贝战神，
燃烧二百五十位，
无中有战神，
遍于四洲之战神，
祖先兴盛之"子尊"，
觉康桑哇之地祇，
"木热"相传地祇，
六矮祖先的地祇，
三百六十位居士神，
地之帝释黑色，
外、内、中间之赞神，
具种愤怒王尼热，
住于妙高山的地神，
位于七游戏海的地神，
"卫藏四如"的地方神，
底斯雪山的地方神，
住于高天之神，
地神藏赞眷属，
"持地大手"神，
九宫之诸神，
阳神凶暴战神，
战神热莫念波，
魔神三百六十，
畏尔玛三百六十，
眼明三百六十，
引来白天的太阳，

引来夜晚的月亮，
去盗抢的强盗首领，
身体之神无畏，
愿这些神灵做救助、友伴、依靠，
消除一切与法不相一致的敌魔，
罗睺罗星等八曜，
去参战的军官，
住于此地这神……
做与法相一致的助伴，
胜利胜利神胜利！[①]

① 《神祇词汇编》，青海民族出版社。转引自才让《藏传佛教与民俗信仰》，民族出版社1999年1月出版，第151页。

参考文献

一 藏文文献

觉沃阿底峡发掘：《柱间史》（藏文版），甘肃民族出版社 1989 年版。

阿底峡：《弟子问道录》（仲顿巴本生传）（藏文版），青海民族出版社 1994 年版。

巴俄·祖拉陈瓦：《智者喜宴》（藏文版），民族出版社 1986 年版。

察巴·贡嘎多吉：《红史》（藏文版），民族出版社 1981 年版。

达仓宗巴·班觉桑布：《汉藏史集》（藏文版），民族出版社 1981 年版。

大司徒降曲坚赞：《朗氏家族史》（藏文版），西藏人民出版社 1986 年版。

根敦群培：《白史》（藏文版），西北民族研究所 1981 年版。

郭吉丹赤坚发掘：《献供焚香祭》，《神祇词汇编》（藏文版），青海民族出版社。

贡唐丹贝仲美著，恰日·嘎藏陀美整理：《贡唐丹贝仲美大师文集选编》（藏文版），甘肃民族出版社 2001 年版。

欧坚朗巴掘：《五部遗教》（藏文版），民族出版社 1986 年版。

萨迦·索南坚赞：《西藏王统记》（藏文版），民族出版社 1988 年版。

图官·洛桑却吉尼玛：《宗教源流史》（藏文版），甘肃民族出版社 1984 年版。

五世达赖喇嘛：《西藏王臣记》（藏文本），民族出版社 1981 年版。

智观巴·贡却乎丹巴绕吉：《安多政教史》（藏文版），甘肃民族出版社出版 1982 年版。

王兴先主编：《诞生篇》，《格萨尔文库》（藏文版）（第一卷），甘肃民族出版社 2000 年版。

王兴先主编:《丹玛篇》,《格萨尔文库》(藏文版)(第一卷),甘肃民族出版社 2000 年版。

王兴先主编:《公祭篇》,《格萨尔文库》(藏文版)(第一卷),甘肃民族出版社 2000 年版。

王兴先主编:《汉与岭传奇》(藏文版),中国民间文艺出版社 1982 年版。

黄文焕编译:《赛马称王》,西藏人民出版社 1988 年版。

王兴先主编:《降霍篇》,《格萨尔文库》(藏文版)(第一卷),甘肃民族出版社 2000 年版。

王兴先主编:《降魔篇》,《格萨尔文库》(藏文版)(第一卷),甘肃民族出版社 2000 年版。

王兴先主编:《降姜篇》,《格萨尔文库》(藏文版)(第一卷),甘肃民族出版社 2000 年版。

王兴先主编:《降门篇》,《格萨尔文库》(藏文版)(第一卷),甘肃民族出版社 2000 年版。

王兴先主编:《取宝篇》,《格萨尔文库》(藏文版)(第一卷),甘肃民族出版社 2000 年版。

王兴先主编:《赛马篇》,《格萨尔文库》(藏文版)(第一卷),甘肃民族出版社 2000 年版。

王兴先主编:《天界篇》,《格萨尔文库》(藏文版)(第一卷),甘肃民族出版社 2000 年版。

王沂暖、王兴先译:《松岭大战之部》,敦煌文艺出版社 1991 年版。

王沂暖、华甲译:《格萨尔王传》(贵德分章本),甘肃人民出版社 1981 年版。

王沂暖、余希贤译:《门岭大战之部》,甘肃人民出版社 1984 年版。

王沂暖、何天慧译:《花岭诞生之路》,甘肃人民出版社 1985 年版。

王沂暖、何天慧译:《木古骡宗之部》,甘肃人民出版社 1988 年版。

王沂暖译:《世界公桑》,甘肃人民出版社 1986 年版。

意西泽珠等译:《征服雪山水晶国》,四川民族出版社 1988 年版。

二 藏文论著

阿里政协文史资料委员会编：《阿里历史宝典》，西藏人民出版社 1996 年版。

黄毛草：《浅析〈格萨尔王传〉中藏族妇女的社会地位和当今社会的实际地位》，《格萨尔研究》2001 年第 1 期。

嘉样塔、得毛吉：《略述藏族的插箭文化现象漫谈》，《西北民族学院学报》1999 年第 1 期。

毛尔盖·桑木丹著：《俱舍摄义释文》，民族出版社 1996 年版。

南卡洛布：《藏族远古史》，四川民族出版社 1990 年版。

南卡诺布著，索朗希译：《川康牧区行》，四川民族出版社 1988 年版。

娘吾才让：《论〈格萨尔王传〉中古代藏族妇女的形象和地位》，《格萨尔研究》2001 年第 1 期。

恰白·次旦平措等著，陈庆英等译：《西藏通史》，西藏社科院、《中国西藏》杂志社、西藏古籍出版社 1996 年版。

恰日·嘎藏陀美：《藏传佛教僧侣与寺院文化》，甘肃民族出版社 2001 年版。

恰日·嘎藏陀美：《藏传佛教宇宙学通论》（藏文版），甘肃民族出版社 2003 年版。

恰嘎·旦正：《论〈格萨尔王传〉中的佛苯之争》，《格萨尔研究》2001 年第 1 期。

恰嘎·觉智：《论〈格萨尔〉人物描写的特色》，《格萨尔研究》2001 年第 1 期。

杨本加：《试论〈格萨尔王传〉中的图腾禁忌》，《西北民族大学学报》2003 年第 2 期。

扎西加措、土却多杰著：《果洛宗谱》，青海民族出版社 1992 年版。

热·益西森格著，多识·洛桑图丹琼排译：《大威德之光——密宗大师热罗多杰扎奇异一生》，甘肃民族出版社 1999 年版。

三 汉文论著

昂欠多杰著，毛继祖译：《岭·格萨尔王的传说》，《青海民族学院学报》1985 年第 1 期。
巴·苏和：《论蒙古族的英雄崇拜文化》，《青海民族学院学报》1994 年第 4 期。
奔巴措：《由神到人的思索》，《格萨尔故里》2002 年总第 2 期。
边多：《试论西藏传统民俗中的神灵祭祀》，《羌塘》1995 年。
白庚胜：《〈格萨尔〉及西部民族文化建设工作刍议》，《耕耘与收获——藏文〈格萨尔〉精选本出版评论集》，民族出版社 2001 年版。
才让：《青海藏族的射箭活动及其文化背景》，《西北民族研究》1992 年第 1 期。
才让太：《古老象雄文明》，《西藏研究》1985 年第 2 期。
才让太：《试论本教研究中的几个问题》，《中国藏学》1988 年第 3 期。
才让太：《七赤天王时期的吐蕃本教》，《中国藏学》1995 年第 1 期。
才让太：《冈底斯神山崇拜及其周边的古代文化》，《中国藏学》1996 年第 1 期。
陈惇、刘象愚主编：《比较文学概论》，北京师范大学出版社 2000 年版。
陈烈：《纳西文化和藏文化的渊源关系》，《民间文学论坛》1996 年第 1 期。
陈光国：《民主改革前的藏区法律规范述要》，《中国社会科学》1987 年第 6 期。
陈来生：《史诗叙事诗与民族精神》，上海社会科学院出版社 1990 年版。
陈庆英主编：《中国藏族部落研究》，中国藏学出版社 1994 年版。
陈庆英主编：《藏族部落制度研究》，中国藏学出版社 1995 年版。
陈伯海：《中国文化精神之建构观》，《中国社会科学》1988 年第 4 期。
陈树珍：《谈藏族、纳西族水、木文化中的生态意识》，中国社会科学院民族文学研究所和云南省迪庆藏族自治州于 2001 年 10 月召开的《格萨尔·姜岭之战》与藏、纳西文化关系暨第四次《格萨尔》精选本编纂工作学术研讨会宣读论文。
陈宗祥：《〈格萨尔王传〉“岭国”社会组织初探》，《格萨尔学集成》（第四卷），甘肃民族出版社 1994 年版（原载四川《格萨尔》办编印的《格萨尔论文选集》，1990 年）。

郗萌：《藏族“猕猴变人”神话的探索》，《西北民族学院学报》1993 年第 1 期。

赤烈曲扎、张慧：《试论英雄史诗〈格萨尔〉的文化内涵与藏民族的文化特征》，《西藏艺术研究》1992 年第 2 期。

褚俊杰：《吐蕃本教丧葬仪轨研究（续）——敦煌古藏文写 P. T. 1042 解读》，《中国藏学》1989 年第 4 期。

褚俊杰：《论苯教丧葬仪轨的佛教化——敦煌古藏文写 P. T. 239 解读》，《西藏研究》1990 年第 1 期。

佟锦华：《藏族民间文学》，西藏人民出版社 1991 年版。

丹曲：《安多地区藏族文化艺术》，甘肃民族出版社 1997 年版。

丹曲：《凝固在黄河源头的历史——藏民族灵魂观念的现代遗存》，《中国〈格萨尔〉》创刊号，中国《格萨（斯）尔》学会主办，2001 年。

丹曲：《魂寄山水间——藏民族圣山圣湖崇拜及生态意蕴探幽》，《研究生论坛》2002 年总第 13 期。

丹珠昂奔：《藏族神灵论》，中国社会科学出版社 1990 年版。

丹珠昂奔：《〈格萨尔王传〉与藏族文化圈——格萨尔之正名》，《西藏研究》1991 年第 4 期。

丹珠昂奔：《藏族文化散论》，中国友谊出版公司 1993 年版。

邓本太：《三江源探秘》，青海人民出版社 2002 年版。

佛源：《大乘佛教与当代社会》，东方出版社 2003 年版。

范正义：《明清以来传教士对中中神灵信仰的文化批判》，《宗教学研究》2003 年第 2 期。

费师逊：《简论“内向文化”与中国文化史上的三次大融合》，《中国文化源》，百家出版社 1991 年版。

甘肃省图书馆书目参考部：《西北民族宗教史料文摘》，甘肃省图书馆印刷 1986 年版。

岗·坚赞才让：《〈格萨尔〉中授记神贡曼杰姆与西王母——藏汉民俗文化交流研究之一》，《西北民族大学学报》2003 年第 4 期。

高梓梅：《古代文学作品中的魂灵托梦现象》，《南都学坛》2003 年第 4 期。

格勒：《论藏族文化的起源形成与周围民族的关系》，中山大学出版社1988年版。

格桑多杰：《烛光消融冰雪寒拯奉史诗功千秋——论华甲艺人在“格学”研究中的地位及其功绩》，《格萨尔研究》2001年第1期。

共确降措：《浅谈藏族文化与环境》，《西藏研究》1994年第2期。

谷德明：《论少数民族神话的历史地位》，《西北民族学院学报》1983年第1期。

关纪新、朝戈金：《多重选择的世界——当代少数民族作家的理论描述》，中央民族大学出版社1995年版。

郭晋渊：《〈格萨尔〉史诗的藏戏文化》，《西藏研究》1991年第4期。

郭豫庆：《黄河流域地理变迁的历史考察》，《中国社会学科》1989年第1期。

果洛藏族自治州民间文学集成办公室编：《民间故事》

《果洛藏族自治州地方志》编纂委员会编：《果洛藏族自治州志》（上下），民族出版社2001年版。

韩官却加：《简述青海之祭海与会盟》，《青海民族研究》第2辑。

郝时远：《人类学视野中的西藏文化》，《西藏研究》2001年第4期。

胡兆量等：《中国文化地理概述》，北京大学出版社2001年版。

何峰：《从史诗〈格萨尔〉看藏族部落的血缘制度》，《青海民族研究》1994年第1期。

何峰：《〈格萨尔〉与藏族部落》，青海民族出版社1995年版。

何星亮：《石神与石崇拜》，《西藏民族学院学报》1992年第3期。

何星亮：《图腾的起源》，《中国社会科学》1989年第5期。

胡兆量、阿尔斯朗、琼达等编著：《中国文化地理概述》，北京大学出版社2001年版。

黄智：《从藏文原始资料看藏族英雄史诗〈格萨尔王传〉的形成与发展》，《格萨尔研究》2001年第1期。

江村罗布：《辉煌的二十一世纪新中国大记录·西藏卷》，红旗出版社1999年版。

降边嘉措：《格萨尔论》，内蒙古大学出版社1999年版。

降边嘉措：《〈格萨尔〉与藏族文化》，内蒙古大学出版社1994年版。

降边嘉措:《〈格萨尔〉初探》,青海民族出版社 1986 年版。

降边嘉措:《关于重视和加强喜马拉雅南部地区和跨界民族情况调查研究的建议》,1997 年召开的第二届全国藏学研讨会的宣读论文。

角巴东主:《〈格萨尔〉说唱艺人“才让旺堆现象”析评》,《格萨尔研究》2001 年第 1 期。

角巴东主:《〈格萨尔疑难新论〉一书序》,《格萨尔研究》2001 年第 1 期。

吕大吉:《宗教学通论新编》,中国社会科学出版社 1998 年版。

吕微:《神话何为——神圣叙事的传承与阐释》,社会科学文献出版社 2001 年版。

朗吉:《从〈格萨尔王传〉中看远古藏族的图腾崇拜》,《西藏研究》1991 年第 4 期。

郎樱:《玛纳斯论》,内蒙古大学出版社 1999 年版。

郎樱:《〈格萨尔〉的圆形叙事结构》,《格萨尔故里》2002 年总第 2 期。

李景隆:《原始信仰民俗中的审美追求——西部少数民族风情审美研究之八》,《青海民族学院学报》1999 年第 2 期。

李晓鹏、关桂霞:《青海草地生态环境的恶化及其对策》,《攀登》2001 年第 5 期。

林继富:《藏族天梯神话发微》,《西藏研究》1992 年第 1 期。

林继富:《神湖与生育信仰》,《西藏民俗》1994 年第 4 期。

林兆荣:《汉民族宗教信仰的基本特征》,《世界宗教研究》2002 年第 4 期。

刘安武:《印度两大史诗研究》,北京大学出版社 2001 年版。

刘安全:《〈格萨尔王传〉驳倒黑格尔“中国没有史诗”的断言》,《格萨尔故里》2002 年总第 2 期。

刘魁立:《刘魁立民俗学论集》,上海文艺出版社 1998 年版。

罗斌:《精心呵护人类的精神家园——“人类口头和非物质遗产抢救与保护国际学术研讨会”综述》,《文艺报》2002 年 12 月 19 日第 2 版。

孟慧英:《中国北方民族萨满教》,社会科学文献出版社 2000 年版。

米文平:《森林民族文化述论》,《中国文化源》,百家出版社 1991

年版。
《青海地方志》编纂委员会：《青海省情与方志》，甘肃民族出版社1998年版。
《青海省情》编委会：《青海省情》，青海人民出版社1986年版。
日琼仁颇且·甲拜衮桑编著，蔡景峰译：《西藏医学》，西藏人民出版社1986年版。
仁钦道尔基：《江格尔论》，内蒙古大学出版社1999年版。
任丽璋、刘凯：《傩祭：青海热贡"六月会"的重要文化内涵》，《文坛瞭望》1992年。
任美锷：《中国自然地理纲要》（修订版），商务印书馆1985年版。
萨仁格日勒：《蒙古史诗生成论》，中央民族大学出版社2001年版。
索南卓玛：《从〈格萨尔〉史诗葬俗描述中窥视藏族文化心态沉积现象》，《民族文学研究》1997年第2期。
孙林：《论宗教神灵系统的结构：一个宗教历史学的比较研究》，《西藏民族学院学报》1994年第3、4期。
孙正国：《藏族神话母题的文化解读》，《中国藏学》2003年第3期。
佟锦华主编：《藏族文学史》，四川民族出版社1985年版。
佟锦华主编：《藏族传统文化概述》，中国藏学出版社1990年版。
佟锦华主编：《藏族文学研究》，中国藏学出版社1992年版。
汤惠生：《神话中之昆仑山考述——昆仑山神话与萨满教宇宙观》，《中国社会科学》1996年第5期。
汤一介：《文化交流与人类文明进步》，《中国文化研究》2002年秋之卷。
陶晓辉：《试论〈格萨尔〉中的伦理思想与格萨尔理想人格》，《西藏大学学报》2003年第4期。
田必伟：《藏族原始宗教观念演变试析》，《西藏研究》1989年第3期。
土登尼玛、周望潮：《释〈世界公桑〉》，《格萨尔学集成》（第三卷），甘肃民族出版社1990年版。
童恩正：《中国北方与南方古代文明发展轨迹之异同》，《中国社会科学》1994年第5期。
童恩正：《中国古代的巫》，《中国社会科学》1995年第5期。

王森：《西藏佛教发展史略》，中国社会科学出版社 1997 年版。
王尧：《藏族的古歌与神话》，《青海社会科学》1986 年第 5 期。
王辅仁：《西藏佛教史略》，青海人民出版社 1982 年版。
王兴先：《〈格萨尔〉要论》，甘肃民族出版社 1991 年版。
王树五：《布朗山布朗族的原始宗教》，《中国社会科学》1981 年第 6 期。
王小盾：《汉藏语猴祖神话的谱系》，《中国社会科学》1997 年第 6 期。
王苏民、窦鸿身：《中国湖泊志》科学出版社 1998 年版。
吴伟：《〈格萨尔〉人物研究》，群言出版社 1992 年版。
夏甄陶：《自然与文化》，《中国社会科学》1999 年第 5 期。
肖崇素：《〈格萨尔史诗〉与佛本斗争》，《格萨尔故里》2002 年总第 2 期。
谢热：《论古代藏族的灵魂观念》，《青海社会科学》1992 年第 2 期。
谢热：《论古代藏族的自然崇拜》，《青海社会科学》1994 年第 3 期。
谢继胜：《Gnyan，Btsan 源流辨析》，《西藏研究》1987 年第 2 期。
谢继胜：《藏族的山神神话及其特征》，《西藏研究》1988 年第 4 期。
谢继胜：《藏族萨满教的三界宇宙结构与灵魂观念的发展》，《中国藏学》1988 年第 4 期。
谢继胜：《藏族土地神的变迁与方位神的形成》，《青海社会科学》1989 年第 1 期。
谢继胜：《格萨尔史诗流传地域的东南向移动及其原因初探》，《格萨尔研究》（第三集），中国民间文艺出版社 1988 年版。
谢继胜：《战神杂考》，《格萨尔集成》（第五卷），甘肃民族出版社 1998 年版。
谢选骏：《神话与民族精神》，山东文艺出版社 1986 年版。
刑海宁：《果洛地区藏族部落组织及其演变》，《西北民族研究》1992 年第 1 期。
刑海宁：《果洛藏族社会》，中国藏学出版社 1997 年版。
叶舒宪：《中国神话哲学》，中国社会科学出版社 1992 年版。
杨义：《〈格萨尔〉精选本的文化启示录》，《格萨尔研究》2001 年第 1 期。

杨义：《深入发掘〈格萨尔〉丰富的文化内涵》，《中国〈格萨尔〉》（第一集），中国民族摄影艺术出版社 2002 年版。
杨恩洪：《中国少数民族英雄史诗〈格萨尔〉》，浙江教育出版社 1989 年版。
杨恩洪：《藏族传统观念的一面镜子——论〈格萨尔王传〉与本教的关系》，《民间文学论坛》1993 年第 2 期。
杨恩洪：《民间诗神——格萨尔艺人研究》，中国藏学出版社 1995 年版。
杨恩洪：《果洛的神山与〈格萨尔王传〉》，《中国藏学》1998 年第 2 期。
杨恩洪：《论史诗〈格萨尔王传〉在当代社会的传播与发展》，《格萨尔研究》2001 年第 1 期。
杨乃乔：《比较文学概论》，北京大学出版社 2002 年版。
益西加措：《神山圣湖马年大法会巡礼》，《中国西藏》1990 年第 4 期。
尹虎彬：《口头诗学与民族志》，《民俗研究》2002 年第 2 期。
袁珂：《试论神话窨的三界》，《民间文学论坛》1992 年第 5 期。
原上草：《海东地区禁忌两则》，《西藏民俗》1994 年第 4 期。
章海荣：《梵净山神》，贵州人民出版社 1997 年版。
张民德：《试论西藏地区的旧石器时代考古》《西藏民院学报》1992 年第 2 期。
张慧：《藏族神话的类型研究》（上），《西藏研究》1994 年第 1 期。
张强：《人与自然对话的基本范式》，《南京工业大学学报》2003 年第 1 期。
张云：《本教古史传说与波斯祆教的影响》，《中国藏学》1998 年第 4 期。
张克文：《史诗的“基石”》，《格萨尔故里》2002 年总第 2 期。
张智华：《中国文学中精灵形象的演变与发展》，《中国社会科学》2000 年第 4 期。
赵秉理：《岭·格萨尔的性格特征》，《格萨尔研究》2001 年第 1 期。
赵代君：《西藏民俗文化浅说》，《西藏研究》1994 年第 1 期。
钟敬文主编：《民俗学概论》，上海文艺出版社 1998 年版。

钟敬文:《民间文学论集》，上海文艺出版社 1982 年版。

庄孔韶:《人类学通论》，山西教育出版社 2002 年版。

周锡银、望潮:《寄魂物——藏族灵魂崇拜的特殊表现形式》，《西藏艺术研究》1999 年第 3 期。

仲富兰:《中国民俗文化学导论》，浙江人民出版社 1998 年版。

朱凤瀚:《商周时期的天神崇拜》，《中国社会科学》1993 年第 4 期。

朱玉坤:《江河源地区"生态难民"问题的社会生态学分析》，《攀登》2002 年第 1 期。

詹鄞鑫:《神灵与祭祀——中国传统宗教综论》，江苏古籍出版社 1992 年版。

邹逸麟:《中国历史地理概述》，福建人民出版社 1993 年版。

四 国外论著

［德］黑格尔:《美学》，商务印书馆 1986 年版。

［德］W. 施密特著，萧师毅、陈祥春译:《原始宗教与神话》，上海文艺出版社 1987 年版。

［古希腊］亚里士多德著，陈中梅译:《诗学》，商务印书馆 1999 年版。

［英］詹·乔·弗雷泽:《金枝》，中国民间文艺出版社 1987 年版。

［英］韦罗尼卡·艾恩斯著，孙士梅、王镛译:《印度神话》，经济日报出版社 2001 年版。

［英］斯内尔格罗夫著，金起元、王青山译:《〈苯教的九乘〉·导论》，《西藏研究》1990 年第 1 期。

［英］桑木旦·G. 噶尔梅著，向红笳译:《概述苯教的历史及教义》，《国外藏学译文集》（第十一集），西藏人民出版社 1994 年版。

［英］马林诺夫斯基著，李安宅译:《巫术 科学 宗教与神话》，中国民间文艺出版社 1986 年版。

［美］C. 恩伯、M. 恩伯著，杜杉杉译:《文化的变异——现代文化人类学通论》，辽宁人民出版社 1988 年版。

［美］约翰·迈尔斯·弗里著，朝戈金译:《口头诗学:帕里—洛德理论》，社会科学文献出版社 2000 年版。

［美］却央朱巴著，诺布旺丹译:《本教中的几个概念》，《中国藏学》

1991 年第 1 期。

［奥地利］勒纳·德·内贝斯基·沃杰科维茨著，谢继胜译：《西藏的神灵和鬼怪》，西藏人民出版社 1993 年版。

［奥地利］希德嘎达·蒂姆巴格著，尹建新、陈思民译：《珠峰周边地区格萨尔史诗的来龙去脉》，《西藏研究》1991 年第 4 期。

［法］石泰安著，耿昇译，陈庆英校订：《西藏史诗与说唱艺人的研究》，西藏人民出版社 1993 年版。

［苏］叶·莫·梅列金斯基著，魏庆征译：《神话的诗学》，商务印书馆 1990 年版。

［苏］谢·亚·托卡列夫著，魏庆征译：《世界各民族历史上和》，中国社会科学出版社 1985 年版。

［罗马尼亚］米尔恰·伊利来德著，王建光译：《神圣与世俗》，华夏出版社 2002 年版。

Albert B. Lord, *The Singer of Tales*, Cambridge-London 1960.

John Miles Foley, *Traditional Oral Epic: The Odyssey, Beowulf and the Serbo-Croation Return Song*, London 1993, *Teaching Oral Traditions*, New York 1998.

John Vincent Bellezza, *Divine Dyads Ancient Civilization in Tibet*, New Delhi 1997.

Nora K. Chadwick, *Victor Zhirmunsky*, *Oral Epics of Central Asia*, Cambridge 1969.

后　记

这本书的初稿是我的博士学位论文。我于 2001 年考入中国社会科学院研究生院就读博士学位，就读期间，经苦心钻研，于 2004 年 5 月完成了博士论文的写作和答辩，当时，虽自感稚嫩粗疏，难惬于心，但的确倾尽了自己心智。虽不敢妄称对学术有多大的突破和贡献，但我可以肯定论文的写作使自己对藏族史诗《格萨尔》的认识有了很大提高。

在数年苦读的过程中，发现自己所要学的东西太多，而又每每感到能力有限。因此，所能做的也就是尽可能地弥补自己的缺陷与不足。所幸的是，在我几年的硕士、博士学习过程中，常常得到良师益友的关心和帮助，尤其是导师降边嘉措教授对我给予了方方面面的关心与指导，先生以其严谨的治学态度和雷厉风行的工作作风，对我学业的进步与发展，起到了至关重要的作用。这篇博士论文从选题、写作到定稿，每一过程都得到了导师的具体指导，在论文定稿之际，我深深地感谢我的导师。

博士论文答辩时，校方邀请了学术界知名的专家学者来担任答辩委员，中央民族大学副校长喜饶尼玛教授担任了答辩委员会主席，中央民族大学藏学院院长班班多杰教授、中国社会科学院民族文学所的朝戈金研究员、杨恩红研究员、巴莫曲布莫研究员以及民族出版社藏文室的江嘎编审等参加了答辩会。在答辩会上，专家学者提出了许许多多的宝贵意见。与此同时，这一课题的研究也得到了很多前辈、师长和学友的关注和帮助。特别是著名的藏学专家、中国藏学研究中心的陈庆英研究员在百忙中给予了颇多的指点与教诲；甘肃省藏学研究所的嘎藏陀美副研究员帮助我解决了宗教方面的诸多疑难问题；我的同窗中国社会科学院世界宗教研究所的黄奎博士、纪华传博士为我提供了相关资料；中国社会科学院西亚非洲所的王林聪博士、民族文学所的李连荣博士、北京威尔玛公司的导演孙明光先生也在百忙中拨冗审阅拙作，给了我莫大的支持与帮助。

2004 年 7 月，博士毕业后，我又接着在北京大学外国语学院东方学研究院博士后工作站从事了两年半的博士后教学与研究工作。在北大期间，繁重的教学和科研工作之余，我仍然没有放弃对博士论文的进一步思考和研究。

博士后出站走向工作岗位后，我认为这是整理和补充毕业论文的最佳时机。我不断对论文中的一些问题再作深究，先后在《西藏研究》、《中国藏学》以及《安多研究》上发表了数篇论文，得以与史诗学科领域的同人进行探讨。通过几年的深入思考，对博士论文又作了更进一步补充和修改，特别是作为论文所涉及的灵魂的寄存、岭部落与果洛藏族部落的问题即史诗源头的核心问题，使之更为清晰地反映了史诗生成的时空轮廓，也更加充分地反映了藏族史诗与宗教文化密切的关系。

常言道，十年磨一剑，转眼间十年已过，无论怎样，都心存愧疚之情。现在甘肃省藏学研究所同事和学术同行的支持下，本书终于可以付梓了。学海无涯，难求究竟，由于能力所限，其中还存在着不少遗留问题，疏误之处，还望同道师友指出。

此书出版之际，向给我提供诸多帮助的老师和朋友表示衷心的感谢。责任编辑郭鹏先生付出了辛勤的劳动，这样的深情厚谊，我当永铭寸衷。

丹曲

2013 年 8 月于甘南拉卜楞